墨人　著

本全集保留作者手批手稿

墨人博士作品全集【全60冊】

第二十四冊　娑婆世界 2

文史哲出版社印行

第十八章　孟真如山莊談禪
林明月佛堂背詩

劉美惠來到山莊看莊文玲，兩人幾年不見，格外親熱。莊文玲帶她參觀一下，她讚不絕口。本來她最怕狼狗，但她看「來喜」那麼善解人意，一點也不兇惡，跟著明月團團轉，十分聽話，她也伸手摸摸牠，連聲讚歎：

「我從來沒有見過這麼乖的狼狗！」

「您不知道，牠也信佛。」莊文玲笑說。

「那有狗信佛的？」劉美惠笑著反問。

「您忘記了孟老師講《六祖壇經》時說過眾生皆有佛性嗎？」莊文玲說。

「當時我並不在意，我以為眾生是人。」

「人當然是眾生，狗也是眾生。」

「狗怎麼能同人比？」劉美惠笑著搖搖頭。

「其實狗也通人性，只是不會說話而已。」

「好了，我們不談狗，我告訴妳，我們教務處的人都很高興有明月這樣一位高材生。」

莊文玲笑著說了一句謝謝，便將劉美惠的手一挽，拉著她走進屋，邊走邊說：

「我們好久不見，應該多談談體己的話兒。不必急，慢慢聊好了。」

「您這個大忙人，那有時間和我窮聊？」劉美惠一笑。

「老同學可不一樣呀！您要是能在山莊住幾天，我更歡迎呢！」

素素早在客廳裏擺好了水果、冷飲。莊文玲陪她在一張白色的小圓桌邊坐下，莊文玲向她奉上一個又大又紅又圓潤的進口的水蜜桃。此地是水果王國，外國進口的水果也多，不論春夏秋冬，什麼水果都有，這種大水蜜桃，更令人饞涎欲滴，從冰箱取出之後再吃，更是冰涼甜美無比。剝皮之後，落口即消。大家吃過水蜜桃之後，心情更好。劉美惠又打量坐她對面的明月一眼，笑著對莊文玲說：

「令嬡不但功課第一，人也長得不同流俗，我真不知道怎樣形容才好？」

明月也笑著打量她一眼，覺得她的年齡和莊文玲不相上下，正是人生精力高峰期。一身樸素，頭髮未綣未燙，淺灰色短上裝，長裙，很合乎教育工作者的身分。面貌、身高都是中等，個性屬於安分守己型。不像莊文玲那樣揮灑自如，有守有為。

「我把她看成來亨雞，您看對不對？」莊文玲笑著對劉美惠說。

劉美惠一聽到來亨雞就笑了起來，明月卻輕輕推了莊文玲一下，嬌瞋地說：

「媽，您在阿姨面前怎麼也把我說成來亨雞？」

「劉阿姨不知道怎樣形容妳？我怎麼好意思把妳說成國色天香呢？只好拿來亨雞打個比方了，來亨雞一身雪白，又會生蛋，真是天之驕子……」

明月笑了起來，劉美惠也好笑，明月笑指莊文玲說：

「媽，我突然覺得您不當作家實在可惜，您很有創作天才！」

「當作家太苦！我既不願隨波逐流，寫輕、薄、短、小的商品文學，又沒有孟老師那麼大的學問和氣魄，寫那種融歷史、文化、哲學思想於一爐的長篇鉅著，那我不會餓死？」莊文玲說。

「不餓死也會氣死。」明月天真地一笑。

劉美惠聽到莊文玲提到孟真如，連忙問：

「孟老師現在怎樣？」

「您沒有看過他？」莊文玲反問。

「我實在不便單獨去看他。」劉美惠回答。

「當年孟老師離開X大，很不公平。」莊文玲說。

「那時我們都很年輕，完全不瞭解內情。我還以為是孟老師與其他老師有什麼過節呢？」劉美惠說。

「那有什麼過節？孟老師一向與人無爭、一向靠邊站，那完全是搞清一色嘛！」莊文玲微慍地說。

「孟老師現在到底怎樣？」
「他照樣教書，照樣著作，活得很自在。」
「我們一道去看看他好不好？」
「我昨天才去過，他正利用暑假寫書，不便再去打擾。」
「其實孟老師教得好，他對我們學生也好，我也很懷念他。」
「可是別人硬擠走他，您知不知道？」
「我一直不敢問，也沒有人跟我講，我怎麼知道？」劉美惠望著莊文玲說：「您可不可以告訴我？」
「現在事過境遷，告訴您也沒有什麼意思，說不定還會對您不利？」
劉美惠有點怕事，便不再講。她改變話題說：
「這次聯考，成績最好的學生又都分發到本校，明月的成績排列外文系第一名，外文系的主任尤其高興。」
「我不想專念外文。」明月說。
「以妳的成績，隨便那一系都沒有問題。」劉美惠連忙說。
「美惠，現在我不得不告訴您，她決定不去註冊了。」
劉美惠一怔，過了一會才問：
「什麼原因呢？」

「她要做孟老師的學生。」

劉美惠幾乎張口結舌，半天說不出話來。最後才吐出兩句話：

「孟老師雖然是位好老師，Y大可不是一所一流大學。」

「她是選老師不選系，選系不選校。」

劉美惠又怔了半天，最後才無奈地說：

「到時候教務長問起來，我還真不知道該怎麼回答呢？」

「您隨便編一個理由不就得了？反正學校不愁沒有學生。」

「我就怕教務長知道實情，面子掛不住，我就不好交代了。」

「沒有那麼嚴重，您放心好了。」莊文玲安慰她說。

「您是早已跳上高枝兒了，當然沒有半點關係。我可還得在學校混，別的同學早幾年就升正教授了，我就一直升不上去，嚴不嚴重？那只好看我的造化了！」劉美惠苦笑。

「美惠，真抱歉！我也不能不尊重明月的選擇。」莊文玲拍拍劉美惠說：「如果我們前後期同學當中，有孟老師那樣的教授就好了！」

「如果當年您肯留校，說不定可以繼承孟老師的衣缽？」

「我知道我不是那塊料，所以不敢誤人子弟。」

「文玲，您這不是指著禿子罵和尚嗎？」

莊文玲連忙笑著搖搖手說：

「美惠，我們老同學，恕我失言，恕我失言。我問您，您的孩子也快上大學了吧？」

「說來慚愧！」劉美惠無奈地一笑：「老大今年正好趕上聯考，雖未名落孫山，但和孫山也是難兄難弟。他是一心想念本校，就是不夠格，準備明年重考。他是不進本校不罷休的，那像明月棄如敝屣？」

「這真是人各有志。難怪，難怪。」莊文玲將先前的尷尬，自然化解。

她留劉美惠吃午飯，劉美惠謙辭，她說：

「我們幾年不見，妳好意思乾坐一下就走？大熱天，不必坐公車，我要司機開車送妳到家好了。」

「我還要到別的地方有點事兒，不必麻煩。」劉美惠藉口推辭。

「您到那裏，我要司機送到那裏。如果您不放心司機，我自己送總可以吧？」

劉美惠無可奈何地一笑說：

「文玲，真是士別三日，刮目相看。我記得以前在學校念書時，您是話不投機半句多的人。現在您真是第一流的公關了。」

「我還是酒逢知己飲，詩向會人吟的。」莊文玲爽朗地說：「老同學見面，我還能守口如瓶不成？」

「我就沒有您這樣的能耐，說話總是轉不了彎兒！」劉美惠搖頭一笑。

「您平時上課，是先生講，學生聽。同事又多是同學，溝通也很容易。我可不能直來直往，否則公司早就請我捲鋪蓋了！有時還得應付老外，更要小心翼翼，您以為我這碗飯好吃？」

「您早已是董事長夫人了，現在有誰敢炒您的魷魚？」

「明月的爹是天不怕、地不怕的，他就敢炒我的魷魚。」

「阿姨，我爸是天不怕，地不怕。」明月插嘴：「他就是怕我媽。」

明月的話使劉美惠和莊文玲都笑了起來，她自己也好笑。

吃午飯時老太太才下樓。莊文玲才作介紹，說是怕打擾她，沒有先上樓請安，隨後莊文玲又向劉美惠說：

「住在山莊的人都信佛，人人吃素，連狼狗來喜也吃素，所以我也以素菜招待您，請包涵包涵。」

「夏天吃素更好，我也不喜歡大魚大肉。」劉美惠說。

這頓素菜比城裏素菜館子裏的更好，劉美惠很少吃到，她很開心。她對莊文玲說：

「您剛才說狼狗來喜也吃素，我不大相信。晚過之後，自然相信了。」

「其實是一樣的青菜豆腐，只要會調味就行了。何必殺生害命吃葷呢？」莊文玲說。

「您在外面應酬怎麼辦？」

「告訴服務生另外準備一兩樣素菜好了。」

「我聽很多人說吃素營養不夠，會影響健康？」

「劉阿姨，我奶奶八九十歲了，她吃了一輩子素，到現在沒有一樣老人病、富貴病，她從來不看醫生，連一片阿司匹靈也沒有吃過。」明月說。

「伯母，真看不出來您八九十歲了？」劉美惠說：「我母親不到七十歲，看來比您老多了，她一身是病，三天兩天跑醫院，有時還要我陪，實在很累。不知道伯母有沒有什麼養生、保健的辦法？可不可以告訴我？」

「我什麼養生保健的辦法都沒有，我只吃素、念阿彌陀佛。」老太太笑著回答，又指指自己碗裏的蕎麥飯說：「我吃的這種飯，恐怕您媽也不肯吃？」

劉美惠不知道那是什麼飯，莊文玲解釋給她聽。她說回去告訴她母親。

飯後稍稍休息一會，莊文玲就要司機開車送劉美惠回家，她和明月送到大門口，劉美惠從車內伸出頭來對莊文玲說：

「文玲，謝謝您，今天我真學了不少，這是在我們學校學不到的。」

「有空您不妨多到外面跑跑，校園的天地只有那麼大。」莊文玲笑著向她揮揮手，車子急馳而去。

「媽，我真服了您！」明月挽著莊文玲的手臂笑說。

「妳服了我什麼？」莊文玲笑問。

「您輕輕地將劉阿姨擺平了，還讓她心服口服。」

「妳以為當妳爸的祕書是那麼容易？」莊文玲側頭反問。

「可是我知道爸現在得聽您的！」明月笑說。

「少淘氣！」莊文玲白了明月一眼。隨後又說：「我突然想起，現在可以請孟老師到山莊來和妳奶奶、爸爸聊聊天，我想他們兩人也很樂意。」

「那太好了！」明月兩腳輕輕一跳：「我註冊的問題您都擺平了，孟老師現在又不上課，還可以來山莊輕鬆一下。」

「妳得先去書店買幾本孟老師的書看看，打個底兒，要是孟老師問起妳什麼問題，妳也好有個線索，才不會離譜兒。」

「那我現在就去。」明月放開手，轉身就走。莊文玲叫住她：「不要這樣急驚風，身上帶錢沒有？」

「媽，我身上向來不少千兒八百的，銀行裏還有個活期戶頭，這樣就不必隨時向您伸手了。」

「妳不開車去？」

「下個月我才能領到駕照，我不想麻煩素素阿姨，我搭公車去城裏。」

莊文玲望著她一溜煙地跑出去了，心裏又高興、又安慰，明月雖然不是她親生的，但和親生的又有什麼分別？

素素看莊文玲一人進來，不禁問：

「明月進城買書去了？」

莊文玲點點頭。

「大熱天，她怎麼不叫我開車去？」素素說。

「這是她一片孝心，她不想麻煩您。」

「這孩子就是這樣可愛！有時雖然不免淘氣，但總合情合理。」

「說實在的，她在那裏，那裏就有生氣，那裏就有人味兒。」莊文玲說。

「我還感覺到一種佛性。」素素說。

「也許您和她的緣份更深？」

「我覺得我們彼此之間都有很深的緣份。」素素說：「可惜我不是印空菩薩，看不出來。」

莊文玲將她想請孟真如來山莊的意思告訴素素，素素也很高興，便同她一道去看老太太。

莊文玲先將明月放棄X大就學Y大的決定經過情形報告老太太，老太太聽了也很放心。最後她才說想請孟真如到山莊來陪她聊聊，大家聚聚。老太太十分高興，不過她謙虛地說：

「孟教授是有大學問的人，我恐怕搭不上腔？」

「媽，如海知道，孟老師沒有一點教授的架子，素素也知道，孟老師平易近人，您們兩位一定投緣。」莊文玲說。

「那就好！」老太太滿臉堆笑：「其實他就住在山下，離山莊不遠，以後可以常來常往。」

「孟老師除了教書、讀書，就是自己寫書，他幾乎沒有什麼人談得來。所以暑假期間，他除了星期天爬山之外，幾乎足不出戶。其實他是一位很健談的人，可惜缺少談話的對象。因此，他默默地著作，他所有的思想情感都寫在紙上。像他這樣年齡的人，早已江郎才盡，他似乎沒有止境。」

「這才是真正的讀書人。」老太太說：「像我們修行一樣，修行也沒有止境。」

「孟老師不止光讀書，他也修行。」

「那就更好了！光說不練，紙上談兵，還是不行。」老太太說。

「孟老師當年在課室就常跟我們講：『望梅不止渴，畫餅不充肌，煮沙不成飯。』他是一位實際、理想兼顧的人。」莊文玲說。

「一手恐怕不能按兩隻鱉？」老太太笑說。

「孟老師辦到了。」

「何以見得？」老太太笑問。

「以文學來說，他講詩詞理論，但他自己就是按照他的理論作詩填詞。別人講理論是拾人牙慧，既不會作詩，也不會填詞，他完全做到了。」莊文玲說。

「詩詞我是外行。」老太太說：「他講佛經，又怎麼能看出他如何理想實際兼顧呢？」

「媽，這可以從兩方面看出來。」莊文玲解釋：「一是他的文學作品。他的理論當中有創作經驗；他的創作當中又有佛道兩家的崇高理想，而且有根有據，不是空穴來風。二是他既重淨土宗也重禪宗，他不但嚴守五戒，每天還最少打坐兩三小時。另一方面他更重視禪宗的頓悟，他講《金剛經》、《六祖壇經》、《道德經》，我們學生最歡喜聽，他往往將這三部經典相互印證。」

「文學我不懂，《道德經》我也不大瞭解。《金剛經》、《六祖壇經》是禪宗必修寶典，不是上根利器的人還真把握不定，不像《佛說阿彌陀經》、《觀無量壽經》、《無量壽經》、〈普賢行願品〉這些淨土宗必修的經典好懂。他是一位教書先生，怎麼鑽得進去？那該要花多少精力、時間？」老太太有些懷疑。

「媽，我好像說過，孟老師早年就皈依過淨土宗法師，也皈依過禪宗禪師，他不是為了教書才抱佛腳的。」莊文玲說。

「聽妳這樣說來，那就無怪其然了！」老太太點點頭。

「而且他出身佛教家庭，他有兩位姑母還是比丘尼呢！」莊文玲補充說。

「這更難得！」老太太身子挺了起來：「那他可能也有些來歷？」

「媽，孟老師有沒有什麼來歷？那我就不清楚了。」莊文玲一笑：「幸好剛才我沒有被您老人家考倒！」

「妳遇上了這樣的好老師，又安排明月做他的學生，妳的福報功勞都不小。」

「媽，我的福報那有您的大？功勞更談不上，也可能是明月的因緣？」

「不論怎麼說，妳一定要將孟教授請到山莊來，以後我也好時常向他請教。」老太太急切地說。

「您老人家既然同意了，這一次我一定將他請來。至於以後，就要看機緣了。」

「現在這個一切向錢看、爭權奪利的社會，像孟教授這樣的讀書人已經很少了。」

「媽，他二十多年前就在課室裏嘲笑自己是：『今之古人，稀有動物。』當時我以為那不過是兩句玩笑話，現在想來，才體會出那是多麼深沈的悲哀！」

「孟教授是曾經滄海的人，那像妳這麼幸運？」老太太感慨地說。

「媽，說真的，有時我一想到孟老師的遭遇，就為他難過好半天！可是我又幫不上他的忙。」莊文玲無可奈何地一笑。

「妳有沒有和如海談過？」

「有一次如海主動提起過，但孟老師是精神飢渴，精神封鎖，如果他不早入佛入道，他就活不到現在了！」

「文玲，極樂淨土和娑婆世界是大不一樣的，也許孟教授是身在娑婆世界，心還在極樂淨土？所以他的痛苦和別人不一樣。」

莊文玲幾乎跳了起來，握住老太太的兩臂說：

「媽，您老人家不愧修了這麼多年！您講得出來，我就講不出來。我看孟老師就是這種身心分離狀態！他的精神世界太高太美了，而他的身體卻陷在這個紅塵濁世，所以他比別人痛苦百倍！」

「也許他是有使命而來的？如果他在紅塵中打滾，不那麼痛苦，怎麼能寫出感動眾生的作品來？因為眾生渾渾噩噩，身在火宅中而不知危險，所以《法華經》才有〈譬喻品〉。」老太太說。

「媽，您老人家說得很有道理！我學了十年文學，孟老師教我也是白教，我就寫不出他那種作品來，我和他好像是處在兩個世界？」

「妳太幸運，自然寫不出來。隔靴搔癢，怎能搔到癢處？」

莊文玲不禁笑了起來，隨後又說：

「希望明月能好好跟孟老師學，也好彌補我的缺陷。」

「我看明月是另有使命。和孟老師不大一樣。」

「比我強就行！」莊文玲一笑。

她隨即起身打了一個電話給孟真如，說明請他星期天來山莊休息一天，也說明了山莊的情形。孟真如本來每個星期天上午都風雨無阻地爬山，他考慮了一下只好提前在星期六上午爬山。莊文玲很高興，說她星期天親自去接。

明月買書回來，聽說孟真如星期天要來，十分高興地對莊文玲說：

「媽，孟老師來我就不愁沒有話說了。」

「這麼多書妳一下子怎能看完？妳又從那一本談起？」莊文玲看她提了一袋書，一般人最少要看兩三個星期，在不到三天時間內，她怎麼看得完，又怎麼記得那麼多？

「媽，我用一目十行的速度看。」明月說。

「妳怎麼記得住？」莊文玲又問。

「我統統輸入這個電腦。」明月指指自己的腦袋。

「妳別瞎吹牛！」莊文玲白了她一眼，「這可不是教科書。」

「媽，您放心，孟老師年紀大了，說不定他自己都記不得呢！」

「這很可能。」莊文玲點點頭。「有些書可能出版了十幾年了。」

「我用突擊的方法問他，說不定他會被我問倒呢？」明月笑說：「年紀大的人，什麼都懂，可是一轉身，什麼都會忘記。往往筆拿在手上，還到處找筆呢！」

莊文玲被她說得笑了起來，她父親就常常鬧這種笑話。因此她警告明月說：

「妳可不能冒失！讓孟老師下不了臺。」

「媽，孟老師如果也是忘三丟四的，那他怎麼能寫這麼多書呢？」

「這可不一樣！」莊文玲說：「我知道孟老師從來不記雞毛蒜皮的俗事，甚至薪水袋裏多少錢他都不清楚，朋友隔了幾年再見面時，連他的姓名一時都叫不出來，但那人的性格，或是對自己有一點點好處，他都記得清清楚楚。」

「媽，這真怪！」

「說怪不怪，這是關不關心的問題。他在課室曾經講過不少與書中思想理念有關的幾十年前的事物，甚至辦家家酒的小朋友他都記得清清楚楚。人腦大概也像電腦一樣，記憶是輸入不輸入的問題？」

「媽，佛教法相宗說，六識之外，還有末那識和阿賴耶識，阿賴耶識的意思就是『藏』，那不就是電腦的『記憶體』？您這個比方很恰當。」

莊文玲一把摟住明月，打量她說：

「明月，妳莫非也和惠能一樣，真是乘願再來的？」

「媽，您怎麼這樣看我？」明月笑了起來：「我還不是和您一樣，一天三餐一宿？少吃一頓我也會餓的。」

「孩子，時間還沒有到。奶奶不是說過印空師公一入定，往往幾天幾夜都不飲不食嗎？」

「媽，那我不就餓垮了？怎麼能上學呢？」明月笑說。

「因為妳現在還是凡人的肉身，沒有修到金剛之體。」莊文玲說。

「媽，不知道奶奶有沒有修到？」明月輕輕說。

「奶奶不是愈吃愈少了？」莊文玲也輕輕回答：「可是她的氣色反而愈來愈好呢！」

「真的，怎麼看奶奶也不像八九十歲的人。」明月笑說：「她和我耍猴子時簡直和我一樣年輕！」

「禮拜天孟老師會來，我們留心聽他們談話，也許可以發現一些玄機？」莊文玲說。

「那奶奶就沒有猴子耍了！」明月又笑了起來。

「我說過孟老師是酒逢知己飲，詩向會人吟的。」莊文玲也笑說：「他和那些教授們只是偶然打個呵呵，談談天氣，說不上十句八句話，和我們學生反而說些心底的話。」

「媽，這真有意思！不知道日後他會不會和我露露底兒？」明月笑說。

「這就要看妳的緣份了？」

「也許我和孟老師也是靈山會上的人呢！」

「那就更好了！」莊文玲拍拍明月說。

星期天她們吃過早點之後，就準備去接孟真如，林如海問莊文玲：

「要不要我親自去？」

「您是大紅人，我怕驚嚇了孟老師，還是我和明月兩個學生去接，反而親切一些。」莊文玲打趣地說。

「我不去會不會失禮？」林如海說：「我怕孟教授見怪。」

「您要是去了，孟老師當然蓬壁生輝。」莊文玲說：「可是他們兩老連下女也請不起，什麼事都得親自動手，他們連茶也不喝，要是孟老師親自向您奉上一杯白開水，您不尷尬，他也會尷尬。」

「您說的對！您說的對！」林如海連連點頭，又輕輕一歎：「想不到孟教授這樣一位高風亮節的讀書人，竟如此清苦？」

「不清苦也高風亮節不起來。」莊文玲黯然一笑：「他的鄉賢陶淵明，雖然也很清苦，但陶淵明還飲酒吃肉，而他只吃青菜、豆腐、白開水，還嚴守五戒，每天又打坐兩三小時，這不比陶淵明更克己？」

「真想不到，現在還有這樣的讀書人？」明月也搖搖頭。

「孟老師早就自嘲地說過他是稀有動物。」

「稀有動物都面臨絕種了！」林如海兩手一攤說。

「不過動物沒有思想文化，只有肉體，人可不同，孟老師更不一樣，他不過是自嘲而已，其實他比誰都有存在的價值和信心。」

「您說的不錯，那次我聽過他講演之後，就覺得他與眾不同。」

「不然明月又何必放棄X大？」

「我只會搞生產、做生意，這是俗人俗事，明月一生，我完全交給娘和您，我沒有這方面的能力。」

「這就是您最大的長處！不然我也不會嫁給您。」莊文玲向林如海豎一豎大拇指，挽著明月走了出來。

明月突然笑了起來，莊文玲歪著頭望望她說：

「妳怎麼又瘋癲起來了？」

「媽，我笑爸這隻四川猴子就服您這個河南人牽。」

「這就是妳老子成功的地方！他不會假充內行。」莊文玲正色地說。「該聽我的，他沒有二話；他能作主的，他可不賣帳。妳的佛性當中多少也有一點他的凡胎。」

「媽，我對爸的那些事兒可沒有半點興趣。」

「可是妳面對問題也像他一樣不拖泥帶水。他雖然沒有妳這樣高的智慧，可是在其他人中，他絕非弱者，他的反應總比別人快。」

「媽，您真的吃定爸了！」明月笑說。

「別胡說！」莊文玲白了明月一眼。

「妳對爸瞭解的這麼清楚，爸還能跳出您的手掌心不成？」

「媽對他只有好處：他成功時我扶他更上層樓，他失手時我拉他一把。媽擔任的是這種角色。」

「那爸更穩坐釣魚臺了！」

「妳和奶奶也更可以享人間清福了！」

「媽，那我該怎麼謝您呢？」明月笑問。

「少淘氣就行。」莊文玲笑著走進地下室，將車子開了出來。

明月將狼狗來喜帶進車子，莊文玲回過頭來問她：

「妳將來喜帶進車子幹嘛？」

「媽，壯壯膽嘛！」明月頑皮地一笑。

「待會兒孟老師怎麼坐？」

「後面本來是三人座，我要來喜坐邊邊，這不就得了？」

「我看妳真是撐得難過！」莊文玲笑著罵了一句。

車子很快開到孟家，孟真如一襲灰紡綢長衫，兩手空空，顯得十分瀟灑自在，他將大門反手一帶，就準備上車。莊文玲很少看他穿長衫，明月更沒有看過，十分新奇。莊文玲說：

「老師，您穿長衫更仙風道骨了！」

「其實這是老古骨董了！」孟真如感慨地說：「在老家我就是這樣長大的，來此地之後，一直為稻粱謀，來來去去都擠公車，別人將我當做怪物，又不方便，所以不敢穿。我知道妳有車子，又不會將我當做怪物，不妨瀟灑自在一下。」

明月打開車門，將「來喜」擠到旁邊，讓孟真如進來。孟真如看到這隻大狼狗，不免打量一眼，明月連忙說：

「老師，別怕，牠也吃素信佛。」

孟真如有些驚喜，明月便將經過情形告訴他，他高興地伸手摸摸來喜說：

「那牠很有福報了。」

「老師，也許當初牠是誤入畜牲道？希望牠下一次投個人胎。」明月說。

「那妳要多幫助牠，人身難得。」孟真如說。

莊文玲的『賓士』車比明月的『千里馬』更快速平穩，她又是老手，不在交通尖峰時段，很快就回到山莊。

林如海一聽見車聲，就趕出來迎接。孟真如和明月分從兩邊車門下車。林如海和孟真如見過面，老太太在佛堂等候，他們父女兩人陪他直接到佛堂來。老太太一聽見腳步聲、談話聲，就站在佛堂門口迎接。

孟真如和老太太都雙手合十為禮，心照不宣。一進佛堂，孟真如打量了一眼，隨即走到觀世音大士座前頂禮，也向印空法相前頂禮，然後落座。莊文玲隨後趕到。

林如海先客套一番，但很真誠。莊文玲連忙將孟真如面前的烏龍茶換成白開水。老太太不知道孟真如不喝茶，特別將自己喝的最好的烏龍泡了一杯招待。經莊文玲說明，老太太不禁讚一句：

「孟教授真比出家人自律還嚴。」

「老夫人，這是我一輩子的生活習慣，談不上什麼自律。」孟真如說。

「聽文玲說，孟教授早年就皈依過東林寺的法師，算來應該是我的前輩了？」老太太說。

「豈敢，豈敢！」孟真如雙手微合說。

「先師印空也是出身東林寺的，和慧遠大師一脈相承。」

「印空法師比我年長，不知道是那位法師替他剃度的？」

「好像是道仁法師替他剃度的？」

「這倒巧了，我也是道仁法師的在家弟子，那時我才十二三歲，道仁法師卻快八十了。」

「這樣說來，孟教授倒是師叔了，我應該行大禮才是。」老太太說著準備下跪。

孟真如連忙搖手起立，連說「不敢」。老太太連說：「有幸，有緣！」對孟真如更加尊敬。

孟真如卻說：

「可惜我塵緣太深，無明太久，一直沒有好好修行，幾乎虛度此生。現在只是補過，也談不上修行。像我這樣的人，只宜住深山古寺，大不該在紅塵中打滾！但造化弄人，身不由己，此地更無深山古寺，看樣子真會蹉跎一生。」

「孟教授，您真太謙了！」林如海說：「自從那次您到敝公司講演之後，我就常和文玲談到您。現在小女明月又有緣受教，我也覺得三生有幸。」

一說到明月，孟真如也高興起來，他對林如海說：

「林董事長，您的福報真大！上有老夫人長期虔誠吃齋修行，下有掌珠明月福慧雙修，中有文玲這樣的賢內助，真是舉世少有！我因與文玲的一點師生緣，能與府上三代結緣，也很榮幸。」

「孟教授如不見棄，以後歡迎常來山莊小憩。」

「我是勞碌命，閒不下來。星期天登山，是唯一的休息。我修行未成，就是頭腦不肯休息。惟一的好處是，還沒有得老人癡呆症。」

林如海聽了一笑，自嘲地說：

「我也是勞碌命，不過我是白忙一生，那像孟教授已經著作等身？將來我能留下的大概只有自己的簽名了？」

明月笑了起來。孟真如也笑說：

「您的生產事業早已造福不少眾生，阿拉伯數字後面已經不知道有多少個0？恐怕您自己也弄不清楚了？」

「孟教授取笑了。」林如海也好笑。

「我說的是實話，何敢取笑？」孟真如喝了一口白開水說：「您的努力立竿見影，每一樣成就都摸得著、看得見。我三更燈火五更雞，誰也不知道，看不見，即使是出一百本書，誰也不知道是怎麼寫的？又嘔了多少心血？」

「這倒是真的。」林如海一笑。

「更天差地別的是，您打個噴嚏，很多人都會感冒，股市馬上跌停板，甚至有人會跳樓。我即使跳樓，也不過是將自己的腦袋瓜兒跌成個爛西瓜，水泥地絕不會歎口氣，出個窟窿。」

明月又笑了起來，這次卻笑出了眼淚。孟真如笑著對她說：

「我難得有機會和令尊聊聊天，令尊是位了不起的人物，我也不會講假話。妳要哭要笑，將來在課室裏會有機會。」

「老師，我真想好好地和您談談。」明月擦擦眼淚說。

「別急，別急。」孟真如搖搖手：「令尊難得清閒，妳奶奶也難得見到個野狐禪。妳年輕得很，有的是時間，我大概罪還沒有受夠？文字債還沒有還清？活個百來歲應該沒有問題，只要妳願意找我談，我會奉陪。」

「老師，有您這句話就行！」明月高興地說：「以後我會隨時麻煩您。」

「只怕妳以後忙著談戀愛，不會和老師清談了。」

「老師您放心，我還想像不出一個夠格和我談戀愛的男生？」明月兩眉一揚說。

「有志氣！」孟真如笑著贊了一句，又打量她一眼說：「只怕妳一時無明，著了魔的道兒？」

「老師，如果我真的著了魔的道兒，您也該給我破解？」

「老師可沒有那麼大的法力。不過妳真要小心：道高一尺，魔高一丈。」孟真如笑說。

「我會請奶奶保護。」明月望著老太太一笑。

「奶奶太老了！泥巴菩薩過江，自身難保。誰管妳的閒事？」老太太笑著白了她一眼。

明月又嗤的一笑。老太太對孟真如說：

「孟老師，明月正是瘋瘋癲癲的年齡，愈來愈淘氣，請您多包涵包涵。」

「老夫人，我誤人子弟這麼多年，第一次碰上她這位高才，也是三生有幸。」

「孟教授，您可別把她寵壞了？」林如海笑說。

「林董事長，您放心，我相信明月知道方圓，我亦自有分寸。我最怕的是不通氣的旱煙桿兒。」孟真如說。

林如海、老太太母子，真沒有想到孟真如是這麼一位性情中人？兩人十分開心，愈說愈投緣，直到老趙來請吃飯，才一道下樓。

這一頓飯菜自然十分豐盛，孟真如想不到老太太也和他一樣吃蕎麥飯，蔬菜也差不多，只是口味好得太多了。他太太弄的菜是鹹的鹹、淡的淡，更不會搭配，他是有什麼吃什麼，從不挑剔，只有太太吃的葷菜混進他的素菜裏，他才會大大生氣。

飯後他們在走廊上散散步、聊聊天，看看風景，自由自在，十分愜意。孟真如的灰紡綢長衫，隨風輕飄，真的飄飄欲仙，連林如海也十分欣賞，他也想做一件試試。明月卻說：

「爸，穿長衫也因人而異，不是每個人穿起來都一樣的飄逸，您想想看，您有沒有孟老師的仙風道骨？」

「不但我沒有，老趙也沒有。」林如海坦率地一笑。

「您看看西方白種女人穿旗袍時就知道，她們完全沒有我們穿時那種從容、優雅的韻味兒，不管她們的身材多好？一挺胸邁步就完了！」莊文玲對林如海笑說。

「這到底是什麼原因？」林如海笑問。

「這是個人氣質和文化修養的差異，不能勉強的。」莊文玲說。「所謂東施效顰，就是這個道理。」

「妳這樣說來我也好有一比。」孟真如指著莊文玲說：「宗教的教義本來都是救世度人，以大愛慈悲為中心的。可是中東的回教徒和基督徒就勢不兩立，打得你死我活，冤仇愈結愈深。可是我們佛家和道家的思想卻能相輔相成。」

「孟老師，這點我不明白，倒想請教請教？」老太太說。

「老夫人，我們的高僧吸收了老子的思想，才融合成為禪宗。尤其是六祖惠能，將禪宗推到最高峰，而且影響了文學，產生了禪詩，提升了文學的思想境界。佛教徒和道教徒雖難免門戶之見，但能相互容忍，不會像西方和中東造成宗教戰爭。這就是文化修養和個人氣質、民族氣質的差異造成的結果。穿衣雖是日常生活小事，但各人穿起來的風度是不一樣的。」孟真如笑著解釋。

「孟老師，您對禪宗的看法和先師印空是不謀而合。至於文化、文學的影響，先師就沒有談到，不過他也會寫禪詩。」老太太說。

「那印空大師兄真不愧是一代高僧了。」孟真如感慨地說：「先師道仁就是禪詩高手，可惜現在的出家人很少會古典詩詞，禪詩就不必談了。」

「老師，照您這樣說來，禪詩是最高的了？」明月連忙問。

孟真如先是一怔，隨即笑著點點頭說：

「明月，妳真是一位解人！」

「因為您最推崇寒山子的詩，我看寒山子的詩就是禪詩。」明月說。

「妳是怎麼知道的？」孟真如問。

「我臨時惡補，前兩天才買到您論唐宋詩詞的那幾本書，我一口氣看完了！才大開眼界。」

「我花了一輩子的功夫，妳兩三天就看完了，而且一下子看出苗頭來，那我不是一下子就被妳掏空了？」孟真如笑說。

「老師，您講得那麼明白，如果我還看不出來，那不是一個大蠢才？」明月笑著回答。

「妳還要知道，寒山子是佛道雙修的，他不但是佛家，也是道家，所以他的詩思想境界特別高，特別自然。他的詩比我的鄉前輩陶淵明的〈飲酒〉詩還高、還好，那真是天籟。」

「老師，我知道、我知道。」明月急著說：「我背他一首詩給您聽：『欲得安身處，寒山可長保。微風吹幽松，近聽聲愈好。下有斑白人，喃喃讀黃老。十年歸不得，忘卻來時道。』這首詩不是他的夫子自道嗎？」

「一點不錯！」孟真如拍拍她：「妳連研究所也不必讀了！」

「孟老師，您不要寵壞了她。」老太太笑說。

「老夫人，才難，才難！我這一輩子才碰上她這麼一位高才，怎麼能不捧？」孟真如感慨地說。

「老師，寒山子的詩實在太好，我再背一首您聽好不好？」

「快背、快背，背給大家聽聽。」孟真如說。

明月隨即背了出來：

杳杳寒山道，落落冷澗清。
啾啾常有鳥，寂寂更無人。
淅淅風吹面，紛紛雪積身。
朝朝不見日，歲歲不知春。

「明月，這不就是天籟嗎？」孟真如對明月說，隨後又轉向老夫人、莊文玲、林如海說：

「我自幼就嚮往陶淵明和寒山子這種生活，可是天不從人願，偏偏要我在紅塵中打滾，這真教我哭笑不得！他的另一首七言絕句：

一任寒山萬事休，更無雜念掛心頭。
閒於石壁題詩句，任運還同不繫舟。

這簡直是我夢寐以求的生活。」

「孟教授，現在那有這種地方？」林如海說。

「我少年在故鄉廬山讀書時就有那種地方。明朝憨山大師駐錫的廬山五乳峰法雲寺我也住過。山中黃龍寺也是三天兩頭去，我也皈依過黃龍寺的性如禪師。只是現在說來恍如隔世了。」孟真如輕輕一歎。

「老師，拾得、豐干的詩也很好，只是一般人不知其妙。」明月說。

「拾得、豐干是道地的佛家，他們兩位的詩妳記不記得？」孟真如問。

「老師，我背一首拾得與寒山有關的詩給您聽：

從來是拾得，不是偶然得；
別無親眷屬，寒山是我兄。
兩人心相似，誰能循俗情？

若問年多少？黃河幾度清。

老師，我有沒有背錯？」

「沒有錯，沒有錯！妳的頭腦簡直是電腦！我連自己的詩也背不出來了。」孟真如無可奈何地一笑：「拾得原是豐干在山中赤城道側撿來帶回國清寺的小孩子。從妳剛才背的這首詩的最後兩句『若問年多少？黃河幾度清。』就可以知道他是古佛了。豐干稱寒山文殊、拾得普賢，他自己騎虎往來松徑，出入國清寺，當然也是再世佛了。可惜他只在壁上留下兩首詩，妳記不記得？」

「老師，我背一首你聽：

本來無一物，亦無塵可拂；
若能了達此，不用坐兀兀。

他這首詩和六祖惠能的那首詩偈的意思差不多，是不是？」

「不錯，這是有關修行的詩，與六祖說的禪不在坐的意思一樣。禪宗的思想境界最高，適於上根利器的人修，重在頓悟，不在枯坐。《六祖壇經》就是為上根利器者說的。根器差一點的人還是從淨土五經著手較好。」孟真如說。

「先師印空是禪淨雙修的。」老太太說。

「印空大師兄應該是乘願再來的，根器自然不一樣，禪淨雙修是二者兼顧的比較可靠的方法。這要看各人自己量力量智而行，不宜好高騖遠。不然會壞了修行大事。」

「老師，您看明月應該怎樣修行？」莊文玲問。

「我只能教她文學，不敢教她修行。」孟真如坦率地說：「方法可傳，沒有佛的加持力量，沒有千百億化身，難為人師。皈依是皈依佛、法、僧，三者缺一不可。妳看我收過那一位修行弟子沒有？」

「老師，是你太謙了。」莊文玲說。

「不是我太謙，因為修行是大事，不是兒戲。我知道修行並不簡單，而且學佛就是要成佛。不然只要誠心念南無阿彌陀佛，南無觀世音菩薩也能往生極樂淨土，享受福報。不過福報享受完了還是要輪迴，不能不生不滅，不垢不淨、不增不減。所以並非究竟。」

「孟老師，聽您一席話，真使我茅塞頓開。」老太太雙手合十說。

「老夫人，恕我冒失，因為文玲問起，我就不得不直說。釋迦牟尼佛、維摩詰居士、六祖惠能都說直心是道場，直心是淨土，我怎敢說假話？」孟真如也雙手合十回答。

「孟教授，承您看得起小女明月，以後還希望您多多教導，家母和我們兩夫婦都感激不盡。」林如海誠懇地說。

「林董事長，合是我們有緣，憑三代的緣份，我會盡我所知，告訴明月。我又何必放在肚子裏爛掉？您說是不是？」孟真如笑說。

說完他隨即告辭。老太太、林如海都想留他吃了晚飯再走。他抱歉地說：

「我一生窮忙，今天已經打擾您們大半天，如不見棄，以後再來好不好？」

莊文玲也不強留，她去地下車庫將車子開了出來，又和明月一道送他回去。林如海和老太太送到大門口，車子便一溜煙地開下山去。林如海感慨地對母親說：

「娘，我接觸過的洋博士、土博士、洋教授、土教授不計其數？但像孟教授這樣的讀書人，再也找不到第二位了。」

「『世事洞明皆學問，人情練達即文章。』何況孟教授是知行合一，腳踏實地的修行人。在今天這個販賣西洋知識，又搶錢抓權的社會，那裏去找？」老太太望著車子遠去的方向悵惘地說：「明月能受教於他這樣的好老師，算是她個人的福報。」

第十九章　布萊恩今生前世
孟真如知命樂天

莊文玲和明月很快回來了。老太太先問她們：

「妳們沒有在孟老師家多坐一會兒？」

「孟老師時間寶貴，今天已經耗了他大半天時間，不好意思再打擾他。我更怕一坐下來，明月問個沒完沒了。那他一整天就泡湯了。」莊文玲說。

「奶奶，其實媽是多慮。」明月對老太太說。「孟老師家沒有裝冷氣，只有一臺電扇，山下很熱，他又不能隨便穿衣服，我也坐不住，一身冒汗，那有心情纏著孟老師問個沒完沒了的？」

「您可不可以想辦法給孟老師裝兩臺冷氣？」林如海問莊文玲。

「裝冷氣又不像送一盒水果、兩罐牛奶那麼簡單，孟老師無功不受祿，冒冒失失突然給他裝兩臺冷氣反而不好。」莊文玲說。

「這麼大熱天，他怎麼能寫書？」老太太說。

「以前沒有電扇時，他是用毛巾墊在手肘下寫的，現在有電扇已經好多了。」

「今天我和孟老師初見面，真長了不少見識。」老太太說：「也真沒有想到，他和印空師父還是師兄弟，我倒變成了晚輩，他年紀比我小，所以我只好跟著你們稱他孟老師，免得彼此尷尬。」

「這又多了一重緣份。」林如海說：「以後來往也更親切了。」

「他和我們來往，不但對明月有益，對我也很有益。我們真應該繳點學費才是。」老太太說。

「娘說的是。」林如海點點頭：「老外談話都要收費，孟老師今天說的話，有不少是他一輩子做人、做學問的心得，真是千金難買，繳學費是應該的。」

「您和娘的話都是一番好意。」莊文玲說：「但孟老師偏偏沒有功利觀念，更不斤斤計較金錢，他的薪水袋從來不打開，一拿回家就原封交給師母，不留一文。」

「那他自己不要錢用？」老太太有點奇怪。

「他除了紅白喜事是大開銷外，自己很少花錢。他的稿費雖然不多，但可以應付，他兒子女兒現在都成家做事了，他也不接受他們的金錢，連逢年過節他也不接受子女一文錢。他反而說這樣活得自在，活得尊嚴。」

「想不到孟老師是這樣的人？」老太太不禁失笑。

「媽，孟老師很有自知之明。」莊文玲說。

「他是不是六通了？」老太太驚喜地問。

「這我倒不清楚。」莊文玲搖搖頭：「不過我知道他精於《子平》，有一次他曾經在課堂說溜了嘴，他說他知命樂天。有同學提出異議說：『樂天知命是人人皆知的成語，沒有人說知命樂天的。』」

「他生氣沒有？」老太太連忙問。

「他沒有生氣，他笑著反問：『如果你連自己的吉、凶、禍、福、窮、通、壽、夭都不知道，你樂什麼天？』那位同學一時啞口無言，隨又惱羞成怒地反問一句：難道您知道？」

「妳那位同學怎麼這麼沒有禮貌？」老太太說。

「媽，現在沒有禮貌的學生更多呢！幸好孟老師真金不怕火，他笑著回答：『我不知道就不敢講知命樂天了。不過我可不替你算命』。」

明月笑了起來，高興地說：

「想不到孟老師真有這一套？那我以後可要請他算算。」

「從此以後，他不再談什麼吉、凶、禍、福、窮、通、壽、夭，更不替人看八字了。」莊文玲說。

「那他對自己的命運應該是一清二楚了？」林如海說。

「他當然清楚，他曾經同我們少數幾位同學說過，他命中有天乙貴人，一生逢凶化吉，但發不了橫財，做不了權傾一時的大官，不過絕非衣食不周的寒士。他可以過不愁衣食，行雲流水，自由自在的生活。他說他的八字和邵康節有些相似，而他命中的文昌星又最有力，是真正的文人命，而且真金不怕火煉，文壇黑道一直聯手打擊他，他反而愈寫愈多，愈寫愈長，愈寫愈深。」

「那他又怎麼學佛學道、禪淨雙修呢？」老太太問。

「媽，他一向重視精神生活，沒有什麼物質欲望，他對我說過，他身坐華蓋、時坐空亡，晚年一定學佛學道，不過辰非真空，所以他是在家的居士，不是出家的和尚。」莊文玲解釋：「他之所以視富貴如浮雲，連寫作著書也志不在稿費、虛名，而是一了心願。這和他的八個字兒都有密切的關係。」

「照您這樣說來，孟教授是更不簡單了！莫非他也是乘願再來的？」林如海說。

「哦，我想起來了！我記得他還對我說過，他祖母是虔誠的佛教徒，他一生下地就將他記名佛下。是不是也和明月一樣有什麼特別原因或是來歷？他沒有講，我也不知道。他不但懂得多，而且都有獨到之處，絕非半瓶醋可比。妙的是，那些都是他無師自通的。」

「媽，不知道孟老師肯不肯破個例，替我看看八字？」明月問。

「不可能。」莊文玲搖搖頭。「除了那一次同學冒犯他的原因之外，他也說過：『命是定業，不可能改變，不必算，自己知道就好。』他認真修行之後，更重視因果。他說現在這個社會就是大家名利薰心，不擇手段，不相信因果，所以愈來愈亂。這不是好現象，會有惡報。」

「我也有這種感覺。」老太太說。

「娘，像您和孟教授的人太少太少。」林如海說：「大家都是米湯裏洗澡，糊裏糊塗。」

明月笑了起來，望著林如海說：

「爸，您不糊塗就好！說不定您可以做更多有益眾生的事，做個大護法呢！」

「明月，妳怎麼突然想到這上面來了？」林如海以三分歡喜七分驚奇的眼光望著明月說。

「爸，您想想看，您手下那麼多人，您有那麼大的事業，您念一句阿彌陀佛，多少人會跟著念？您做件好事，多少人會跟著做？您簡直是個活動廣告，您的附加價值很大，您算過沒有？」

「妳怎麼將爸當做商品？」林如海白了明月一眼。

「現在是工商業社會嘛！一切向錢看。您的市場價值高，如果您將價值觀念稍微轉變一下，這就不難轉變人心了。」

林如海望著明月不作聲，他想想明月的話也不無道理。不過轉變人心談何容易？水只向下流，不會倒流。他也想做點更利人也利己的事，不過現在還不到時候。他淡然一笑說：

「妳現在還小，爸也沒有老掉牙。爸不是守財奴，等妳長大了，一旦因緣成熟，該做的事爸會做，爸也不會將錢往水裏丟，錢要用在刀口上，這就是爸的價值觀念。轉來轉去，也不會超過三百六十度。」

明月笑了起來，豎豎大拇指說：

「爸，您這好一個三百六十度，真的孫悟空也翻不出您的手掌心了！」

「說不定妳就是孫猴子轉世的呢？」林如海望著明月一笑。

明月轉向老太太，笑問：

「奶奶，您說說看：我是不是孫悟空轉世的？」

「孫悟空有什麼不好？」老太太笑著反問：「我就喜歡孫悟空，不喜歡豬八戒。」

「奶奶，只要您喜歡就好。」明月掠掠頭髮說：「可惜孫悟空醜了一點兒，牠的本領倒是不小，我還差得遠呢！」

「好好的修行就可以超過牠。」老太太說：「如果修到如來佛的千百億化身，七十二變的孫悟空，翻來翻去還是在妳的手掌心裏。」

「奶奶，這樣說來倒挺有意思，還是做如來佛好。」明月笑說。

「奶奶修了幾十年，也是想修成如來佛。」老太太笑說。「我想孟老師也是和我一樣的想法，不然他不必那麼辛苦。」

「媽，以前我就沒有想到這一點。」莊文玲說：「我總是以人的眼光看他，沒有想到他有那麼高的理想？」

「妳想想看，孟老師既然那麼推崇寒山子，連拾得、豐干也一樣尊敬，其實他們三位都是古佛，不過偶入紅塵而已。」老太太說。「不然他們怎能寫出那種禪詩？」

「媽說的對！」莊文玲隨聲附和：「人的思想境界那有那麼高？孟老師自己也常說：『學佛學文在慧根。』這慧根其實就是佛性。媽，您說是不是？」

「對，對，對！」老太太笑說：「妳也開悟了。」

「我也是禿子跟著月亮走，沾您老人家的光。」莊文玲輕輕一笑。

「其實都是佛、菩薩賜給我們的福慧！」老太太說：「我們在佛堂裏就和在菜市場大不一樣。」

「娘，有什麼不一樣？」林如海問。

「佛堂裏充滿靈氣、靈光。菜市場裏充滿殺氣、濁氣。這種不同的氣氛對人的影響很大，近朱者赤、近墨者黑，也是同樣的道理，如果明月不是從小跟我在佛堂轉，說不定她也會變成太妹、辣妹了？」

「奶奶，您怎麼把我和太妹、辣妹相比？」明月笑著抗議。

「妳要是日夜跟她們鬼混在一塊，不成太妹、辣妹才怪？」老太太笑著回答。

「媽，您看我會不會那麼不堪？」明月笑問莊文玲。

「大概是五十步與百步，好不到那兒去？」莊文玲一笑。

明月又轉向素素，搖搖她說：

「阿姨，您一直看著我長大，跟著我上學，您說句公道話好不好？」

「妳根本沒有和太妹、辣妹混在一起過，妳讀的都是好學校，同學都是上進的好學生，當然不會下水，不會濕腳。」素素說：「妳上Y大以後，就難免沒有太妹、辣妹了！」

素素的話突然使大家緊張起來。莊文玲說：

「當初我只想到孟老師，沒有想到太保、太妹、辣妹上來。您這樣說來，我們就不能不提防了！」

「怎麼個提防法子？」明月問莊文玲。

「我想還是請素素陪她上學、旁聽，比較好。」莊文玲說。

「學校怎麼會讓我進課室？」素素問。

「我會特別去向教務長報備一下，即使替您繳一份學費也無所謂。不要學籍、不要分數，只是在課室旁聽而已，您所得是實，學校也沒有任何損失，這應該不是什麼大問題。」

老太太和林如海都很贊成，素素也很高興，她很想讀書，一直無法如願。這些年來雖然沒有陪明月上課，可也大有進步。能在大學旁聽，她會更用心。

註冊那天到了，莊文玲和明月、素素一道去Y大，讓明月自己繳費，她帶素素去看教務長。教務長看莊文玲來了很高興，明月註冊了學校自然增光不少，是最好的廣告。莊文玲趁他高興的時候，便提出素素旁聽的問題，教務長看看素素年紀不小，但很有教養的樣子，問她為什麼不參加聯考？莊文玲便對他實話實說。教務長起初有點為難，莊文玲便說：

「我們是怕明月交友不慎，所以才請她旁聽。我們替她多繳一份學雜費都沒有關係，反正不要學籍。如果她有興趣讀書，明年要她以同等學力參加聯考，考取了也一定選讀貴校好不好？」

教務長答應同校長、總務長商量後再答覆她。莊文玲便說：

「因為現在的大學生很複雜，品學兼優的固然不少，操行不大好的也有，其中太保、太妹、辣妹也都難免。如果貴校沒有這類的學生，我就放心，也不需要她旁聽了。」

教務長哼哼哈哈地將她送出辦公室，輕輕地說：

「夫人，我一定會給您明確的答覆，我會打電話通知您。」

莊文玲和素素出來便去註冊組，明月剛繳好學費，她們三人開車去孟真如家，明月高興地對孟真如說：

「老師，我已經註好冊，現在是您的正式學生了。」

「這也是我們有緣，也許前世我是妳的學生呢？」孟真如笑說。

「老師，做人真好笑！」明月笑說：「一經輪迴，自己前世是什麼？已經忘光了。」

「這樣也好，知道了反而更麻煩。」孟真如說。

「那有什麼麻煩？」素素問。

「那麻煩可大啦！」孟真如說：「父母、子女、兄弟、夫妻、朋友、恩仇……這許多錯綜複雜的關係，如果記得清清楚楚，那怎麼活得下去？」

素素聽了臉色一沉，她從來沒有想到這種問題，萬一父母變成子女、仇人變成夫妻……那真活不下去。她不禁問：

「孟老師，上帝怎麼這麼作弄人？」

「不是上帝作弄人，還是自己的因果報應。」孟真如說：「所謂：『欲知前世因，今生受者是，欲知來世果，今生作者是。』」

「這樣說來，那倒真的不能亂來了！」素素說。

「可是偏偏有很多人不信因果。一些搞選舉的人說：『愛拚才會贏』！有些年輕人說：『只要我喜歡，有什麼不可以？』而且還編成校園歌曲，在電視臺大唱特唱呢！」孟真如說。

「老師，您怎麼也會注意這些事兒？」明月笑問。

「不是我特別注意，最近我一打開電視，想看看新聞，轉來轉去，就會聽到那種流行歌曲。一打開報紙，也會看到競選的人那句口頭禪。」

「老師，有一位唱歌的學生情人歌星，最近半夜酒後開快車，出車禍慘死了，您知不知道？」明月又問。

「報紙登那麼大的新聞，我怎麼不知道？」孟真如無可奈何地說。

「這幾年他紅透了半邊天，賺了不少錢。」明月說：「老師，我說出來，您別生氣，他唱一首歌的酬勞，超過您教半年書的薪水呢！」

「那比令尊賺錢還快，我生什麼氣？」孟真如笑笑說。

「老師，人在做，天在看。」莊文玲說：「那些不相信因果的人，會自作自受。」

「妳說的不錯，很多人埋怨天、埋怨地，好像自己沒有錯。其實那完全是自己的因果。有兩本新書不知道妳有沒有看過？」

「老師，什麼書？」莊文玲連忙問。

「一本是《前世今生》（Many Lives Many Masters），作者是布萊恩・魏斯醫生。他是耶魯大學的醫學博士，曾任耶魯大學精神科主治醫生、邁阿密大學精神藥物研究部主任，是一位受人尊敬的科學家。他用催眠法治療焦慮症候群與恐懼症的病人凱瑟琳，發現了她許多「前世」與今生的祕密，證明了輪迴。」

「老師，可不可以借給我看看？」明月急著問。

「別急，我會借給妳。」孟真如笑笑：「這本書解開了輪迴之謎，凱瑟琳在西元前一八六三年是一個十八歲的女孩名叫阿朗達，後來她和她的嬰兒淹死在洪水中。十九世紀時是美國維吉尼亞的奴隸，名叫艾比，二次世界大戰時是一位飛行員，名叫艾力克。凱瑟琳前後回到十二個世代，至少活了八十六次。而魏斯還用測謊器測試過，證明她沒有說謊。」

「這正好證明了釋迦牟尼佛的輪迴說不是虛構的。」莊文玲說。

「魏斯還用催眠法治療了其他五十多位病人，最令他信服的是一位五歲的男孩。」

「這位男孩子是怎麼一回事？」明月又急著問。

「他在轉世之前，曾住在一個歐洲城市十年，他能說出那個城市的街道名稱、家中的隱私，和鄰居的職業，魏斯用電話查證了這孩子說的一點不假。」

「有沒有不用催眠法就能記得前世的人？」莊文玲問。

「有一位四歲的小女孩就記得她的前世，有一天，她母親拿幾枚古代銅幣給她看，她說：『媽，當時我是大人，妳是個男人，我們有好多這種東西。』」

「奇怪，真有人記得前世？」素素不解地問。

「這就是八識中的阿賴耶識。」孟真如說。「魏斯還有一本書就叫做《生命輪迴》（*Though Time Into Healing*），敘述了很多生命輪迴的經驗，前世今生的奧祕，還講了一個神州八仙之一的呂洞賓，守護一個患先天性心臟病，在手術後陷於無意識狀態的幼童的故事，以及魏斯自己的前世經歷。魏斯是一位科學家、醫生，比那些不相信因果輪迴的狂人總要可靠得多。」

「我看《易經》，老子思想、釋迦牟尼佛思想，科學家會慢慢印證出來。」莊文玲說。

「不錯！」孟真如點點頭：「其實現在的科學已經印證了不少。《易經》的陰中有陽、陽中有陰，陰消陽長，陽長陰消，陰陽互變，生生不息，無始無終，就是生命輪迴。老子的『天下萬物生於有，有生於無』，也是陰消陽長，陽長陰消，生命輪迴，生生不息，無始無終。釋迦牟尼佛的輪迴思想觀念與《易經》老子的思想觀念若合符節。整個宇宙也是一大循環，一大輪迴，生生不息，無始無終，這也是佛道兩家思想息息相通之處。」

「釋迦牟尼佛晚生於老子，更比伏羲遲生了三千多年，當時天竺與神州又交通不便，思想怎麼如此接近？」莊文玲問。

「宇宙真理只有一個。」孟真如回答。「也正因為釋迦牟尼佛出生稍晚於老子，他對於生命輪迴過程的變數，也就是業——因果關係，詮釋得更清楚。布萊恩・魏斯的這兩本書，又給生命輪迴及其因果關係做了科學印證。這絕非那些『愛拚才會贏』，『只要我喜歡，有什麼不可以』的狂人所能否定的。」

孟真如說完之後，隨即找出那兩本書，交給明月。又告訴她學校新聘了一位教「比較宗教」的教授陸橋，他的課可以去聽。

「老師和他很熟？」莊文玲問。

「人是新交，但彼此相知已久。」孟真如說：「他不但對宗教很有研究，也是詩詞高手。」

「那他的年紀一定很大了？」莊文玲說。

「不，他比我小的多。」孟真如搖搖頭。「所以我對他另眼相看。」

「老師，那他也是稀有動物了？」明月笑說。

「妳說的一點不錯！」孟真如不但不以為忤，反而高興地一笑：「他本來是一位精神科醫生，後來突然入山修道十年，當起牧師來了！」

「這一轉折可大了！」莊文玲一笑。

「不但如此，奇的是一位牧師，卻特別崇敬老子和禪宗，而且有獨到的心得，這簡直是個異數。就因為在這方面我們有太多的共識，所以成為神交。」

「老師，那您是怎麼知道的呢？」明月問。

「因為他在一家報紙上有個專欄，我偶爾看了幾篇，覺得不同凡響，才認識起來。因為寫專欄的人，對老子和禪宗很少研究，也未必會作詩填詞，但他都會，而且不是泛泛之輩，這自然也是稀有動物了！」孟真如笑說。

明月笑了起來，高興地說：

「老師，用不著買門票，我一定要見識見識。」

「明月，妳現在是大學生了！不能再瘋瘋癲癲。」莊文玲輕輕白了她一眼。

「媽，濟公活佛比人還要瘋癲，他還是活佛。」明月笑著回答。「我們又何必成天懊惱呢？

做一個快樂的修行人不好嗎？」

「妳總有許多歪理？」莊文玲搖頭一笑。

「媽，至情至性的人都不會偽裝，只有偽君子才會作假，而且假得可以亂真。您是不是要我做那樣的假人？」

莊文玲一時語塞，怔怔地望著明月。過後又驚喜地一笑說：

「孩子，妳怎麼老是突出奇兵？讓我一下子摸不著頭腦？其實妳一點也不瘋癲。」

「媽，有您這句話就好。」明月笑著親親莊文玲：「這樣一來，我就不用耽心那天您把我送進精神病院了。」

孟真如看她們母女兩人這種真情，心裏暗自高興，他知道明月不是莊文玲的親生女兒，卻比親生女兒還親。

「老師，以後也請您多多教導明月一些做人的道理。」莊文玲對孟真如說。

「我不耽心她做人的問題。」孟真如搖頭一笑：「她決不會成為太妹、辣妹，她反而能應付太妹、辣妹。」

「媽，知我者莫若師！」明月笑著對莊文玲說。「您說過老師慧眼識人，現在果然應驗了。」

「明月，那位陸老師妳可得小心一點。」孟真如笑著對她說。

「老師，那位陸老師有什麼怪招？」明月笑問。

「他的怪招可多得很，妳別摸『倒毛』就平安無事。」孟真如笑笑。「他既崇拜陸放翁，更歡喜鄭板橋，妳如果能從這兩方面去瞭解他，那就更好。」

「老師，我對陸放翁的認識很有限，更不瞭解鄭板橋，也就不知道那是順毛？那是倒毛了？」明月好笑。

「妳請教妳媽好了。」孟真如指指莊文玲說。

「我們不能再打擾老師，回去再講好了。」莊文玲拉拉明月站起來說。

明月也站了起來，孟真如指著送她的那兩本書說：

「妳回去看看，再和佛經印證印證，如果日後妳修行有成，就根本用不著看這種書了。一入定就能突破時空障礙、超出三界，無所不知了。這種書對一般人倒有啟示作用。」

明月和莊文玲、素素一道離開。上車以後明月高興地說：

「還沒有正式上課，今天就收穫不小了。」

「如果妳能教教我英數理化，明年我也想參加聯考。」素素對明月說：「那我也有機會做孟老師的學生了。」

「阿姨，您怎麼不早講？如果今年和我一道考，那不更好？」明月笑說。

「如果今年不是為了陪您旁聽去見教務長，我也不敢想到這上面來。」素素回答。「八十歲學吹鼓手，很不好意思。」

「現在比妳大的阿公阿媽上長青大學、空中大學的多得很，有什麼不好意思的？」莊文玲說。

「我還怕誤了服侍老夫人的事？」素素說。

「老太太的身體很好，這些年來妳一直陪明月上學，老太太的事還不是料理得很周到？」

「您這樣說我就比較安心了。反正我也存了一些錢，沒有別的用處，念四年大學綽綽有餘。」

「那就更好！」莊文玲點頭一笑：「說不定將來妳能發揮更大的作用？」

「媽，如果那位陸教授真像孟老師說的對宗教很有造詣，既崇敬老子和禪宗，又會作詩填詞，那我這次是真選對了！」

「那位陸老師也就是妳說的附加價值了。」莊文玲笑說。

「如果我明年考取聯考，和明月一道讀書，不也是附加價值嗎？」素素笑說。

「那更是額外的附加價值了。」莊文玲點點頭。

「媽，您還沒有告訴我陸放翁和鄭板橋是怎樣的人呢？」明月急著問。

「妳就是這樣猴急！」莊文玲無可奈何地說：「陸放翁原名陸游，南宋山陰人，是一位大詩人，有詩九千多首，古風、絕律都好，詞也好，而且是一位有名的愛國詩人。」

「您記不記得他的詩？」

「他九千多首詩，我只記得一首七絕、一首七律。」

「那兩首？」

「一首是他的〈示兒〉七絕，他之所以被尊為愛國詩人，七律〈書憤〉，和這首〈示兒〉七絕大有關係，可惜七律我記不清楚了，七絕卻背得滾瓜爛熟。」

「媽，我洗耳恭聽。」明月笑著揉揉自己的耳朵說。

莊文玲便輕吟起來：

死去原知萬事空，但悲不見九州同。
王師北定中原日，家祭毋忘告乃翁。

「媽，這簡直是遺囑嘛！」

「對，這是他臨終前的作品，情見乎詞，毫無矯揉造作。他另外一首〈劍門道中遇微雨〉七絕，孟老師格外推崇，他說這首借境抒情的七絕，韻味最濃，思想境界最高，陸放翁瀟灑的詩人氣質，亦表現無遺，是杜甫寫不出來的。」

「孟老師講這種話，不怕擁杜的人反對？」明月說。

「孟老師才不在乎那些人！他說不入佛道堂奧，休想寫出高思想境界的好詩來，杜甫的詩只是忠君愛國的好詩而已，思想境界不高。」莊文玲說。

「孟老師真是快人快語，我喜歡他這種性格。他論詩論詞的確與眾不同，但不是標新立異，是他自己的獨到心得。」

「妳沒有白讀他那幾本書。」

莊文玲正要講鄭板橋時，車子已經到達山莊門口，素素將車子開進車庫，明月攙著莊文玲的手走上樓，她催促莊文玲繼續講鄭板橋。莊文玲坐下之後，從容地說：

「妳不要猴急，光從那兩首詩，妳還不能完全瞭解陸放翁，妳必須再從詞的方面多瞭解一點。」

「媽，對了！我記得孟老師在《論宋詞》的那本書裏，也特別推崇他的〈釵頭鳳〉和〈訴衷情〉。」

「妳記不記得？」

「〈釵頭鳳〉長了一些，記不清楚。〈訴衷情〉大致記得。」

「妳拿書來。」

明月連忙拿過書，翻到陸游的部分，隨口念出〈釵頭鳳〉這一闋：

紅酥手，黃藤酒，滿城春色宮牆柳。東風惡，歡情薄，一懷愁緒，幾年離索。錯！錯！錯！

春如舊，人空瘦，淚痕紅浥鮫綃透。桃花落，閑池閣，山盟雖在，錦書難托。莫！莫！莫！

「這是陸放翁被他母親逼迫和原配唐婉離婚之後，和唐婉的〈釵頭鳳〉，兩人的詞都好，從陸游的〈釵頭鳳〉看來，妳有什麼感想？」莊文玲問。

「媽，他們兩夫妻受這麼大的感情挫折，實在太傷心了！陸游一個大男人，也欲哭無淚。」

「這就是不經一番寒澈骨，焉得梅花撲鼻香！從這闋詞妳該知道陸游是怎樣重情感的人了？」

「媽，現在有沒有這樣的男人？」明月問。

「即使有這樣的男人，也寫不出這樣的詞來。有十個博士學位的也不一定能辦得到！」莊文玲輕輕一歎。

「孟老師應該寫得出來。」

「孟老師沒有這樣的婚姻，寫出來的又是另一種情調。要瞭解孟老師，須從小說著手。」莊文玲說：「妳再念〈訴衷情〉好了。」

明月又念出〈訴衷情〉來：

當年萬里覓封侯，匹馬戍梁州。關山夢斷何處？塵暗舊貂裘。

胡未滅，鬢先秋，淚空流。此生誰料？心在天山，身老滄洲。

「這闋詞慷慨悲涼，不是人生閱歷豐富愛國情殷的性情中人，寫不出來。難怪孟老師也特別推崇陸放翁。」莊文玲說。

「媽，這樣看來，不是性情中人，還真成不了偉大的詩人作家呢！」

「偉大的詩人作家都沒有功利思想，都是至情至性的人。」莊文玲說。「俗話說：『好酒沉甕底。』到處作秀的人都是漂湯油。」

「媽，您再談談鄭板橋好了。」

「鄭板橋是前清興化人，他原名鄭燮，是一位進士。原任山東范陽知縣，後調濰縣，因飢荒為民請求賑濟，觸怒了大官，罷職還鄉。他天性純厚，疏宕瀟脫，人稱詩、書、畫三絕，又列為揚州八怪之一。他的詩率真自然，通俗流暢。我只記得他一首題畫的五絕〈江晴〉。」

明月連忙拿過筆記簿，請莊文玲念，莊文玲念一句，她記一句：

霧裏山疑失，雷鳴雨未休。

夕陽開一半，吐出望江樓。

「媽，這是詩中有畫嘛！」明月叫了起來。

「同樣的道理，也可見他畫中有詩。」莊文玲說。「孟老師原要妳先瞭解陸放翁和鄭板橋的作品，再瞭解陸教授，妳到底瞭解了多少？」

「媽，合起來看，那陸教授是他們兩位的綜藝體，分開來講，他一方面有陸放翁的愛國情操，至情至性；也有鄭板橋的疏宕瀟脫，還有點怪怪的。」

莊文玲被明月說得笑了起來，拍拍她說：

「妳這個頭腦真是水晶頭腦，玲瓏剔透！」

「媽，您對孟老師瞭解很深，您對他又怎麼定位呢？」

「孟老師很難定位。」莊文玲笑笑：「因為我還不夠格徹底瞭解他。如果勉強打個比方，從文學方面看，不妨說他是陶淵明、陸放翁、曹雪芹的三位一體。因為他有他們三位的性格、生活、感情的歷練，但挫折更深。在思想方面，他超越了這個娑婆世界，所以不能單從文學方面來看他。他是準備跳出三界外，不在五行中的。我怎麼能給他定位？」

「媽，除了您以外，我看再沒有第二位更瞭解孟老師的了？」

「那只有期待妳這位高足了！」莊文玲笑著拍拍明月。

第二十章　練武功拉筋攀腿
學唐詩尊呂輕韓

在新生訓練的第一天，明月立刻成了校園風雲人物。課外活動組王主任特別將她請上臺向大家介紹：

「林明月同學不但是本屆聯考狀元，她在母校一向品學兼優，也是體育健將，還是『正大』公司董事長林如海先生的掌上明珠。她選讀本校不但是學校的光榮，也是全體同學的光榮……」

臺下新生都睜大眼睛望著她，看她那一六八公分的身高，不胖不瘦、亭亭玉立的身材，臉蛋白裏透紅，眉目如畫，標緻中又自然有一股威儀。女生們看得既羨慕又妒忌，在臺下唧唧喳喳，有的封她為「白玉觀音」，有的封她為「白雪公主」，有的稱她「白玫瑰」，有的卻罵課外組王主任是「馬屁精」。

「馬屁精，還不是因為她父親是『正大』公司的董事長林如海，才把她捧上天，要我們坐在臺下聽訓！」

也有女生罵明月是個大白癡，說她的狀元是槍手代考的。

「我做夢都想上X大，她反而選上這所爛學校，真是二百五！」

「她老爸有錢，她那個狀元八成兒是槍手代考的，她怕跟不上別人，才選上這個爛學校鬼混！她那是讀書的料？只配當花瓶！」

「聯考狀元選上這個爛學校，這不是今古奇觀？天方夜譚？」

明月站在課外組王主任身邊自然聽不清下面那些閒言閒語，但她看得到臺下那許多異樣的眼光。有的羨慕、有的妒忌、有的好奇，她覺得自己好像成了動物園裏的四不像。孟老師自嘲是稀有動物，她彷彿也成了稀有動物。她突然覺得人真是很怪的動物，誰也摸不透誰的心思？誰也不知道誰的想法？她想自己如果修成了天眼通、他心通該多好？

男生的看法卻不大一樣，他們沒有妒忌，都很想和她親近。散會時，明月先走了出來，一位長得不錯的大男生，膽大臉皮厚地過來和她搭訕：

「林同學，妳是那個教室？我送妳去。」

「謝謝妳，我自己會走。」明月淡淡地回答。

「我叫陳平，本來也是明星學校的，聯考也考得不錯，不過我歡喜本校坐山面海的環境和化學系，所以我也選了本校。」

「你不後悔？」明月問。

「原先我是有些後悔，但看到妳以後，我反而高興我選對了！」陳平走近半步說：「這也叫做有志一同是不是？」

「你學化學，我學文學，同不起來。」明月不禁失笑。

「化學是研究化合的，慢慢就會同起來。」

「你學的是物質化合，我探索的是人類思想精神活動狀態，是兩個不同的世界，永遠同不起來。」

「話不能說得太絕。不管怎麼說，我們都生活在一個校園裏，天天見面。俗話說：『見面三分情。』妳說是不是？」

「見如不見。」明月站住，兩眼望著天上的白雲，彷彿沒有他這個人。素素故意走近一步，那個自稱陳平的男生，自討沒趣地溜了，卻撂下一句話：

「真想不到是個石觀音！」

明月噓的一笑，輕輕問素素：

「阿姨，您看那個男生是不是太字號？」

「雖不中亦不遠矣。」素素也好笑。

「阿姨，想不到大學和中學就是不一樣。」

「因為妳高中唸的是尼姑學校，男生不准進去。幸好妳能隨機應變，不然我真使不上力。」

「阿姨，您看我這一招怎樣？」明月笑問。

「不慍不火，恰到好處。」素素也笑著回答。

「看樣子我們還得好好地跟趙伯伯練練推手。」

「憑妳的身手，個把臭男生未必是妳的對手。」素素知道明月太極拳的火候，老趙也說過明月早已青出於藍，最近一年他還特別教過她們擒拿術，很管用。

「我還是希望和趙伯伯一樣，防而不備，備而不用。」明月笑說。「念念阿彌陀佛就好了。」

「但願如此。」素素也好笑。

開學不到兩個月，校刊社長就請明月當總編輯，學生社團「圓通佛學社」，也選她當社長，這都是課外組王主任提供的背景資料。各班級同學對明月也有信心。好在校刊是季刊，佛學社是不定期活動，但需要經費支援，有時還得募捐作點慈善工作，明月當然是最適當的人選了。她也覺得一年級的課實在很輕鬆，很多課都不必聽，她真的是當個流動學生，好老師的課她都趕去聽，她已經成為校園名生，老師、同學都對她另眼相看。當然她也聽過陸橋的「比較宗教」，因為孟真如跟陸橋談過她，她和陸橋也見過面，她覺得陸橋是講得不錯，對佛道兩家思想講得更好。只是人有稜有角，嘴不饒人。她也在孟真如家看過陸橋剪寄給孟真如的專欄，文章更是火辣辣，被他筆鋒掃到的人很難爬起來。他不但理直氣壯，講的也都是行家話。

素素也跟明月遊走旁聽，因為教務長已經電話通知莊文玲「默許」素素旁聽，校長想放長線釣大魚，雖然明月已經領到駕照，可以自己開車，但她們兩人還是形影不離，因為治安愈來愈壞，林如海、莊文玲、老太太都不放心明月一人放單，有時還要她們帶狼狗「來喜」壯膽。

中午她們都到學校餐廳吃素食自助餐。吃素的師生比較少，她們兩人又是常客，餐廳工作人員都認識她們，而且知道她們的身分，對她們特別客氣，還會臨時給她們做一兩樣可口的菜，價錢自然不一樣，她們也常常利用餐廳休息聊天，或是給素素補習一下。尤其是星期五上午十至十二點沒有什麼課可聽，她們都在餐廳休息。餐廳小姐還會給她們送上茶水。圖書館又小又擠，談話更不方便。

「阿姨，您覺得旁聽有沒有什麼益處？」一天明月突然問素素。

「益處不少。」素素高興地說：「明年我一定要參加聯考。」

「像您這樣用功，明年一定會金榜題名。」明月充滿信心地說。

「現在我真後悔，早兩年沒有要妳替我補習，不然今年一道聯考，成為同班同學，不是更好？」素素後悔地說。

「阿姨，娑婆世界的事兒沒有十全十美的，您明年上大學，我們還是在一塊，那不也很好？」明月笑笑。

「唉！貪、瞋、癡三毒還真不容易去掉！隨時都會跑出來，我跟老夫人念了這麼多年的阿彌陀佛，也讀了不少佛經，一到那個節骨眼兒，就起了貪心，我也不知道是怎麼搞的？」

「這還不算是貪，這只是一種求上進、求好的心情。比貪錢、貪名、貪色、貪污好多了！」

「連貪福報、貪功德，也算貪。想來想去，還是不大好。」素素自省地說。

「如果照您這樣說，六度中的精進也算貪了？」明月反問。

「那是要人精進修行，不是貪。」素素回答。

「您後悔沒有早一年參加聯考，沒有和我同班，也不能算貪，這也是一種精進。如果我們連精進心都沒有，那也是墮落。如果我們做正當的事，也有罪惡感，那便是一種誤解，反而不利修行。我們念《心經》、《六祖壇經》，重在一個悟字。」

「這個悟字的分寸實在很難把握。六祖門下弟子傳來傳去，變成參公案、參話頭、逞機鋒、要嘴皮子，愈參愈糊塗，弄得我真不知道如何是好？」素素說。

明月聽了好笑，她想起神秀的弟子志誠奉命到曹溪偷聽六祖講經盜法，六祖當下即知，指為細作。志誠說出緣由，六祖說神秀所言戒、定、慧是接上乘人，他說的戒、定、慧是接最上乘人的。因此，她對素素說：

「阿姨，《六祖壇經》是對最上乘人說的，上乘人已不可多得，最上乘人更如鳳毛麟角。要真明白《金剛經》、《六祖壇經》，不生誤解、曲解很難。更不能看二手傳播，最好的方法，還是直接參悟，不要受第三者影響。」

「妳就是這樣參悟的？」

「不錯。」明月點點頭。「我不會受人左右，我自有主見。」

「那妳怎麼對孟老師那麼崇敬呢？」素素問。

「孟老師不誤解、不曲解，他還有修行心得，我也可以印證。這和參公案、參話頭不一樣。」

「那陸教授呢？」

「他和孟老師可說是異曲同工、觀點一致，毫無衝突。他們兩位是真參禪的人。算我運氣好，一個是選對了，一個是碰上了。」

「明年我要是考上了，那也不負此生了！」

「不會有問題，要是真能再遇上那位再世佛，那就錦上添花了！」

「照理因緣快成熟了！印空太師公的預言應該兌現的。」

「我現在就等那一天。」明月說。

「妳真的沒有想到結婚？」素素笑問。

「阿姨，您怎麼這麼多年也沒有想結婚呢？」明月反問。

「我和妳不一樣！」素素解釋：「我是一朝被蛇咬，十年怕井繩。妳是黃花閨女、千金小姐，我們不能相提並論。」

「結不結婚和身分地位毫無關係，這十多年來您過單身生活，難道也不覺得寂寞？」

「和你們在一起我還有什麼好寂寞的？連趙叔叔也是一樣，他自由自在，簡直像個地行仙。」

「這就得了！」明月一笑：「如果我談戀愛、結婚，我怎麼能過這種生活？整個山莊的和諧、寧靜、法喜，不都被我打亂了？」

「妳說的不錯。」素素點點頭：「不過只怕樹欲靜而風不息，不知道有多少男生對妳垂涎欲滴？紅頭蒼蠅那麼多，妳怎麼應付？」

「只好見招拆招，來一個打發一個。」

這時有幾位男生、女生走進餐廳，自然朝她們兩人望了一眼，來餐廳吃飯的多半是家庭情況比較好的，其他的學生不是自帶便當，便是買麵包充肌，尤其是女生，吃得很少。她們兩人也輪流去選了一份素食，回到原座，邊吃邊談，餐廳的素食口味自然沒有老趙弄得好，也沒有素火腿、素雞、香菇之類的菜，她們也只是應付一下，下午的課很少，多半提前回家。

隨後又進來了兩位女生，一位是外文系二年級，一位是歷史系二年級，兩位都是圓通佛學社的社員，她們端著盤子走了過來，和他們兩人坐在一起。她們的父母都信佛，彼此已經很熟了，自然談起冬令救濟的事。圓通佛學社有五十多位同學，是唯一注重慈善公益的社團。

「同學們對妳的期望很大，希望妳能多做點慈善工作。」李慧慧說。

「您們是學姊，認識的同學比我多，學校情形也比我熟，只要大家認為該做的事，我們就同心合力來做，千萬不要把我當做社長，這只是一個社團的組織形式。我們一方面要共同研究佛學，一方面就是做點有益於世道的工作，這樣社會才會祥和，對不對？」明月說。

「對！」張秀英點點頭。「我們的社會毛病愈來愈多，愈來愈自私，貪心愈來愈大，看人不順眼就捅幾刀子，殺人如殺雞，實在可怕！」

「如果大家都沒有一點愛心，只會向錢看，有了一百萬，還想一千萬，有了一千萬，又想一億，永遠不知滿足，不肯迴向別人，社會充滿妒忌、恨心、殺機，安分守己的人沒有一點安全感，最後是大家一鍋爛，那又何苦？」李慧慧說。

「學姊，您的話對極了！」明月拍拍李慧慧說：「以後我們課餘時間就朝著這個方向做。真想不到，您這個念外文的還沒有洋化？」

「沒有洋化的已經很少，全校參加圓通佛學社的外文系學生就只有我一個人。」李慧慧說。

「像您這樣的身分，這樣好的成績，念中文、學佛的，更是少之又少。」

「學姊，那我們就盡一點少數人的心力吧！」明月對她們兩人說。

「以後彼此叫名字好了，不要學姊學妹的。」李慧慧說。

「好，恭敬不如從命。」明月笑著和她們兩位握握手。

「您真好福氣，還有這位阿姨陪您上學。」李慧慧笑說。

「我是阿姨一手抱大的，現在雖然長大了，外面又不安全，奶奶、父母都不放心我一個人上學，所以阿姨還是陪著我。」明月說。

「您是比我們兩人更不安全。」張秀英說。

「聽說您還練過太極拳是不是？」李慧慧笑問。

「那只是鍛鍊身體而已。」明月一笑。

「難怪您的身材這麼好！走起路來身輕似燕！您怎麼不參加國術社？」張秀英說。

「沒有那麼多時間，我也不想當選手。」明月笑著回答。

「人家要是知道您是國術高手，那也安全多了。」李慧慧笑笑。

「我希望是備而不用，一用上就麻煩了！」明月笑說。

「有空時倒希望妳教教我們。」她們兩人同時說。

「如果您們真想學，歡迎星期六去我家住一夜，我和阿姨星期天清早一定練兩個小時，您們和我們一道練好了。」明月對她們的印象不錯，加上她們又信佛吃素，這就方便許多了。

她們兩人彼此望了一眼，怕太打擾，李慧慧說：

「如果上體育課時，您能在體育館教我們，那就更好。」

「難道體育館沒有太極拳老師？」明月問。

「體育館有跆拳道、空手道、柔道老師，沒有太極拳老師。」李慧慧說：「同學們認為太極拳是老年人摸魚，不管用，不過癮。」

「任何武術都管用，只看怎麼教？怎麼學？」明月說：「如果自己肯下功夫，又知要領，運用之妙，就存乎一心了。那您們又是怎麼想到學太極拳的？」

「一方面是在電視上看到神州太極拳大賽，無論男女、真是靜如處女、動如脫兔，又好看，又管用。二是看到您不但身材好，而且動作又那麼靈活，走起路來真的身輕似燕，最近才聽說您練過太極拳，所以我們才想學學。」李慧慧說。

「我老實告訴您們，我是七、八歲時開始學的，從未間斷，十幾年來如一日，我流過不少汗，而且我認為學武比念書難。」

「為什麼？」張秀英問。

「俗話說：『拳不離手，曲不離口。』如果一兩天不練，還不覺得有多大的差別。如果一兩個星期不練，那就笨手笨腳了！如果一兩個月不練，那就糟了！一年半載不練，功夫就全回去了！難就難在這兒。」明月解釋。「尤其是基本功，必須紮實，要天天練。」

李慧慧、張秀英都不禁一笑，李慧慧說：

「真是隔行如隔山，我看到電視上他們的身手那麼俐落，自然羨慕，沒有想到學武這麼難？」

「那些參加比賽的人，我看每天最少也要練五六個小時，還要有明師指點，我們只靠體育課那點時間，不論是跆拳道、空手道、柔道，一道都學不好。」明月笑說。「您們該看過武打片吧？」

她們兩人點點頭。明月說：

「電影、電視上的那些功夫都是靠吊鋼絲，剪接之類的障眼法搞出來的。少林寺的和尚，武當山的道人，是有高手。因為他們既有明師指導，又有時間苦練，鐵杵也會磨成繡花針的。我們行嗎？」

她們兩人都笑著搖搖頭。明月又說：

「不論什麼武術，練練身體是可以的，但要想管大用，必須下苦功，因為我們沒有那麼多時間，也沒有那麼好的老師，所以只算是一般體育，還說不上武術。」

「能有您這樣的身手，我們就心滿意足了。」她們兩人笑說。

「那每天也得抽出兩小時，最少也得十年八年功夫。」

「那不是兩個博士學位都拿到手了？」李慧慧一笑。

「可不是？」明月也笑著回答。

「我眞羨慕您文武雙龍抱。」張秀英說。

「其實我讀書眞沒有花多少時間，倒是練拳一點也不敢馬虎。」

「您的條件好，機會也好，我們就沒有您這種福報。」李慧慧說。

「我眞不知道怎麼說好？」明月向她們笑笑：「只能說各有因緣吧？」

「下午我們兩人第一堂都沒有課，不知道您有沒有課？」李慧慧問。

「第一堂課上不上都無所謂。第三、四堂課是孟眞如老師的詩詞課，我要去旁聽。」明月說。

「那我們去體育館，您先教我們一招兩式好不好？」李慧慧笑說。

「只能先練練攀腿拉筋，基本功練好了才能一招一式地練。如果不將基本功練好，一百零八式打得再熟，也是空架子的花拳繡腿，沒有用。」明月說。

「那就麻煩您，看我們兩隻黃羊能不能趕上樹？」李慧慧笑說。

明月、素素和她們兩人一起來到體育館，只有三四位女同學在榻榻米上練柔道。明月選了一座雙槓，請素素示範左右兩腿雙腿拉筋的動作給李慧慧、張秀英看。她們眞沒有想到，素素左腳一抬，就跨上了木槓；頭一低，胸腹部就像一張狗皮膏藥貼在大腿上，她們兩人驚叫起來，又走近素素身邊輕輕問她：

「阿姨，您這是怎麼練的？」

「就是這麼練的。」素素抬起頭來一笑，又彎下腰去說。

她們兩人也試著把腿一抬，卻跨不上去，因為木槓比她們的胸脯還高。李慧慧搖搖頭一笑，望望明月說：

「我看我們這兩隻黃羊是趕不上樹的？」

「那可以從低一點的地方開始，比方說陽臺的欄杆上，家裏的縫衣機上，能夠跨上去的都行。」

「那要多久才能練到阿姨這樣？」張秀英問。

「各人的情況不一樣，年齡不一樣，練的時間長短不一樣，因此，進度快慢也不一樣。」明月說。

「阿姨，您練了多久才練到這樣？」李慧慧問素素。

「我三十左右才開始練，每天練一個多小時，練得腿上的肌肉發青發紫，練了一個多月，才能彎下腰去，兩三個月以後，腿才不會痠痛。」

「哎喲！一個動作就這麼難？」張秀英輕輕叫了起來。

「您們二十來歲，應該快些。」素素鼓勵她們說。「明月七、八歲時就開始練，一個星期就練得比我好了。」

「看來練武是愈早開始愈好了。」李慧慧說。

「學芭蕾、學韻律體操，也是自學齡開始起最好。」明月說。「因為選手的運動壽命都很短暫，不到四十就只好當教練了。所以我不當選手，也不當教練，只是鍛鍊身體，保持健康。」

「我們兩人的想法也和您一樣。」張秀英說。

「那就好好學，對健康很有幫助，必要時也可以保護自己。」明月鼓勵她們。「不過我們信佛、學佛的人，應該有更高的理想。」

「什麼樣的理想？」她們兩人同時問。

「跳出三界外，不在五行中。」明月說。

「那談何容易？」她們兩人都叫了起來。

「是不容易。」明月笑著點點頭：「請問，天下那有白吃的午餐？您們現在才知道攀腿拉筋很難，我和阿姨還不是做到了？如果真有志氣，也沒有什麼事兒做不到的。」

「修行除了靠志氣以外，還得靠因緣。」李慧慧、張秀英都皈依過聖光法師，暑假還打過禪七，她們都知道修行的辛苦，因緣不成熟，也遇不到明師，不容易解脫。

「本來我是不會在Y大就讀的，但是我來了，而且同您們成為圓通佛學社的成員，這不就是因緣？您們事先想到嗎？」明月笑問她們。

她們兩人也啞然失笑，明月又說：

「無始以來，我們都在輪迴流轉，這已經不知道是多少次了？也許我們都是靈山會的人呢！」

「您說的不錯，輪迴久了，我們已經忘記過去了。」李慧慧說。

「如果我們突然醒悟了過來，想回到淨土，就能跳出三界，一切唯心造，就是這個道理。」

她們兩人摟著明月，又親切又敬佩地說：

「明月，真想不到，您的慧根這麼深？您這番話是一些出家人都講不出來的。彷彿您是剛從淨土下來似的？」

「如果我們老是迷戀這個娑婆世界，我們就永遠解脫不了。」明月說。

「明月，聽說您的山莊就像人間淨土，您要什麼有什麼，難道您能放得下？」李慧慧問。

「人世無常，那也不過是一時的假象，頂多幾十年百把年而已。我們誰見過當年的阿房宮？誰見過當年的秦始皇？我那個山莊，怎麼能和無量光、無量壽的極樂淨土相比？有什麼捨不得的？」明月望著她們笑笑。

她們兩人怔怔地望著明月，彷彿明月不屬於這個世界？彷彿那些話也不是她講的？更不是一個大學一年級的學生講的，直到那幾位練柔道的女生說著笑著離去，她們才回到現實世界。她們兩人握著明月的手，李慧慧說：

「聽您剛才一席話，真的勝過我們暑假的那次禪七。」

「我不過是大一的新鮮人，怎麼能比那些有道高僧？」明月一笑，拍拍她們兩人說：「剛才講的是我們之間的悄悄話，千萬不要傳開，不然人家會把我當做妖怪！」

明月挽著素素一笑離開。李慧慧、張秀英兩人望著她瀟灑的背影，輕盈的步伐，一笑一歎，各自走向自己的教室。

明月、素素來到孟真如上課的教室，坐在最後面。別人已經知道她們兩人的身分，明月更是校園名生，大家也不以為異，對她的好學精神，反而生敬。

孟真如準時走進教室，班長喊了一聲「起立」，明月、素素也跟著起立，孟真如一眼就望到她們，心照不宣。他講詩的思想境界，上次是講唐詩中佛家的詩，這次他講儒家和道家的詩，他先引用韓愈的〈贈譯經僧〉詩和韓愈的侄孫韓湘的一首七絕以及韓愈送韓湘的七律、七絕說明、比較。

他說韓愈最反對釋迦牟尼佛和老子，他是獨尊孔子的「文起八代之衰」的唐宋八大家的代表人物，自比孟軻，將釋迦牟尼佛、老子斥為「異端」。韓愈在〈諫迎佛骨表〉文中更斥「佛」為「夷狄」。他的〈贈譯經僧〉詩就是罵玄奘那些翻譯梵文經典的高僧的。

玄奘在唐太宗貞觀元年二十六歲時，發願經西域到天竺取經，貞觀十八年歸國，取得梵本經典六百五十七部，太宗命他於弘福寺翻譯。高宗又以玉華宮為寺，使玄奘駐錫在那裏繼續翻譯，共譯經論七十五部，一千三百多卷。韓愈罵他的七絕是這樣的：

萬里休言道路賒，有誰教汝渡流沙？
只今中國方多事，不用無端更亂華！

唐憲宗時韓愈就以諫迎佛骨，貶潮州刺史。這時他又寫了一首七律〈左遷至藍關示侄孫湘〉，是一首紀事感懷之作：

一封朝奏九重天，夕貶潮州路八千。
欲為聖朝除弊事，肯將衰朽惜殘年！
雲橫秦嶺家何在？雪擁藍關馬不前。
知汝遠來應有意，好收吾骨瘴江邊。

這次韓愈雖然被貶為潮州刺史，但他在〈原道〉文中倡導：「人其人，火其書，廬其居。」二十五年後，這在武宗時實現了，毀寺四千六百多座，佛經石刻都被毀，殺僧尼數十萬人，是一次文化大毀滅。

他的侄孫韓湘是八仙之一的韓湘子，自少學道，呂洞賓度之登仙。在登仙之前，落拓不羈。韓愈逼他與宦官結親，韓湘不從。韓愈謫藍關時，韓湘迎接，同居旅社。韓愈贈詩，仍勸他做官：

才為世用古來多，如子雄文世孰過？

好待功名成就日，卻收身去臥煙蘿。

韓湘答詩而去，詩亦為七絕：

舉世都為名利醉，伊予獨向道中醒。
他時定是飛仙去，衝破秋空一點青。

韓湘後果登仙。

孟真如先從韓愈自比孟軻，斥釋老為異端的歷史背景講起，再將韓愈那三首詩和韓湘的一首詩比較。

他說韓愈自比孟軻，但他的思想僵化、閉塞、胸襟狹隘，與孟軻的民本思想相去不可以道里計。韓愈是偏狹的愛國主義者，是唐朝官僚體制結構中滿腦子功名利祿思想的代表人物。他連孔子都不瞭解，孔子的「知之為知之，不知為不知」的謙虛他都沒有。孔子對老子是十分尊敬的，他引莊子的話說：「孔子行年五十有一而不聞道，乃南之沛見老聃。」孔子見過老子之後告訴大弟子顏回說：「丘之於道也，其猶醯雞與！微夫子之發吾覆也，吾不知天地之大全也。」所謂醯雞，是甕中酒上的蠛蠓；所謂天地之大全也，就是宇宙的本體和萬象。老子對宇宙的形成，發展的自然法則十分清楚，孔子請教老子之後才明白這個「道」，可見孔子很有學術良心，但韓愈沒有。韓愈坐井觀天，還固執偏見，厚誣老子和釋迦牟尼佛。孟真如總結說：

「韓愈完全不懂老子和釋迦牟尼佛的宇宙觀，不懂宇宙形成、發展的自然法則，更不懂老子和釋迦牟尼『為無為』的運用之妙。他的思想層次很低，只在功名利祿中打轉，他送韓湘的七絕更俗不可耐，韓湘答他的七絕開頭第一句『舉世都為名利醉』即一語破的，揭開了韓愈的假面具，而韓湘自己則一飛沖天。兩詩相較，兩人相較，均有雲泥之別。」

明月聽了孟真如這番話，心領神會，完全明白詩的好壞在於思想境界的高低，比她自己看時又進一步。

隨後孟真如又舉呂洞賓一首得道成仙七律和他的化身所寫的七律七絕來講解。

自隱玄都不計春，幾回滄海變成塵。
玉京殿裏朝元始，金闕宮中拜老君。
悶即駕乘千歲鶴，閒來高臥九重雲。
我今學得長生法，未肯輕傳與世人。

「《全唐詩》中有呂洞賓詩二百五十二首，這首七律是他自述得道雲遊的詩。」孟真如說：「頭兩句和拾得的『若問年多少，黃河幾度清』那兩句詩同樣表示他們的生命不受時間限制，元始天尊是道家生於劫初的天尊，遠早於老子和釋迦牟尼佛，太上老君就是老子的尊稱。呂洞賓是後輩，所以要朝拜他們兩位。學佛學道，一旦得道，就能突破時空障礙。呂洞賓就是一個例子。寒山、拾得的詩充滿禪意，呂洞賓的詩則多仙味，均非凡品，更非韓愈那種進士詩所能望其項背。」

隨後孟真如又引出了呂洞賓化身所寫的兩首詩。一是留給巴陵市太守的詩：

暫別蓬萊海上遊，偶逢太守問根由。
身居北斗星杓下，劍掛南宮月角頭。
道我醉時真個醉，不知愁是怎生愁？
相逢何事不相認？卻駕白雲歸去休。

另一首是留於宋朝宰相張天覺案上的詩：

捏土為香事有因，世間宜假不宜真。
皇朝宰相張天覺，天下雲遊呂洞賓。

這兩首詩在黑板上剛寫完就下課了。明月和素素開車送他回家。明月對呂洞賓的人和詩都很有興趣。她笑著對孟真如說：

「老師，呂洞賓沒有考取進士，卻得道成仙了，這不更有意思？」

「更自由自在了。」孟真如說。

「老師，我覺得呂洞賓和濟公活佛都有點遊戲人間？」

「那是他們隨緣方便，饒益眾生，不是真的瘋瘋癲癲。」孟真如說。「他們都有千百億化身，能突破時空障礙，無所不在，無所不能，妳還記不記得布萊恩．魏斯在《生命輪迴》那本書裏寫呂洞賓守護一位患先天性心臟病、在手術後陷於無意識狀態中的幼童的故事？」

「記得。」明月點點頭：「呂洞賓是唐朝人，一千多年以後，他的化身還會守護一位不同時空的幼童，這和觀世音菩薩是同樣法力無邊了。」

「也可見他們的慈悲心是一樣的。」孟真如說：「佛、菩薩、大羅金仙與魔的區別就在於慈悲與不慈悲、善與惡、正與邪？不在於法力、魔力的大小。正如人一樣，正人君子有大學問、大能力的固然很多，而亂臣、賊子、小人都是有大學問、大能力的人，否則不能翻手為雲、覆手為雨。差別就在於正人君子有道德、有良心、有正氣；亂臣、賊子、小人就是沒有良心，沒有道德、自私自利，所以為福為禍，就完全不一樣了。」

「老師，為什麼得志的總是反派人物多，正派人物少？」明月問。

「因為正派人物少，又有所為，有所不為；反派人物多，又是無所不為，所以他們卡位的機會就多、占領的時空也多了。」孟真如解釋。

「這很不公平。」

「這就是娑婆世界，娑婆世界多半是被阿修羅統治的，怎麼會公平？如果公平，只有善、沒有惡，那不是極樂淨土了？」孟真如笑著望望明月，反問一句。

「老師，那您是真看透了？」

「不是看透了，是苦頭吃夠了。」

「老師，那我們這次是不是誤入紅塵了？」明月好笑，望著孟真如的臉上問。

「我覺得我是來還文字債的。妳大概真是乘願而來的吧？」孟真如也好笑。

明月一直將孟真如送到家門口，孟真如下車之後，她說聲「再見」，孟真如卻說：

「慢著，我有一本書送給妳看看，看過以後，我們再談談。」

明月跟著他進屋，孟真如上樓去拿書，而她在樓下稍等。她和孟太太聊了幾句，孟真如帶了一本《白衣人語》下來，交給她說：

「這是一位晚輩的新作，他寫信通知出版送給我的。」

她看封面作者的姓名「黃鐘」，十分陌生，還不如那些經常在報上出現的「揚揚」、「伶仃」、「胡萍」、「一品生」……那些男女作家有名。孟真如知道她的意思，笑著對她說：

「妳媽一看就知道他是誰？這本書對妳奶奶和妳都有幫助，是那些暢銷書排行榜上的作家哭也哭不出來的。」

「老師，聽您這樣說我會一口氣看完。」明月說。

「看完以後我們才有話談了。」孟真如笑著把她送出門去。

第二十一章　亡命逃名奔海外
度人濟世顯神通

明月和素素回家時，恰巧莊文玲先她們一步回來。明月先下車，趕上幾步，揚起那本書，指指作者的姓名問：

「媽，您知不知道這位作者是誰？」

莊文玲接過去看了一眼說：

「我念高中時他曾經轟動一時，成為青年學生的偶像。他到過我們學校講演，看來他跟我的年齡差不多。後來不知什麼原因，他突然失蹤了？沒有再看到他的作品。這本書妳是從什麼地方弄來的？」

「媽，您可想不到？」明月故意不說出來。「您猜猜看？」

「這樣沒頭沒腦，我怎麼猜？」莊文玲白了明月一眼。

「媽，遠在天邊，近在眼前。」

素素停好車，走了過來，莊文玲說：

「難道是阿姨送妳的？」

「不是我送的，是孟老師送的。」素素說。

「哦，我想起來了！」莊文玲一笑：「當年黃鐘就翻譯過孟老師的作品，孟老師很器重他，他也把孟老師當長輩，他還有一篇文章稱孟老師為『文壇鐵漢』呢！他現在在什麼地方？孟老師告訴妳沒有？」

「沒有。」明月搖搖頭：「孟老師只說：看完書以後我們就有話好說了！」

「那妳快點看，看完以後再給我看。」莊文玲牽著明月的手，邊走邊說。

「明天早晨我就給您看。」明月爽快地說。

「妳可別熬夜？」莊文玲囑咐明月。

「媽，您放心，我從來不熬夜，這本幾十萬字的書我睡覺以前就會看完的，清早我會照樣陪奶奶打坐。」

明月一吃完晚飯就先上樓，匆匆洗過澡，就看《白衣人語》。這是一本有關學佛修行體驗的書，是散文隨筆，總共一百篇，篇篇引人入勝。她愈看愈快，不忍釋手。以別人想像不到的速度看完了，她從來沒有看過這樣的文章，她覺得黃鐘真非常人，那種宿慧，她自愧不如。她想從孟真如口中再多瞭解他一些。

她安心地睡了一大覺，四點鐘就進佛堂陪奶奶打坐。

吃早餐時，她將書交給莊文玲說：

「媽，您要快點看，看完再交給奶奶和阿姨看，我好請孟老師再來家裏談談。」

「這本書到底怎樣？」莊文玲問。

「媽，您看了就知道，這不是一般作家寫得出來的，不論他們的名氣多大？人長得怎樣漂亮？寫不出來就是寫不出來！」

莊文玲被明月說得一笑，老太太問是怎樣的書？明月說：

「奶奶，您修了幾十年，看了您就知道也不是那些專搞佛學理論的人寫得出來的，他們連門兒都沒有。」明月說。

「難道廣德大師也寫不出來嗎？」老太太問。

「奶奶，廣德大師會講故事，會蓋大寺院、重視福報，他走的是梁武帝的路子。黃鐘過去五世修行，這一世又刻苦清修，像苦行僧一樣，又有作家的底子，他並不是浪得虛名。」

「這真得要好好地和孟老師談談，孟老師對他的瞭解一定比妳深。」老太太說。「我很想從黃先生身上多學點東西。」

「奶奶，您看了書不會失望。」明月說。「希望您也快點看，我們和孟老師才有話好說。」

她們看來看去，看了一個禮拜才看完。到禮拜天，明月和素素才接孟真如過來。事先莊文玲曾打電話說自己去接，孟真如叫她不要去。

孟真如一到，大家都十分高興，彷彿他就是黃鐘。她們將孟真如擁到樓下前面客廳，老太太在等。孟真如看看她們的表情，心知肚明，望著明月一笑：

「我知道妳是個活動廣告，不過黃鐘付不起廣告費，我先代他謝謝妳。」

莊文玲一面給他奉上水果、開水，一面問他：

「老師，黃鐘現在人在那兒？」

「真是遠在天邊，快靠近北極圈了！」孟真如感歎地說。

「他怎麼突然跑到那麼遠的地方去？」莊文玲十分奇怪。

「當初我也不知道是什麼原因？」孟真如說：「他走的時候也沒有和我打招呼，他到了那地方之後我才接到他的信，他也沒有說明原因。當時我雖然回了信，不久就搬了家，沒有再接到他的信，他就像斷了線的風箏，這一斷線就是十幾年了。」

「後來怎樣聯繫上的呢？」莊文玲問。

「我偶然看到一本海外佛教雜誌登了他一篇〈觀世音菩薩真象〉的文章，我才知道他是位佛門弟子，而且能以現代太空科學知識弘揚佛理，使我大為驚異，便透過那本雜誌與他聯絡上了。」

「老師，以前您也不知道他信佛嗎？」莊文玲問。

「完全不知道。」孟真如搖搖頭：「那時我和一些朋友只知道他的英文很好，他翻譯我的小說時才十五、六歲，看起來卻像個大人，實際上他比妳還小。」

「老師，他就是因為翻譯您的小說，躍上文壇的。第二年他自己也寫了一篇，又和您並肩進入世界文壇，他一時聲名大噪，成為我們學生的偶像了。」

「妳的記性真不錯！」孟真如向莊文玲點點頭：「接著他又寫了一部上百萬字的長篇《黎明》，出版後又得獎，鋒頭就更健了。」孟真如說。

「那他為什麼要跑到那種冰天雪地去呢？」明月問。

「妳太年輕，妳不懂！」孟真如向明月一笑：「他當時和妳現在的年齡差不多大小，那些和我這種年齡的作家，有的人受不了，所謂名滿天下，謗亦隨之。那些小心眼兒的人，當著我的面罵他吹牛，還講了他不少壞話，甚至挑撥我攻擊他，更有人利用自己辦的刊物，找人寫文章臭他，又傷害了他的母親。妳看，他怎麼待得下去？幸好他的英文很好，不然那真會把他逼死。」

「老師，怎麼會有那種無聊的人？」明月憤憤地問。

「這個娑婆世界什麼樣的人沒有？」孟真如向明月一笑：「妳以為都像妳一樣天真？」

「老師，這就是他突然失蹤的原因嗎？」莊文玲問。

「不錯，如果他不在信中告訴我，我還蒙在鼓裏呢！」孟真如說：「如果我不是拖著七口之家，我也早走了。」

「老師，我不免有點奇怪！」莊文玲說：「那時我也是明月這種年齡，英文派不上用場不必說，漢文一千字的文章也寫不好，黃鐘居然能譯又能寫上百萬字的小說，他能讀了多少書？」

「妳問得有理。」孟真如向莊文玲一笑：「我知道他只有初中學歷，但他不但能譯能寫，還在陸軍當過正式英文翻譯官，又懂得其他兩三個國家的語文，妳知道這是什麼原因嗎？」

「那只能說是天才了！」莊文玲一笑。

「不錯，兩三歲時他就常和大人講些宇宙奧祕，大人說他有幻想症。他念幼稚園時歡喜畫畫，但不論是人、是貓、是狗，畫出來的都是骷髏、骨骼，沒有皮毛肌肉，女老師看了嚇得鬼叫，罵他是小神經病，以後他就不敢再畫了。」

「孟老師，他畫動物怎麼不畫皮毛肌肉呢？」老趙恰巧帶著狼狗進來，不禁笑問。

「因為他的天眼像X光一樣，直透骨骼、內臟，肌肉皮毛都不存在了。」孟真如說。

老趙摸不著頭腦，不敢再問。

「他五、六歲時就會排八字算命，而且算得很準，十二、三歲時，又會大六壬、奇門遁甲，預測颱風比氣象局還早還準，甚至算出他母親藏的火柴盒裏有幾根火柴？火柴盒的顏色、標誌，都一一應驗。」孟真如又再解釋。

「那真是神童了！」老太太不禁讚歎起來。「我修了幾十年，還沒有修到天眼通，也不會算命、卜卦，更不會奇門遁甲。」

「老夫人，他是五世修行、五世童子身，又是胎裏素，他的宿慧是與生俱來的。」

「他要是好好修行，那一定會成佛的。」老太太說。

「可是七、八歲以後到二十來歲這段時間，他喪失了天眼通。」孟真如說。

大家啊了一聲，孟真如又惋惜地說：

「天眼通雖然不是修行的目的，但是成佛得道的必經過程，這不能不說是他的一大損失。」

「何以如此?」莊文玲問。

「因為他有了名利心，尤其是十五、六歲以後，他認識了一些作家和出版商，成為文壇上一顆亮晶晶的明星，譽滿海內外，難免把持不定，正如明鏡蒙塵，反而不能見性了。」

「老師，這樣說來，那些妒忌他、打擊他的人，又使他清醒過來了?」莊文玲說。

「也可以這麼說。」孟真如點點頭：「不過他付出的代價可大了!在那個冰天雪地的陌生地方，雖然他語文沒有問題，但他是黃皮膚，求生不易，他吃盡了苦頭，而那些妒忌他的人還繼續造謠中傷他，差點使他坐牢。他是個大孝子，自己少吃一頓可以，但他要奉養老母親，赤手空拳，談何容易?真比我在此地養雞維生更難。」

「老師，您是怎麼知道的?」明月問。

「自然是他寫信告訴我的!我又沒有天眼通，我怎麼看得那麼遠?」孟真如望著明月一笑：「那地方很冷，冬天不燒爐子是會凍死的。」

「那他怎麼辦?」明月急著問。

「他撿木材、枯枝，也每天到一家報社去要廢報紙，一捆捆地揹回來當柴燒……」孟真如說不下去，眼圈發紅，「他母親也姓孟，是一位非常賢慧的老太太，和老夫人的年紀不相上下，也是自幼信佛，十分虔誠。」

「難怪她生下黃鐘這個好兒子!」老太太說：「黃鐘的父親呢?」

「老夫人，生逢亂世，家破人亡的慘劇太多，他們母子和我一樣，都不是土生土長的，他十三歲奉母來到此地，不問可知。」

「老師，黃鐘後來又是怎樣恢復天眼通的呢？」莊文玲問。

「在那種情形之下，他還有什麼名利心？」孟真如說：「所以他和母親更虔誠地修行，因為慧根深，他很快就恢復了天眼通。」

老太太念了一聲「阿彌陀佛」，明月高興地一笑。老太太又問：

「那他母親修行也一定很好了？」

「黃鐘有一次在信上說，她母親的頭頂上常有金色的光環。」

「那已經很高了！」老太太羨慕地說。「不過金色的光環也不能當飯吃，那他們的生活又怎麼辦呢？」

「因為黃鐘不但恢復了天眼通，而且更進步到慧眼、法眼，經典也讀得更多，他知道海內外那裏有佛教刊物？他便向那些刊物投稿，因為他有很多體驗，言人之所未言，所以他的文章很受歡迎。他就靠那微薄的稿費，維持母子兩人的吃饅頭、麵條煮白菜的最低水準的素食生活，而且還隨緣方便，度人濟世。」

「那他又是怎樣度人濟世呢？」老太太問。

「他的讀者可比我的多！」孟真如笑說：「而且什麼階層、什麼國籍的都有，寫信、打電話給他的，應接不暇。患了疑難雜症、急症的找他，甚至在國際機場出了問題的也找他……」

「那他怎麼應付得了？」明月急著問。

「是很為難，連郵費他都負擔不起，別說時間不夠用了。」孟真如說。

「真是善門難開。」老太太輕輕一歎。

「老夫人，打長途電話問病人的很多，他又不能不回答。」孟真如說：「單這一項就佔了他不少時間。」

「老師，電話怎麼能問病？他又不是醫生，怎麼能回答？」明月奇怪地問。

「你問的有理。」孟真如笑著點點頭，接著又說：「因為讀者知道他有天眼通，什麼都能看到，所以不遠千里打電話問他。」

「人隔了那麼遠，難道得了什麼病，他也看得出來？」明月有些疑惑。

「不但什麼病他都看得出來，連血壓高低，他都知道。」孟真如說。

「孟教授，這真奇了！」林如海插嘴：「如果不是您親口講的，我真不相信呢！」

「是難令人相信。」孟真如笑著向林如海點點頭。「有一天清早，我四點鐘打坐時，突然接著他的電話，我很奇怪，從來沒有人在這時打電話進來，我心裏有點不悅，但電話就在我桌上，我只好伸手接了。一聽，卻是他打來的，他先通名報姓，我又喜又驚。」

「老師，是什麼事兒？」明月連忙問。

「他囑咐我那天第一堂課不要去上，第二堂再去，改天補課好了。」

「什麼原因？」明月又問。

「他對我說不必問，去上第二堂課時就會知道。」孟真如說。

「原來那天我定時搭的那班公車出了車禍，在大拐彎處翻車，死傷了十幾個人。」孟真如說。

「老師，到底是什麼事兒？」莊文玲也禁不住問。

「奇！真奇！」林如海驚歎起來，「他真的未卜先知。」

老太太唸了一聲阿彌陀佛，莊文玲和明月面面相覷。明月隨後對孟真如說：

「老師，黃鐘既然有這麼大的神通，一定會有人供養他，他何必還過那種苦日子？」

「明月，妳說的不錯。」孟真如點點頭：「不過，他不接受供養，他要那些視他為活菩薩的人將善款捐給『普度』功德會，他一文不取。」

「這真難得！」老太太說：「這真難得！」

「老夫人，還有一件事，弄得他揹了一大筆債，到現在還沒有還清。」

老夫人問是什麼事？孟真如說：「十年前有一位在國際機場過境的旅客的孩子得了急病，突然打電話向他求助，他趕到機場，那孩子是南美洲人，急症，孩子的母親苦苦求他伸出援手，他不能見死不救，只好將孩子送進首都醫院。孩子是外國人，沒有保險和任何醫藥補助，醫院要他作保，他又不得不作，醫院收留了孩子，卻不能收留孩子的母親，那位母親經濟情況不好，只好回國，將孩子留給他照顧，半年多下來，他抵押了房子，治好了孩子的病，而且將孩子送交她母親。但他一直在為這孩子還債，一切稿費和其他零星收入都還不清這筆銀行抵押貸款，他估計最少得再還十年。」

「究竟有多少債？那我來替他還好了。」林如海慷慨地說。

「董事長，本來我不該講這種事兒。」孟真如抱歉地說：「數字我也不清楚，我並沒有得到他的同意，今天只是順口溜了出來，您不要在意。」

「孟老師，您不妨探探黃鐘的口氣，如果他點頭，如海也可以助一臂之力。」老夫人說。

「其實『普度』功德會的人他都很熟，這些年來他替他們也出過不少力。『普度』功德會，現在是影響力最大的慈善團體，到處行善。黃鐘的困難他們是不是不知道？是不是能伸出援手？我有些不解，又不便問……」

大家沉默了一會兒，明月忍不住說：

「那黃鐘為什麼不多寫些正流行的大眾小說，多賺點稿費呢？」

「現在他並不年輕，作品也沒有人要。」孟真如搖搖頭。「即使是寫那些佛學知識和有關修行之類的文章，那些妒忌他的人還罵他妖言惑眾，左道邪門呢！」

「奇怪！那些人為什麼不肯放他一馬？」莊文玲問。

「因為那些人既寫不出來，又看不順眼，心裏自然更酸。」孟真如笑說。

「老師，那些人好無聊！這世界好可怕！」明月憤憤地說。

「妳太幸福了！妳還年輕得很，看的又太少，妳不知道的還多著呢！」孟真如向她笑笑：

「但願妳永遠不要遇上魔障。」

「那些妒忌他，打擊他的人，會有報應的。」老太太說。

「老夫人，您說的不錯。」孟真如點點頭：「那位應文壇大哥人物要求，寫小說污辱他們母子的作家艾昌，突然得癌症去世了，黃鐘看見他正在地獄裏受酷刑，很難超生。其實艾昌是個爛好人，也是我的朋友，不過因為失業、太窮，又要養老婆孩子，為了稿費，不得不那樣寫，想不到受到惡報。當時我很奇怪，艾昌身體很好，怎麼死得那麼早？後來看到黃鐘回我的第三封信中詳細說明他為什麼奉老母遠走外邦的原因？透露了這段實情，我才恍然大悟。」

「唉！善有善報，惡有惡報，一點不假。」老太太歎了一口氣說：「不過艾昌那位作家是現世報，太快了。」

「老夫人，如果艾昌不是我的朋友，黃鐘沒有天眼通，我還不知道這是現世報。因為艾昌是個爛好人，不過他正邪不分，善惡不明，所以才墮入惡道。巧的是，那位唆使他污辱黃鐘母子的大哥級人物，晚年也靠舞女生活，死得也很悽涼。我和黃鐘一樣，也是被那位大哥級人物聯手封鎖打壓的大對象。不過我的免疫力、抗力比較強，所以才能活到現在。另外一位老作家鄭銘，更是我的好友，他既走不了，也跳不起來，十多年前就被一頂紅帽子壓死氣死了！」

「老師，這段內情我怎麼一點也不知道？」莊文玲說。

「如果不是今天談起黃鐘，我何必講？」孟真如望著她笑笑。「這個娑婆世界真是阿修羅當道，像黃鐘五世修行，他母親也是佛子，還要受那麼多苦難，所以您們更應該珍惜這份福報。」

「老師，五世修行的人恐怕很少，您怎麼知道他是五世修行的呢？」明月禁不住終於問了。

「也是他在信中告訴我的。」

「孟老師，他這一世修行有沒有什麼師承？」老太太問。

「沒有。」孟真如搖搖頭。「不過他在信中告訴我，他最信觀世音菩薩，韋陀是他的恩師，這兩位菩薩他是有求必應的。此外他以戒為師。」

「那他會修成正果的。」老太太點點頭。

「他也坦白告訴我，未來他會以嬰孩之「光」之「相」，飛入宇宙深處。我認為這不是吹牛。」

「真的讓我大開眼界！」老太太坐直身子說：「尤其是他入定時，觀世音菩薩帶他神遊太空深處各銀河系種種景象，可以印證《心經》說的『色不異空，空不異色，色即是空，空即是色。』」

「老夫人，您說的對極了！但也可以印證老子說的『天下萬物生於有，有生於無』。整個宇宙就是物質與非物質交互構成的。物質是色，非物質是空，但色中有空，空中有色，並非真有真無。亦即陰中有陽，陽中有陰，陰消陽長，陽長陰消，這樣才能產生互動。所以我們不可執著。六祖惠能說：『世人外迷著相，內迷著空。若能於相離相，於空離空，即是內外不迷。若悟此法，一念心開，是為開佛知見。』」孟真如像上課一樣，引經據典。

老太太離座而起，雙手合十，向孟真如頂禮：

「孟老師，您真不愧是佛道和禪淨雙修的，您這一番話解開了我幾十年的空相之迷。我轉來轉去就是轉不出來。」

孟真如也雙手合十，笑說：

「老夫人，恭喜您。您已經一念心開，開佛知見了。六祖說：『心迷《法華轉》，心悟轉《法華》。』老子、釋迦牟尼佛這兩位大聖人，對整個宇宙都瞭如指掌，他們的智慧、思想是超科學的、超哲學的、超物質世界的。他們的看法一致，只是老子沒有公開傳道，沒有弟子，他只寫了五千字的《道德經》，並沒有寫下更詳細的超凡入聖的修行方法。釋迦牟尼佛則弘道講經四十多年，有博聞強記的弟子阿難紀錄，修行方法、經過交代十分清楚。如果世人能參善悟、依法修行，得道成佛不難。六祖不識字，他對《金剛經》、《道德經》更了然於心，所以他強調頓悟。」孟真如一開口就像開水龍頭一樣，話不容易停止。

「孟老師，悟要大智慧，尤其是禪宗的頓悟。像您這樣才夠格參禪。」老太太急著插嘴。

「老夫人，行、住、坐、臥都是禪。佛在心中，不必外求。隨時隨地可以開悟、頓悟，不要把自己綁住就好。」孟真如向她一笑。「我可沒有黃鐘那種五世修行的宿慧，我只是一個普通人。」

「老師，黃鐘有沒有講您的前世？」明月好奇地問。

「我問過他，他不肯講。」孟真如笑說。

「老師，我看您和他一定有很深的因緣？」莊文玲望著孟真如一笑。

「這倒難說的很。」孟真如也笑笑：「巧的是，她母親也姓孟，他十五、六歲時就和我結下文字因緣。」

明月叫了起來：

「那一定是大因緣了！」

「見面即是有緣，因緣大小深淺那就難說了。」孟真如說。

「孟老師，緣有善緣、惡緣。像您們這種因緣，應該是大善緣。」老太太說。

「人與人之間，如果沒有貪、瞋、癡、慢、疑五毒作怪，便不會產生惡緣。何況，他們母子修行都好。我也很注意改正自己的缺點，喜與人結善緣，否則寧可絕緣。」孟真如說。

「孟老師，您這話大有學問。」老太太望著他說。

「老夫人，『一緣都不起，千嶂亦無雲。』這是我最近寫的一首詩中的後面兩句。我之所以不愛交際應酬，就是這個道理。」

「老師，您也不怕寂寞？」明月笑問。

「我一天到晚忙不完，有什麼寂寞不寂寞？」孟真如向明月一笑：「沒有事時我就爬爬山，看看樹木、花草，聽聽鳥叫，彼此無恩無怨，不貪不癡，也瞋不起來，那多自在？」

明月笑了起來。她記得孟真如評唐朝棲蟾和尚那首題為〈牧童〉的五律詩，和他的話有些類似，她對孟真如說：

「老師，我背一首唐詩您聽聽好不好？」

「我好久沒有看到好詩，妳背來我聽聽也好。」孟真如點點頭。

明月隨即琅琅地背了出來：

牛得自由騎，春風細雨飛；
青山青草裏，一笛一蓑衣。
日出唱歌去，月明撫掌歸；
何人得似汝？無是亦無非。

「好詩，好詩！」孟真如連連點頭。

「老師，您知道這首詩是誰寫的？」明月故意問他。

孟真如搖搖頭。明月笑說：

「老師，您自己選的詩您都不記得？」

「妳是過目不忘，我是過目即忘。別說是我選的詩，我自己寫的詩我也記不起來。」孟真如無奈地說：「這到底是誰作的？」

「是唐朝一位並不出名的和尚樓蟾寫的，您對他的評價很高，我覺得這首詩最後一句『無是亦無非』，和您剛才說的『彼此無恩無怨、不貪不癡、也瞋不起來，那多自在？』這幾句話有異曲同工之妙。老師，您說是不是？」明月望著孟真如的臉上說。

「明月，妳已經得到詩中三昧了！希望以後妳也能寫出這種詩來。」孟真如十分高興地說，隨後又輕輕一歎：「可惜現在已經沒有這樣的和尚了，這座山上也沒有一座像廬山東林寺、黃龍寺、歸宗寺、開先寺那樣的寺院，不然我真出家了。」

「老師，要是有那樣的和尚，那樣的寺院，我也會出家的。」明月笑說。

「幸好沒有，不然我也出家了。」老太太笑著對孟真如說：「孟老師，您不妨將山莊當作寺院，歡迎您隨時來駐錫或是掛單？那我們都不必出家了。」

大家哈哈一笑。孟真如笑說：

「修行本來不拘在家出家，能夠得道一樣好。不過中土歷代有道高僧，多是由儒入道由道入佛的，他們又都會選名山勝水、人跡罕至的地方結庵建寺修行，吸山川靈氣和日月精華，比住在市井中少了很多俗氣、業障，更容易得道，這也是事實。」

「不過在那種深山就收不到香火錢，現在鬧市中的寺院可是香火鼎盛。」莊文玲笑說。

「香火鼎盛，未必利於修行？」孟真如笑笑。

「現在這個一切向錢看的社會，還有人想盡各種方法來利用佛、菩薩，有人甚至騙了十幾億。」

「那是阿修羅，不是佛子。」孟真如說。

「老師，佛頭著糞，那怎麼辦？」莊文玲問。

「潑糞者自受。」孟真如回答。

林如海回來，看見孟真如很高興。因為他不在家，又連說：「失禮！失禮！」孟真如不便問他忙些什麼？他自己倒先說了出來：

「最近因為忙者籌設慈恩醫院，所以比平時更忙一點。」

「辦醫院是好事，現在各醫院病床顯然不足，住院很不容易。」孟真如說。

「尤其是臨終的病人，往往一斷氣就要推進太平間，對於往生極樂淨土很不利。所以我想辦一個有一千個床位，兩百個臨終關懷床位的醫院，讓那些往生者有四十八小時的安靜時間，以免擾亂他們的神識，誤入六道輪迴。」

「您這真是一大善舉！會造福不少人，希望能開風氣之先。」孟真如站起來說。

「孟教授，我雖然讀書不多，但我知道錢應該用在有意義的地方，更不能用來造業。」林如海說。

孟真如連忙握握他的手說：

「我看我們這個社會還有希望，您也會更有福報。」

「我不是求福報，我只是要心安理得。」

「這樣福報更大！」孟真如拍拍他。

「孟教授，您給了我很多啟示。您一生費盡心血，絞盡腦汁，既不求聞達，也不孜孜為利，只要能生活得下去就好。我聽文玲說：『您好多部重要的著作，版稅還不夠您買書送人，您也無怨無悔，還在繼續不斷地寫。』這對我們工商界的人來說，簡直不可思議！」林如海目不轉睛地望著孟真如說。

「我怎麼能和您們工商界人士相比？」孟真如拍拍林如海一笑：「我燒的是快要熄滅的冷

灶，我再不加點燃料，那一點點火種馬上就要滅了。您們做的都是大熱門生意，貨色到處有人要，我怎麼能比？」

「孟教授，憑良心說，您付出的心血可比我多得多，又簡直毫無報酬，誰肯像您這樣白幹？」

「大概今生我是來還文字債的？也許還完了我就走。」孟真如握著林如海的手笑笑：「我最怕欠債！幸好人情債、金錢債我兩不虧欠，現在只欠文字債，所以只要活著我就會寫，管它什麼版稅不版稅？」

林如海兩眼發征，明月靠近孟真如說：

「老師，您是我的榜樣，我要好好地學學！」

「明月，您千萬不能學我這個壞榜樣！」孟真如拍拍她說：「我教您文學只是教您怎樣欣賞、怎樣寫好作品？可沒有教妳怎樣當作家。至於佛道兩家思想，那是幫助妳認識宇宙本體，何謂空？何謂色？以及色空互動、陰陽互變、有無相生、生生不息的道理。這可能有助於妳修行，但學佛更是非功利的，不能混飯吃。好在妳的福報很大，有令尊做後臺，不愁衣食，妳愛怎麼修就怎麼修？愛修多久就修多久？不像我和黃鐘，一根蠟燭兩頭燒，直到燒完為止。」

莊文玲的兩顆眼淚悄悄地滾了下來，落在金色地毯上不見痕跡。孟真如反而哈哈一笑，及時化解了凝結的空氣。老太太長長地念了一聲「阿彌陀佛」。

孟真如以前沒有聽說林如海要創辦醫院，更沒有聽說過臨終關懷床位，剛才這些話都是林如海引起的，因此，他不禁問林如海：

「請教您是怎麼想起要辦醫院，又要設臨終關懷床位的？」

「想辦醫院已經很久了。」林如海回答：「因為先父過世太早，當年就是因為醫院太少，家裏太窮死的。現在雖然醫院不少，可是病人更多，床位不夠，住院很難，至於設臨終關懷床位，是聽了一位外國醫學博士兼物理學博士的講演引起的。」

「那位雙料博士是怎麼說的？」孟真如問。

「他說人停止呼吸時，腦細胞缺氧，幾分鐘之內就會死亡，但是靈魂不會消滅，只是游離、飄蕩，他蒐集了幾千個實例，還有一位死了幾天後又復活的大學教授親自作證，證明在安靜中去世的死者，都看到淡金色的毫光，在驚動不安情況下去世的人只見到一片黑暗。這就是天國與地獄的分界。如果神識不清就亂竄亂撞，不知道選擇。」

「學佛的人都知道，這是靈魂要脫離肉體時的危險時刻。」孟真如說。

「可是醫院的人不是不相信，就是因為等床位的病人太多，不能讓死者安安靜靜地往生，我以前也不太瞭解這種情形，不太注意。再則早期我也沒有餘力辦醫院。」林如海說。

「我很高興西方科學家已經漸漸瞭解人死後不是生命的終結，而是轉位、而是輪迴，只是他們對於輪迴的因果關係還不清楚，但我相信他們以後總會弄清楚的，這對於轉變人心將是一大好事。」

「孟教授，我也是這樣想。」林如海連忙點點頭：「有些事情急不得，要慢慢來，尤其是改變人的思想觀念更不容易。我們各盡其力，走一步算一步好了。」

「您的工作都可以立竿見影，我只是摸著石頭過河。」

孟真如自己好笑，林如海聽了他的話也笑了起來。

「老師，您是黑處作揖，別人看不見，也摸不著。」莊文玲對孟真如說，又指指林如海：「他是雨天賣傘，逮個正著。」

林如海大笑起來，孟真如對莊文玲笑說：

「憑妳這三言兩語，就該再拿個博士學位。」

「老師，我們都選錯了行，我們也該雨天賣傘了。」莊文玲故意打趣。

明月立刻抓住莊文玲的手笑問：

「媽，您想改行，我好不容易才走進孟老師的門牆，那我該怎麼辦？」

「妳可不一樣。」莊文玲睜大眼睛對明月說。

「媽，我們一般高。」明月站在莊文玲身邊比一比說：「有什麼不一樣？」

「妳有孟老師教妳，又有妳老子養妳，妳正好胡個雙龍抱！」莊文玲拍拍明月的肩說。「孟老師和妳老子都缺一門，我是一手的死牌，更是胡不成。」

「文玲，沒想到妳一口的麻將經？我可沒有教妳這一課，您是從那兒學來的？」孟真如笑問。

「老師，不瞞您說，這是我莊家三代祖傳，可是我不成器，早就失傳了！」莊文玲笑著回答。

「媽，您傳給我好了！」明月笑著搖搖莊文玲。

「妳一旦修成了天眼通，又會打麻將，那不吃遍天下的賭鬼？」莊文玲笑著白了明月一眼。

林如海開心地大笑，老太太卻閉著眼睛念了一句阿彌陀佛。明月想笑又不敢笑，蒙著嘴跑到後面餐廳才笑出聲來。

第二十二章　狼狗超生轉人體
主人茹素見佛心

晚飯後，林如海要司機開他的賓士車送孟真如回去。莊文玲、明月也要送孟真如，孟真如擺擺手說：

「不必，不必！我又不是什麼要人，何必興師動眾？」

「老師，恐怕夜路不太平，我們給您壯壯膽。」明月笑說。

「我兩袖清風，沒有什麼好打劫的。」孟真如兩手一攤、一笑，隨後又說：「倒是賓士汽車讓人看了眼紅，還是明月的千里馬比較安全。」

林如海覺得孟真如的話有理，便要司機開千里馬。孟真如告辭，老太太也要送到大門口，孟真如雙手一攔說：

「老夫人，不敢當。我一向是獨來獨往，只有到府上是個大例外，又接又送，我是卻之不恭。不然我就走回去，正好運動運動，那樣更安全。」

「孟老師，那就恕我失禮了！」老太太雙手合十說：「希望以後隨時賜教。」

「今天已經耽誤了您不少做功課的時間，抱歉，抱歉！」孟真如合掌說。

「孟老師，聽您一席話，勝我做十年功課。」老太太邊說邊送他走出門口。

林如海、莊文玲、明月，看著他上車，送出莊門。林如海囑咐司機一路小心，回頭笑著對明月說：

「明月，我愈來愈覺得妳選校選對了！」

「爸，不是選校選對了。」明月也笑著回答：「是選老師選對了！還得感謝媽這位指導老師，不然那就由我玩四年了！」

「大概是你們和孟教授有緣？」林如海望著她們兩人說。

「現在看來，孟老師和您也有緣。」莊文玲說。「和老人家更有緣。」

「和娘有緣沒錯。」林如海點點頭說：「不過我是個俗人，只是沒有殺過豬、沒有宰過牛，可也沒有抱過佛腳。」

「爸，那個要殺六祖的張行昌，連揮三刀，沒有傷到六祖，後來反而成為六祖的出家弟子志徹和尚。還有一位殺了九十九個人，想再殺掉釋迦牟尼佛湊成一百的兇手，後來也跟世尊修成了阿羅漢。爸，您比他們好多了，說不定日後您還會成為一位大護法呢！」明月笑說。

「明月，像您奶奶說的，爸能有今天，應該懂得吃果子拜樹頭的道理。只要爸能做到的事，爸會做。」林如海說。

狼狗來喜一直依依不捨地跟在他們前後左右轉，又跟著他們走進樓上佛堂。老太太晚飯後總先在這裏休息、然後念經、打坐，來喜乖乖地伏在她的腳邊，閉著眼睛不聲不響。她習慣地伸手摸摸牠的頭。林如海笑說：

「娘，我看來喜是更通人性了。」

「應該說是更通佛性了。」老太太拍拍牠的頭說。

「可惜牠不懂我們的話。」林如海說：「不然今天的談話對牠也有益處。」

「你不要以為牠不懂，牠只是不會說話而已。」老太太說：「生公說法，頑石點頭。何況牠比石頭更有靈性。」

「奶奶，我看了黃鐘的書，覺得人與人之間的差異也很大，我覺得我不如他。」明月說。

「不但人與人之間的差異很大，狗與狗之間的差異也很大。」老太太說：「來喜和別的狼狗就是不一樣。」

「娘，我很少注意牠。請您說說看，牠和別的狼狗有什麼不一樣？」林如海說。

「你記不記得？牠第一次抓住松鼠，只是咬住不放，並沒有傷到松鼠。老趙叫放，牠一放口，松鼠就蹦著跳著驃到院子外面的相思樹上去了。如果松鼠受了傷，行動怎麼會那麼敏捷？」老太太望著林如海的臉上說。

「娘，想不到您這麼細心？」

「不是我細心，這是常情。從這件小事上看，牠生性並不兇惡。不論土狗狼狗，都沒有牠這麼善良。」老太太說著又看了來喜一眼。

「奶奶，來喜也很忠心，不論我什麼時候回來，牠總在大門口接我，準得很！牠好像有預感似的。」明月說。

「這都不算都稀奇。」林如海搖搖頭說：「我的朋友養洋狗的多的是，但不論是狼狗、牧羊狗、杜賓狗、老虎狗、皮蛋……統統吃肉，而且非常挑嘴！有的要吃雞肉，有的要吃牛肉，有的要吃豬排，有的要吃雞蛋，有的要吃魚頭，否則寧可挨餓，更沒有一隻吃素的。他們聽我說來喜吃素，都當做笑話講。」

「來喜吃素已經十多年了，這真很不容易。」老太太說：「連你也辦不到。」

「娘，我應酬多，來喜沒有應酬。」林如海笑著解嘲。

「不吃素的都有藉口，你當然不是第一位。」老太太望著他，不好責備。

「娘，那以後不論出席什麼宴會，我都帶素食便當好了。」林如海笑著打趣。

明月笑了起來，老太太白了兒子一眼說：

「你別在我面前賣乖！你以為我不知道？你們那些大頭家、洋大人，不論中餐、西餐，都沒有一位吃飯的。」

「娘，不吃飯那吃什麼？」林如海故意笑問。

「喝洋酒、吃牛排、吃烤豬、吃熊掌、吃魚唇、吃蛙腿、吃猴腦……」

老太太還沒有說完，林如海就站起來搖手求饒，笑說：

「娘，您老人家快別說了！兒子可沒有吃過猴腦呀！」

「您吃過滿漢全席沒有？」老太太又問。

「生平也只吃過一次。」林如海說。

「天上飛的，樹上爬的，地上走的，水中游的……滿漢全席那一樣沒有？」老太太冷笑一聲。

「奶奶，您大門不出、二門不邁，成天阿彌陀佛，您怎麼知道那些事兒？莫非您也和黃鐘一樣，已經修成天眼、慧眼了？」明月笑問。

「天眼也好，慧眼也好，通不通、成不成？我再也不會告訴妳了。」老太太向明月莫測高深地笑笑：「以後妳要是做了丁點兒壞事，休想瞞我。」

「奶奶，那您還是用肉眼好。」明月笑說：「洋人講隱私權，妳有了三隻眼，我就沒有隱私了。」

「妳一下地，我就看著妳長大的，妳還有什麼隱私？」老太太笑著白了明月一眼。

「奶奶，話不能這樣講，我現在是大人了。」明月搖搖老太太說。

「山高也遮不住太陽，妳還能比我大不成？」老太太反問。

「奶奶，如果我偷吃一塊巧克力糖，那總不能算是什麼壞事兒吧？」明月低下頭說。

「不論是好事壞事？一起心動念妳就該知道，怎麼問我？」

「奶奶，您戴給我的這個緊箍咒兒，比孫猴兒頭上的那頂緊箍咒兒還厲害嘛！」

「我看妳也不下於那個孫猴子？」

「奶奶，您太抬舉我了！」明月笑了起來：「孫猴子有七十二變，我是什麼都變不出來。那不是綑著挨打？」

「那妳就學乖一點兒，讓我牽著鼻子走好了。」老太太向明月一笑。

大家都好笑，明月向老太太笑說：

「奶奶，我有他心通，我早知道您這個心意。」

「妳這是未證言證，是大妄語。」老太太正色地說。

「奶奶，我是說著玩兒的。」明月摟著老太太說：「志誠偷聽盜法，他向六祖坦承，說了就不算。我不用他心通，我就知道您的心意了。」

老太太被明月說的一笑。

「娘，我也知道，您是指著禿子罵和尚。明天起我就吃全素，滴酒不沾，像您一樣，連雞蛋也不吃。」林如海說。

「那你應酬時真帶素食便當去？」老太太望著林如海說。

「不帶便當，餓一頓也沒有什麼關係。」林如海故作輕鬆地說。

「餓壞了身體，誰養老娘？」老太太問。

「奶奶，我養。」明月搶著回答。

「妳八字兒還沒有一撇，妳自己都養不活自己，還好意思吹牛？真是膽大臉皮厚！」老太太白明月一眼。

明月自己先笑起來，大家也好笑。

老太太隨手摸摸來喜的頭，來喜沒有一點反應，她又摸摸來喜的鼻頭，發覺鼻頭乾乾燥燥，不像平時那麼潤濕，她連忙對明月說：

「妳看看來喜怎麼了？我覺得牠有點兒不對勁？」

明月走近去低下頭看看，發覺來喜閉著眼睛，下巴壓在地毯上，她連叫幾聲來喜也沒有反應，她將手放在牠的鼻孔上，也沒有一點氣息，她雙手將來喜的頭托起來看看，驚叫一聲：「奶奶，來喜死了！」

「快點放下來，不要驚動牠！」老太太連忙說。

大家都很奇怪，來喜進來時好好的，怎麼一盞茶的工夫就死了？心裏都在狐疑，老太太卻吩咐素素去找老趙過來，同時對明月說：

「來喜無疾而終，牠修到一個好死。我們快替牠念〈往生咒〉，幫助牠早投人胎，繼續修行，妳年輕，日後還可能度牠到極樂淨土，免得牠再六道輪迴。」

老太太領先念〈往生咒〉，明月同聲念，莊文玲也跟著念，林如海不會，只好跟著默念，不敢出聲。素素、老趙趕來，一起趺坐在來喜身邊同聲念，老趙和來喜的感情很深，一面念一面落淚。

來喜雖然十六、七歲了，毛色還很光亮，沒有一點病容，安靜地伏在金黃色的地毯上，一身黑毛像黑緞子一樣反光。林如海因為不會念〈往生咒〉，他不時睜開眼睛，他覺得來喜先前在他們身前身後團團轉，依依不捨的樣子，想不到那是牠知道自己即將往生的最後表現。古人說：『人之將死，其言也善；鳥之將死，其鳴也哀。』來喜將死時也表現得更乖。他有些奇怪？來喜莫非真是人投胎的？牠除了不會講話，老趙的一個小動作，一個眼神牠都懂。每天都會陪著老太太念經，伏在老太太身邊像個護法。牠也彷彿知道他的身份似的，對他特別恭順，他也從來沒有呵叱牠一聲，把牠當做山莊的成員。他覺得牠比很多人都善良、都忠心、都有理性。很多人一言不合，就白刀子進、紅刀子出。有些人看都不能看他一眼，否則就打個頭破血流，甚至送命。兒子打老子已不稀奇，妻子殺丈夫也很平常，丈夫把妻子當做搖錢樹或是奴隸的更多，素素就是一個例子。人與人之間的倫理關係，親情關係，遠不如來喜和他們的人獸關係和諧、親密。

老太太他們念了一個多小時的〈往生咒〉之後才休息，林如海這才湊近來喜看看，好像牠的身體還是柔軟的，他想移動一下試試看，老太太叫他不要動手。又要大家坐遠一點，不要大聲談話，她將老趙叫到身邊來說：

「來喜和我們有緣，你和牠的緣份更深。牠這樣安詳地往生，沒有一點痛苦，一般人都辦不到。好在現在已是冬天，讓牠多在佛堂裏躺幾個鐘頭，今天晚上、明天早晨，我們再替牠打坐、祈求觀世音菩薩超度牠。明天中午再把牠埋在院子外面的相思樹林裏，免得牠曝骨荒野。」

「有沒有木板？乾脆給牠釘個木盒子放進去再埋。」林如海對老趙說。

「從前蓋山莊時還多餘一些木板，狗屋的木板也可以利用，明天上午我會釘好。」老趙說。

「這是來喜的造化。」老太太說：「不知道牠是怎樣墮入畜牲道的？」

「娘，您真以為牠是人投胎的？」林如海問。

「從牠乖乖地吃素、乖乖地進入佛堂聽我念經那天起，我就有這種感覺，我一直將牠當人看待。」老太太說。

「娘，輪迴真的這樣可怕嗎？」

「還有什麼比輪迴更可怕的？」老太太反問。

「娘，我實在不明白？」

「無始以來，我們就開始輪迴，已經不知道輪迴多久了？」老太太輕輕一歎：「能夠做人已經很不容易，學佛的人都知道人身難得，可是有很多人無明得很，一生胡作非為，不知道因果的厲害，真是枉在人世走一遭，像來喜就不知道牠前世犯了什麼天條？」

「老夫人，來喜已經很有福報了！」老趙說：「那些流浪狗才可憐呢，其中自然有不少是人投狗胎的。」

林如海輕輕走過去，蹲在地毯上再看看來喜，覺得牠和活著時沒有兩樣，彷彿睡著一般，沒有呲牙裂嘴，沒有死相。雖然老了，看起來還很漂亮。一想到牠跟著老太太吃素、聽經十幾年，他覺得有些不可思議，他自己就沒有辦到。

他明天早晨要開會，要早點睡，他走回老太太身邊，向她說：

「娘，我明天早晨有會，不能多陪您。請您放心，自明天起，不論任何宴會，我一定吃全素。」

「你辦得到嗎?」老太太問他。

「來喜能辦到,我自然也辦得到。」林如海說。

「阿彌陀佛!我也相信,只要你願意,便沒有辦不到的事。」

莊文玲和他一道離開佛堂,老太太帶著明月、素素、老趙一起在觀世音菩薩座前打坐,祈求觀世音菩薩為來喜超生,讓牠重新做人。

明月和來喜一起長大,她也很愛來喜。但狗的壽命比人短。她還是剛剛成為大人,來喜卻死了。她更希望來喜能早日投個人胎,那會有機會和她做個朋友,她會幫助「他」或「她」修行。她更誠心祈求觀世音菩薩超度來喜。

這天晚上,她做了兩個夢,第一個夢就是觀世音菩薩帶著來喜到一戶向陽門第人家的門口,觀世音菩薩用楊枝向屋內一指,來喜就竄進屋內,不久就聽到屋內嬰兒呱呱啼哭的聲音,她好高興,一笑而醒。看看手錶,還不到一點,她又閉起眼睛睡覺,很快就睡著了。

後來她又做了一個夢,夢見觀世音菩薩和印空太師公一道,另外還有一位比丘尼她不認識,卻很像以前她夢見的在一座高山山洞中閉關、以及在龍宮洞突然現身搭救王文娟的那個身穿黃色袈裟的比丘尼一般。那位比丘尼這次突然現身,還似曾相識地先向她一笑,似乎比印空和她更熟,隨即和印空、觀世音菩薩化作三道金光,衝向虛空,比閃電更快。他們是怎麼來的?又是從那兒來的?快得她完全看不清楚,他們是突然在她面前出現又很快消失。

這個夢使她十分驚喜，她有十幾年沒有夢見過印空，今夜是一連兩次夢見觀世音菩薩，第三次夢見那位比丘尼，這次卻是三位一道出現。她知道這不是普通的夢，這兩個夢一定有什麼因緣？一定是有什麼啟示？

她興奮得睡不著覺，看看錶，快到四點，她漱洗之後便來到佛堂，老太太、老趙、素素已在打坐，他們不是未睡，就是起得更早。

她先向觀世音菩薩法相和印空法相頂禮。夢中的印空和照片上的法相一模一樣，不過看來更年輕許多。觀世音菩薩卻不是這個樣子，而是手持楊柳枝，甘露水瓶的白衣大士。黃鐘寫的觀世音菩薩則是男像。她知道觀世音菩薩有三十二應化身，可以隨緣應化，不必執著法相，只要注意是不是大慈大悲？不然可能是魔冒充的，她知道她看到的是真的觀世音菩薩。

她默默地坐在她的蒲團上打坐，她希望能再看到觀世音菩薩，但是她不能一念不生，她的心神不大穩定，她還在想那兩個夢境。

天一亮，老太太就先叩頭起立，他們三人也跟著叩頭起來。老太太領先走向來喜，俯身看看，然後吩咐老趙試著移動一下來喜的身體，來喜的遺體還是柔軟的。老趙有些奇怪？老太太卻高興地一笑說：

「一點不怪！來喜的素沒有白吃，經也沒有白聽，牠不會再墮入畜牲道了！」

「奶奶，來喜已經投人胎了！」明月高興地說。

「妳怎麼知道？」老太太懷疑地望著她說。

明月便將昨日晚上第一個夢說出來，三人同樣驚喜。老趙更高興地說：

「我要去找牠投胎的那戶人家？」

「妳知道那是什麼地方？妳往那兒去找？」老太太笑問。

「明月，妳再將那戶人家的外表，周圍的環境講清楚一點好不好？」老趙連忙對明月說。

「那是一個坐北朝南的平房，獨門獨院，白粉牆，大門口還有一副對聯：

耕讀為本
忠孝傳家

門楣上的區額還寫著『清河郡』三個字。」明月過目不忘，也說得很清楚。

「現在城市裏很少這種房屋，除非是鄉下才有。」素素說。

「有了這些標誌就好辦，我遲早總會找到的。」老趙笑說。

「趙伯伯，即使您找到了又怎麼開口？您總不能說那個孩子是我們的來喜投胎的？」明月說。

「明月，我不會那麼笨，我會看人打卦。」老趙說：「就怕妳那個夢不真？」

「我記得一清二楚，怎麼會不真？」明月說：「不過這種事兒千萬不能走漏風聲，即使日後真的找到了，也要守口如瓶。否則人家會罵我們思想落伍，腦袋瓜兒迷信。」

「妳說的不錯。」老趙點點頭：「現在是只許自己放火，不許別人點燈，我也不想上報紙、上電視。」

「那您今天先把來喜埋好，要不要我幫忙？」

「妳去上學，我一個人還應付得了。」老趙很有信心地回答。

明月蹲下去摸摸來喜，小時候她歡喜摟住牠玩，現在牠卻躺在地毯上不會動。但她在夢中看見牠的非物質的身體，在觀世音菩薩的楊柳枝一指之下，立刻竄進那戶人家的行動，也是快過閃電。現在在她面前的只是來喜的皮囊。她不禁仰起頭來，感慨地對老趙說：

「趙伯伯，來喜已經超生為人了，我們埋牠的遺體只是盡盡心，這並不是真正的來喜，來喜已經成了別人家的人了。」

「明月，想不到妳真看透了？」老趙對明月另眼相看。

「這是觀世音菩薩在那個夢裏給我開了竅的。」明月站起來說。

「奇怪？來喜是我一手養大的，觀世音菩薩怎麼沒有給我託夢？」老趙不禁自言自語。

「趙伯伯，您年紀大了，可能沒有我敏感？」明月向老趙一笑：「我現在正是做夢的年齡，所以我才夢見觀世音菩薩超度來喜。您也一起念過〈往生咒〉，來喜超生也有您的願力、誠心。」

老趙聽了明月的話便展顏一笑。明月又對他說：

「趙伯伯，昨夜我還做了另一個好夢。」

「什麼好夢?快講給奶奶聽。」老太太先說。

明月便將第二個夢說了。老太太先念了一聲「阿彌陀佛」，高興地說：

「感謝師父沒有忘記我們，觀世音菩薩保佑我們。說不定那位比丘尼就是師父請來的再世佛?」老太太看了素素一眼說：「素素，妳還記不記得印空師父當年講的那些話?」

「記得!」素素連忙點頭：「大概是明月的因緣快成熟了?」

「我和妳的看法一樣。」老太太笑著對素素說：「妳的因緣也快成熟了。」

「老夫人，我好不容易等了快二十年了!」素素深深歎口氣說。

「素素，一切大事都是因緣，急不得，也避不開。」老太太安慰她說。「當年我走投無路，揹著如海上山皈依印空師父，本來不打算下山，師父不肯收留我，硬要我回家帶髮修行……」

「這證明老夫人的福報很大，印空菩薩也不能介入老夫人的因果。」素素說。

「素素，妳說的不錯，佛、菩薩也畏因果，佛度有緣人，也是這個道理。」老太太對素素說：「如果來喜不跟著我們吃素、聽經，牠這一世恐怕還難超生?」

「奶奶，送佛送到西天，為了幫助來喜，我們真該留意查訪來喜投胎的那戶人家，好繼續幫助那孩子修行。」明月說。

「妳先自己好好修行，一旦修成了天眼、慧眼，自然知道來喜出生的那戶人家?根本不必像喇嘛轉世那樣東查西訪了!」老太太說。

「奶奶，我很奇怪?喇嘛都稱活佛，但佛有三身、五眼、六通，無所不知、無所不在、無所不能。為什麼喇嘛轉世還要東查西訪？難道喇嘛當中沒有一位真正的活佛？」明月問。

「明月，要想成佛，須先攝心守戒。世尊說：『六道眾生，其心不淫，則不隨其生死相續。』淫心不除，塵不可出。縱有多智禪定現前，如不斷淫，必落魔道，怎麼能成佛？」老太太說。

「老夫人，魔道如何？」老趙讀經不多，年紀大了，記性又不好，他不瞭解魔道，因此問老太太。

「上品魔王，中品魔民，下品魔女。如不斷淫，修到多智禪定總是魔。縱得妙悟，皆是淫根，輪轉三塗，必不能出。」老太太說：「殺心不除，也是塵不可出。如不斷殺，必落神道。」

「老夫人，我們很多人不是都敬神嗎？神道有什麼不好？」老趙有些奇怪。

「所謂神道是指一般鬼神，不是佛、菩薩。」老太太解釋：「神道中上品的為大力鬼。中品的為飛行夜叉、鬼帥。下品的地行羅刹。所以食肉的人，必沈生死苦海，非佛弟子。」

「老夫人，聽說西藏、青海那些地方的人以肉食為主，敬佛也用牛油點燈，男女關係隨便，不像我們重視倫理。我知道的燕京喇嘛，還供奉歡喜佛，讓男女拜拜，住持喇嘛守戒不嚴，以活佛自居，十分神氣。這就完全亂了套？與釋迦牟尼佛的說法背道而馳了！」老趙如夢初醒地說。

「老趙，我不敢妄語，我引的都是釋迦牟尼佛的話。是活佛？是魔鬼？您知道就好。凡是佛門弟子，不論你是什麼地方的人？什麼種族？必須嚴守不殺生、不邪淫、不偷盜、不妄語、不飲酒這五戒。喇嘛也好，比丘也好，比丘尼也好，居士也好，如不斷淫，必落魔道。如不斷殺，必落神道，如不斷偷盜，必落邪道。」

「老夫人，什麼是邪道？」老趙又問。

「邪道中的上品是精靈。中品是妖魅。下品是邪人。世尊說：『末法之中，多此妖邪，潛匿姦欺，稱善知識，詃惑無識，造種種業，皆言佛法，卻非出家具戒比丘，由是疑誤無量眾生，墮無間地獄。』」老太太對老趙說：「這是不是邪道？你自己琢磨琢磨好了？」

「老夫人，我心裏也有一個問題大惑不解？」素素說。

「妳有什麼問題？」老太太笑著問素素，因為素素向來不提問題。

「歷來轉世的大喇嘛，都自稱是觀世音菩薩轉世的。但經典上記得明明白白：觀世音菩薩有三十二應身、十四無畏、四不思議，他無所不知、無所不在、無所不能，他何必轉世當個喇嘛？這豈不是笑話？」

「經典上有沒有記載觀世音菩薩要轉世為喇嘛的？」老太太反問一句。

「沒有！」素素用力搖頭。

「轉世的大喇嘛有沒有三十二應身？十四無畏？四不思議的大自在神通？」老太太又問。

「從來沒有聽說過！」素素搖搖頭。

「我也記得經典上說：『如不斷偷，必落邪道……云何賊人，假我衣服，裨販如來，造種種業，皆言佛法，卻非出家具戒比丘，為小乘道。由是疑誤無量眾生，墮無間獄。』」老太太說。

「老夫人，您剛才不是講過了嗎？」老趙說。

「我背過：『云何賊人、假我衣服、裨販如來……為小乘道……。』這幾句沒有？」老太太反問老趙。

「我沒有聽過。」老趙搖搖頭。

「素素聽過這幾句沒有？」老太太又問素素。

「老夫人，您先前為什麼不背這幾句呢？」素素反問。

「因為當今的大喇嘛正吃香，我實在不好意思背這幾句。想不到妳居然提出觀世音菩薩轉世的那位大喇嘛的問題，我就不能不再引經據典了！」老太太無可奈何地說。

「老夫人，現在妖邪這麼多，真的使人眼花撩亂。像我這種少讀經典的人，上當的不知道有多少？奉獻供養大喇嘛的人更多。最近還有幾件大案子，老夫人知不知道？」老趙問。

「我知道的很少，但那些邪道，釋迦牟尼佛早已說過了。我想無間地獄，並不好受，自作還須自受，因果律是誰也逃不了的。」老太太冷靜地說。

「老夫人，那些妖邪豈不是不如來喜嗎？」老趙指指來喜的遺體說。

「老趙，來喜雖然這一世是狗，但他和我們生活在同一個屋簷下，我完全把牠當人看待，你們也都很愛護牠，他比一般人的生活還好。無間地獄怎麼能比慈恩山莊？那些妖邪怎麼能比來喜？」

「老夫人，這就對了！」老趙雙手一拍：「善有善報，惡有惡報。不是不報，時辰未到。我要好好地給來喜釘一個盒子，埋深一點，先給牠寫一塊木牌，以後再給牠立一塊石碑。」

「趙伯伯，從前考究的碑石上還有墓誌銘，來喜的碑上您又怎麼寫？」明月問。

「明月，人死留名，豹死留皮。我沒有寫墓誌銘那麼大的學問，『狼狗來喜之墓』這幾個字兒我還會寫，這不就得了？」老趙向明月一笑。

「要不要我請孟老師代寫一篇墓誌銘？」明月笑問。

「妳別討罵！孟教授還肯作這種餿文章？」老趙白明月一眼：「妳好好修行，妳跟孟教授把書念好就得了！」

明月不禁笑了起來。

第二十三章　教授講詩重才女
班頭發問責舍人

明月早晨上學，一停好千里馬，就碰見李慧慧和張秀英。她們就靠著車子聊了起來。李慧慧、張秀英兩人脅下只夾了兩本書，下兩堂都沒有課。明月告訴她們下兩堂是孟真如講唐朝宮女、夫人、名媛、名妓、女道士，以及無名女子的詩，問她們要不要去聽？張秀英問：

「究竟講那些女子的詩？妳可不可以舉出幾個人名來？」

「宮女大多是沒有姓名的，我可舉不出來，但是崔鶯鶯、關盼盼、薛濤、魚玄機、花蕊夫人，這些人妳該知道？」明月說。

「花蕊夫人是後蜀主孟昶的妃子，妳怎麼扯到唐朝去了？」張秀英是學歷史的，花蕊夫人的名氣又大，她馬上糾正。

「我知道妳是歷史學家。」明月對張秀英一笑：「但花蕊夫人的詩收在《全唐詩》中，所以孟老師也當作唐詩講。我不在乎誰是那一個朝代人，我只在乎作者的詩好不好？」

「我更搞不清楚誰是那一朝那一代？」李慧慧接著說。「我甚至會張冠李戴，反正只要作品好就行。」

「妳去不去聽？」明月問李慧慧。

「反正今天是周末，閒著也很無聊，陪妳湊湊熱鬧也好。」李慧慧說。

明月又問張秀英去不去聽？張秀英笑說：

「既然妳們都去，那我又何必一個人單吊？」

「妳沒有男朋友？」明月笑問。

「紅頭蒼蠅倒是有幾個，就是不搭調。」張秀英輕輕回答，怕被過往的男生聽見。「妳呢？應該擠破了頭，跌破了眼鏡吧？」

「報到的那一天，就有一位冒失鬼，被我三言兩語打發了！」明月也輕輕一笑。隨後又轉問李慧慧：「妳這位得時當令的高材生，星期六應該有人排隊吧？」

「我沒有心情和那些只會蹦蹦跳跳、唧唧喳喳的猢猻們胡鬧。他們很少能安靜下來用用大腦。」李慧慧說。

「妳小聲一點。」張秀英用手肘碰碰李慧慧，又望了那幾位從她們身邊走過去，後腦留著豬尾巴、馬尾巴的男生一眼說。

「他們之中也許會藏龍臥虎？」明月也望了那幾個走進校門的男生一眼說。

「這兒不是深山大澤，藏不住。」李慧慧搖搖頭，對明月說：「妳是例外的例外。」

「妳也不要小看了自己？」明月說。

「我只怪自己不爭氣。在矮子當中充高個兒，太沒有意思。」李慧慧無奈地一笑。

「既來之則安之。」明月拍拍李慧慧說：「念文學用不著硬體，八成兒在乎自己。所以我成為校園裏的候鳥，流動學生，孟老師班上的黑戶。」

李慧慧、張秀英都被明月說得一笑。素素也打趣地說：

「我更是黑戶中的黑戶。」

「陳阿姨，您這樣跟著明月跑來跑去，有沒有什麼心得？」李慧慧笑問。

「心得可不小啦！」素素向李慧慧、張秀英笑笑：「第一，我嘗到了大學生的滋味，一樂也。第二，我比別人更用心聽講，所得是實，又不必考試，二樂也。第三，我和明月一樣，可以自由選擇聽課，又不必繳費，三樂也。天下那有這麼好的事兒？」

李慧慧、張秀英被素素說得笑了。素素隨即說：

「我可不是存心投機取巧。明年我要是能考取聯考，我一定繳費，絕不會偷聽。今年我連繳費的資格都沒有，我想繳費，學校也不會收。」素素解釋。

「阿姨，您這個志氣真了不起！」李慧慧、張秀英同聲說。

「妳們都太幸福了！所以不知道失學的痛苦！」素素對她們兩人說：「妳們要是早生二十年，恐怕上不了大學；要是早生四十年，恐怕也上不了中學。」

她們兩人怔怔地望著素素，素素拍拍她們說：

「我不瞞兩位，我從小就愛讀書，因為家裏太窮，勉強讀到初中畢業，就不得不找工作養家，花樣年華，就被那幾個小錢斷送了……」素素說到這裏差點掉下眼淚，隨後又強顏歡笑說：「所以我勸兩位認真讀書，青春很短，一幌眼就過去了！」

「謝謝阿姨的金言！」李慧慧感激地說。張秀英握住素素的手，輕輕地說：「阿姨，我會記住您的話。」

上課鈴響了，她們匆匆地分手，匆匆地奔向各自的教室。明月大聲地送出兩句話：

「十點十分在二樓二十八教室見，孟老師會準時到教室上課。」

明月、李慧慧她們各自上了兩節課之後，再到孟真如那個教室，她們都早到，坐在最後排的空位上。明月約李慧慧、張秀英到山莊吃午飯、玩玩。明月開玩笑地輕輕說：

「既然我們三人現在都是單吊，到我家去玩玩，比同那些豬尾巴、馬尾巴的男生去卡拉OK、KTV，不但耳根清淨，還有觀世音菩薩保佑，一切妖魔鬼怪，都不敢入侵。」

「妳不怕那些怪怪的男生說我們是『同志』？」李慧慧輕輕一笑。

「鬼才跟他們『同志』！」明月嗤的一笑：「我們都是佛門弟子，跟他們同學只是隨緣方便……」

孟真如準時走進教室，明月及時打住，不再作聲。孟真如從〇〇七塑膠皮箱裏拿出一疊影印的詩，交給班長，分發給全體同學，這都是今天要講的詩，班長也是女生，她將手中多餘的幾份，分給明月她們。學漢文的十之七八都是女生，男生很少，而且成績最爛。優秀的男生都讀理工去了，其次才讀外文，聯考成績差，又無文學細胞的才無可奈何地讀漢文，所以孟真如愈教愈灰心。他看見明月坐在最後面，又多了兩位女生，心裏稍感安慰。

他先說明今天要講的詩，都是有代表性的。隨後再說出他自己的看法：

「大體說來，女性的詩多直接訴諸個人情感，如泣如訴，比較感人。唐朝雖然是個開放的社會，也有豪放女，但女性仍然是男性的附庸，才情再高，亦無社會地位，尤其是宮女，深居禁宮，與社會隔絕，但這些女性詩人都有真性情，比滿腦子功名利祿、吾皇萬歲的進士詩人可愛得多，不過談不上思想境界。所以真正具有高思想境界的好詩，還是佛道方外人的作品。比丘也好，比丘尼也好，道人也好，道姑也好，他們的詩都高雅脫俗，少煙火味，無頭巾氣。要想寫出這種好詩，首先要具有出塵脫俗的氣質，這是與生俱來的，不同於假道學，無法強求；第二是在先天的基礎上，還要能沈潛於佛道兩家思想之中，自我修持，自我提升，這就是加工；第三才是學詩，學詩要取法乎上，學陶淵明、寒山、拾得、豐干、李白、王維、白居易，可得乎中；學杜甫、韓愈則得乎下。只有具備出塵脫俗的先天氣質，又佛道雙修有成的人，作品才能出類拔萃，了無俗氣。你們現在只是培養欣賞能力，能品味出好、壞、高、低，那就了不起了！」

李慧慧聽了倒抽一口冷氣！她從來沒有聽到外文系老師這樣講過，她也讀過學過幾首莎士比亞的詩，教授講來講去，只是咬文嚼字，那有什麼思想境界問題？幸好她念過《般若波羅蜜多心經》，那裏面的「色不異空，空不異色，色即是空，空即是色」。她知道那是思想境界，但她一直搞不清楚，也不明白「不生不滅、不垢不淨、不增不減」與「無智亦無得」的真正意思。似乎孟真如講詩也有這種意味，可惜她連寒山、拾得、豐干的詩也沒有讀過。陶淵明的〈桃花源記〉和〈飲酒詩〉她是讀過，但她認為〈桃花源記〉只是遊記，或是寓言。〈飲酒詩〉第五首雖然有人推崇為好詩，但也說不出所以然來，她自己也一直迷迷糊糊。她念了一年半外文，還不知道什麼是文學？現在一聽到孟真如講詩，才真正碰到文學問題，而且不止是文學問題，還牽涉佛、道兩家思想。她以前做夢也沒有想到，文學和佛道兩家思想有什麼關係？外文系的老師頂多只能引用《聖經》中的一兩首詩篇，表示自己的學問大，但那種詩篇沒有半點詩味兒，比孟真如影印的這些唐朝女詩人的詩差遠了。

孟真如雖然選了好多首宮人詩，但他先講一首宣宗宮人韓氏的〈題紅葉〉詩。宣宗本人就是一位詩人，他的〈弔白居易〉七律和〈百丈山〉七律，孟真如最為欣賞。也許是愛屋及烏，所以他先講韓氏這首五絕：

流水何太急？深宮盡日閒；
殷勤謝紅葉，好去到人間。

「這首〈紅葉詩〉是盧偓進宮應試時，在御溝中撿到的。宣宗知道這件事，就將宮人韓氏賜給盧偓。這是韓氏的偶題之作，宣宗卻成就了他們兩人的姻緣，這倒是一件韻事。這首二十個字的詩，韓氏以『何太急』三字形容『流水』的動態，以『盡日閒』三字，形容『深宮』的『生活』，三四兩句，是寫作者自己的『心態』，表示深宮與外面隔絕，有如天上人間，希望紅葉能傳達她的心聲。這是一首怡情遣興之作，沒有激情，沒有哀怨，如果說少女情懷總是詩，韓氏宮人的〈題紅葉〉詩，只是表示深宮中的淡淡的閒愁，樂而不淫，哀而不傷。這就是近體絕律詩的美妙之處，非西洋詩與現代新詩所能表達出來的。」

李慧慧聽到孟真如這一解釋，恍然大悟，漢詩原來如此有含蓄美，意在言外，僅僅二十個字，就表現出這麼具體豐富的意象，西洋詩就不能以二十個字表達出這麼多 images，也不可能有這種節奏美。當她把這種感想輕輕告訴明月時，明月拍拍她，向她一笑：

「得了！妳真的舉一反三，孟老師最欣賞妳這種學生。」

「可惜當初我不瞭解孟老師！」李慧慧惋惜地說：「我以為教漢文的教授，不是老古板、冬烘，就是年輕的半瓶醋，他們自己都不會寫，只是手上捧著書本照本宣科，我們能學到什麼？所以我根本沒有考慮念漢文。」

「如果不是我媽告訴我，我也不知道孟老師。」明月輕輕地說。

「所以我們很多同學都奇怪，妳怎麼會從飯鍋裏跳到粥鍋裏來？」李慧慧說。

孟真如接著講一首五律〈袍中詩〉。這首詩是開元中宮人奉命縫製冬衣慰勞邊關將士，有一位宮人寫了這首詩縫在棉衣中，有一位士兵分到這件棉衣，也發現了這首詩，就報告長官，長官就轉報朝廷，唐明皇便將這首詩遍示六宮，有一位宮人承認了，自責「萬死」，唐明皇憐憫她，便將她賜給那位士兵為妻。因為這首詩的最後兩句是：「今生已過也，結取後生緣。」所以唐明皇說：「朕與爾結今生緣也。」全詩是這樣的：

沙場征戍客，寒苦若為眠？
戰袍經手作，知落阿誰邊？
蓄意多添線，含情更著綿；
今生已過也，結取後生緣。

這首詩更平白如話，十分好懂，但是孟真如瞭解學生是怎樣的水準？所以他得解釋一番：「唐朝的邊患也在西北方，西北方冬天很冷，所以這首詩開頭就說：『守衛邊關沙場的將士，那麼寒冷的天氣你怎麼睡得著呢？這件戰袍是我親手做的，不知道會落在誰的身邊？為了讓你穿得暖和、穿得結實，所以我多加些針線，多添些棉花，以表示我關懷你的情意。今生是沒有希望了，結結來生緣吧！』這是一首很平實的詩，表現了一位身在深宮的宮女，關懷遠在寒冷塞外邊關戰士的真實情感，和她對此生婚姻的無奈。後宮佳麗三千，皇帝只有一位，怎麼能輪到一位普通宮女呢？因此，她對來生不免有一分期望，希望結結來生緣。唐明皇是一位很有人情味的皇帝，他對詩人孟浩然的『不才明主棄，多病故人疏』詩，不但未加罪，反而對他說：『卿不求仕，朕未嘗棄卿，奈何誣我？』對這位宮女也說：『朕與汝結今生緣也。』順我者生，逆我者死的皇帝，能這樣做已經很不容易了！」

李慧慧、張秀英對這首五律，自己也能瞭解，別的學生雖不一定完全瞭解，但對這首詩的故事很有興趣。因此孟真如說：

「雖然這只是一首四十個字的詩，如果改寫小說，寫一篇一萬字的好短篇小說，不成問題。」

「老師，我五百字的散文都寫不出來，怎麼能寫成一萬字的小說？」一位男生說。

「多用用大腦，多想像想像就成。老子說：『天下萬物生於有，有生於無。』文學創作也是這麼回事兒。麵包也不是天上掉下來的，更不會掉到你的口裏。」孟真如回答。

學生笑了起來，孟真如在笑聲中先走出教室，又回頭交代幾句：「你們先將教材看一遍，上課時我不再一首一首講，我只講個大概，你們不瞭解的可以發問。」

明月隨即拿起大哥大通知老趙，說有兩三位同學來家中吃午飯，請他多準備一點飯菜。她又用大哥大和王文娟聯絡，居然聯絡上了，請她中午到家中來聚聚，王文娟知道她的地址，一口答應了。明月十分高興。

她們四人仍然坐在原地不動，李慧慧低頭看那些沒有講到的詩和作者簡介，依序是：

郭紹蘭

郭紹蘭，長安人，巨商任宗妻。任賈湘中，數年不歸，郭作詩繫燕足，時任在荊州，燕止其肩，任見燕足繫書，解視見詩：

我夫去重湖，臨窗泣血書；
殷勤憑燕翼，寄與薄情夫。

張氏

張氏，袁州人，評事彭伉妻。伉登第，辟江幕，不歸。張寄之以詩。

驛使今朝過五湖，殷勤為我報狂夫；
從來誇有龍泉劍，試割相思斷得無？

陳玉蘭

陳玉蘭，吳人王駕妻，作寄夫詩：

夫戍邊關妾在吳，西風吹妾妾憂夫；
一行書信千行淚，寒到君邊衣到無？

晁采

晁采，小字試鶯，大曆時人。少與鄰生文茂約為伉儷，茂時寄詩通情，采以蓮子答意，墜於一盆，踰年花開並蒂，藏以報采，乘間歡合。母得其情，遂以采歸茂，采有詩二十二首，錄其〈雨中憶夫〉一首：

春風送雨過窗東，忽憶良人在客中；
安得妾身今似雨，也隨風去與郎同。

崔鶯鶯

崔鶯鶯，貞元中，隨母鄭氏寓蒲東佛寺，有張生者，與之賦詩贈答，情好甚暱。張生者乃《鶯鶯傳》作者元微之假託也。鶯鶯有詩三首，錄其〈寄詩——絕微之〉一首：

自從消瘦減容光，萬轉千迴懶下床；
不為旁人羞不起，為郎憔悴卻羞郎。

步非煙

步非煙，河南功曹武公業妾，鄰生趙象以詩誘之，非煙答以詩，象踰垣相從，事露，笞死。有七絕四首。錄〈答趙象〉一首：

相思只恨難相見，相見還愁卻別君；
願得化為松上鶴，一雙飛去入行雲。

裴羽仙

裴羽仙，以夫征戍，輕入被擒，音信斷絕，有〈哭夫詩〉二首，錄其一：

風卷平沙日欲曛，狼煙遙認犬羊群；
李陵一戰無歸日，望斷胡天哭塞雲。

關盼盼

關盼盼，徐州妓，張建封納之。張歿，關獨居彭城燕子樓十餘年。白居易贈詩諷其死。乃和白詩，旬日不食而卒。錄其〈燕子樓〉詩三首及〈和白公詩〉：

燕子樓

樓上殘燈伴曉霜，獨眠人起合歡床；

相思一夜情多少?地角天涯不是長。

和白公詩

自守空樓斂恨眉，形同春後牡丹枝;
舍人不會人深意，訝道泉臺不去隨。

薛濤

薛濤，字洪度。長安人，隨父宦，流落蜀中，遂入樂籍，工詩，兼通音律，有林下風，詩多靈性。

謁巫山廟

朝朝夜夜陽臺下，為雨為雲楚國亡;
惆悵廟前多少柳，春來空鬥畫眉長。

贈遠之一

芙蓉新落蜀山秋，錦衣開緘到是愁；
閨閣不知戎馬事，月高還上望夫樓。

魚玄機

魚玄機，長安人，有才思，補闕李億納為妾，愛衰，從冠帔於咸宜觀，以笞殺女童綠翹，為京兆溫璋所戮。

遊崇真觀南樓新及第題名處

雲峰滿目放春晴，歷歷銀鉤指下生；
自恨羅衣掩詩句，舉頭空羨榜中名。

江陵愁望寄子安

楓葉千枝復萬枝，江橋掩映暮帆遲；
憶君心似西江水，日夜東流無歇時。

花蕊夫人

花蕊夫人，費氏，後蜀主孟昶妃，青城人，有七言絕句、宮詞一五七首。七言絕句〈述亡國詩〉，堪稱代表作。

君王城上豎降旗，妾在深宮那得知？
十四萬人齊解甲，更無一個是男兒！

李慧慧、張秀英以最快的速度看完孟真如影印的唐詩教材，孟真如正好走進教室，他向下掃視了一眼，發覺明月，素素還在，不以為意。他不認識李慧慧和張秀英，不知道她們是那一系？那一班級的？以前也常有這種情形，那些旁聽的學生，往往比本班級的學生用功，也比較優秀，有時下課後還提出問題，他也樂於解答。他教書不是販賣知識，他希望發掘幾位人才，但是他很失望，有些學生在校時表現不錯，一畢業就如石沈大海，甚至看不到一個泡沫。莊文玲算是有緣，和他始終保持聯繫，又將女兒明月託付給他教育，但莊文玲自己已徹底改行，這不能怪莊文玲，他自己也一樣無奈，他只好將教書當作職業，著作當做精神事業，只是這兩條路都愈走愈孤獨了。他想退休以後，勢必閉關修行，希望真能跳出三界外，不在五行中。

班代看他站在臺上遲遲沒有開口，先問：

「老師，關盼盼是一個妓女，張建封納她做妾，張死後她獨居燕子樓十多年，並沒有什麼不對，白居易為什麼寫詩諷刺她不死？」

「你這個問題問得很好，你不問我也會講到。」孟真如笑著回答。「唐朝社會風氣雖然比較開放，但還是一個以男性為中心的社會，士大夫更是社會上的特權階級，對女性的要求比較嚴。白居易是一位大詩人，而且悠游於佛道之間，但他還是有儒家的士大夫觀念，所以他才會寫那種詩給關盼盼。」

「老師，那很不合理！」班代抗議。

「我在《論全唐詩》那本書中，也認為這是白居易的白璧之玷。儒家士大夫的特權觀念，排擠掉道家的和光同塵以及佛家的慈悲、眾生平等的精神。像關盼盼、薛濤、魚玄機……這些才女，連考試權都沒有，不然她們不都是進士了？所以魚玄機有兩句詩：『自恨羅衣掩詩句，舉頭空羨榜中名。』這就是不平之鳴。今天你們女生比她們是幸福多了！」

「老師，如果您生在唐朝，您會不會和白居易一樣有士大夫的特權觀念，歧視女性？」班代又問。

大家笑了起來，替班代鼓掌。孟真如也好笑，他指著坐在他對面臺下的班代說：

「你這個問題問得更好！你不問我我還不便說。現在我可以告訴你，如果我生在唐朝，可能考取進士，但是不會做官，更不會成為特權階級。」

「為什麼？」有人大聲問。

「因為我不會逢迎，我情願靠邊站。」孟真如笑著回答。

「為什麼？」又有人問。

「因為我有兩條路好走：一是像我的鄉賢陶淵明一樣，回家種田；二是入山學佛修道。」孟真如回答。

「您現在為什麼不這樣做？」一位男生問。

「一是我無田可種；二是此地無深山，山中寺廟宮觀也被你們年輕人的手提收音機的流行歌曲吵翻了天，現在的寺廟和卡拉OK、KTV等娛樂場所差不多，我還看見寺廟放錄音帶代替念經，還不如我在家裏讀書打坐清靜。」

班代很懂事，覺得問題扯遠了，立刻宣佈：

「現在我們聽老師講課，不要問題外話。」

孟真如望了大家一眼，輕鬆地說：

「我很高興你們看過我選的那些詩，也看出唐朝的社會和我們今天的社會不一樣。那些女詩人的詩大多是寫男女情感，而每一首詩都言之有物，不是無病呻吟，又各有特性、特色，各有所長。如郭紹蘭的詩，就有商人婦的哀怨。『殷勤憑燕翼，寄與薄情夫。』不像你們有大哥大，有傳真機，她們什麼都沒有，要憑燕翼傳詩，這是多麼渺茫、多麼痛苦？張氏的詩又不一樣，她的丈夫是登第後做官不歸，所以她才有：『從來誇有龍泉劍，試割相思斷得無？』這樣的詩句，這不但可以看出她丈夫身分的不同，而且問也問得妙：『你一向誇口的龍泉劍，能夠割斷兩地相思嗎？』相思不是木頭、不是呢龍線，相思是一種看不見、摸不著的情緒，你們想想看，割得斷嗎？」

「割不斷！」有人笑著回答。

「這種詩句好不好？」孟真如問。

「好！」大家回答。

「你們寫不寫得出來？」孟真如又問。

「哭也哭不出來！」有男生回答。

大家笑了起來，孟真如也笑著說：

「所以你們要好好讀，仔細揣摩揣摩。你們再看陳玉蘭的詩又不一樣。她丈夫是戍守西北塞外邊關的將士，她是身在東南吳地的妻子，彼此相隔千萬里，這首詩第一句就寫出地域特色，第二句又借西風寫出自己愛夫的心理。西北比東南氣候寒冷很多，兩地氣溫相差約攝氏二十度，所以她說：『一行書信千行淚，寒到君邊衣到無？』這除了相思之外，還有深刻的關切之情，絕非局外人能寫得出來！妳們女生不妨設身處地想想：假如妳是陳玉蘭，妳怎麼寫？文學創作，就是要發揮想像力、創作力，我們不能老是撿現成的，老是談別人的作品，自己一點貢獻也沒有。」

孟真如說到這裏，大家鴉雀無聲。他看看手錶，時間不多，他跳過去講花蕊夫人的〈述亡國詩〉。

「花蕊夫人有兩位，一位是前蜀主王建妃徐氏，是小徐妃，又號慧妃。這位寫〈述亡國詩〉

的是後蜀主孟昶妃，姓費，工詩文。她的七言絕句、宮詞一五七首，首首有關宮廷生活，不但是難得的文學作品，也是最好的宮廷史料，單是講她的七言宮詞，兩個學分都不夠。〈述亡國詩〉是寫實之作。後蜀亡於宋，宋太祖知道她的詩才，召她寫詩，她便呈上這首詩：『君王城上豎降旗，妾在深宮那得知？十四萬人齊解甲，更無一個是男兒！』這首詩很多人都會背，希望你們也把它讀熟。好詩都好懂、好背。只有那些壞詩，既不好懂，更沒有人能背。請問一下，有沒有人不懂這首詩的？」

大家都笑著不作聲，孟真如也笑著說：

「下次上課時，我要先請幾位站起來背背這些詩。」

大家「啊」了一聲。孟真如笑說：

「你們不必啊呀啊的！告訴你們，我十歲時，《千家詩》、《唐詩三百首》，整本地背給老師聽，不錯一個字，那像你們只修兩個學分，真太便宜了！」

大家又笑了起來。孟真如在笑聲、鈴聲中拎著〇〇七塑膠皮箱走出教室。

李慧慧、張秀英要明月帶她們去見孟真如，在校門口她們趕上了他。明月先說要送他回家，再介紹她們兩位，交代得很清楚，孟真如笑問李慧慧：

「妳是念外文的，怎麼對漢詩也有興趣？」

「老師，不是沒有興趣，是沒有摸到門路。以後我常來旁聽可不可以？」

「沒有什麼不可以的。」孟真如笑笑：「一個人也是教，一百個人也是教，我不會另外收學費。」

張秀英也說要來旁聽，孟真如說：「一視同仁。」明月又告訴他要帶她們兩位去山莊玩玩。孟真如看看連他一共五個人，便對明月說：

「我搭公車回家，妳不能超載。」

素素連忙說她搭公車，讓明月送他回家。孟真如說：

「我搭公車慣了，明月不必拐著彎兒兜著圈兒送我回家，讓妳一個人單吊。」

明月硬拉著他上車，張秀英、李慧慧說如果他不上車，她們就不去山莊了。孟真如笑說：

「妳們好像是綁票嘛！」

她們三人都笑了起來，一齊擁著他上車。

明月將他送到家門口，他也不請他們進去，只站在門口笑說：

「今天我又做了一次黃魚。」

明月嗤的一笑。李慧慧、張秀英不知道她為什麼發笑？開了一段路之後明月才說：

「孟老師從前像我們這種年齡時，參加過民族戰爭，是吃過大苦頭的。那時車子少，難民、傷兵多，那有車子坐？偶爾能搭上一次便車，司機就說他是黃魚，遭受奚落，甚至大敲竹槓。我們現在聽起『黃魚』這名詞很陌生，但他那種年齡的人多半有這種經驗，聽起來還怪親切，不過說起來是夠辛酸的。」

「以前我們真不知道孟老師是怎樣的人？路上碰見了也不認識，不打招呼，今天這兩堂課真大大出乎我的意料之外！」李慧慧感慨地說。

張秀英也有同感。明月輕輕歎口氣說：

「孟老師的事說起來話長，不多多接觸很難瞭解他，但願我們都有師生緣，不止這兩堂課。」

第二十四章　祖孫逗趣羅漢步　師徒自在清涼山

明月她們到山莊時王文娟還沒有到。她帶李慧慧、張秀英上樓看老太太，老太太正在佛堂休息。明月介紹之後，老太太知道她們也信佛，很高興。她們見過老太太又自動向觀世音菩薩法相和印空法相頂禮。她們不知道老太太是印空的在家弟子，明月說明之後，她們羨慕地說：

「妳真是與佛有緣。」

「彼此，彼此！」明月向她們一笑：「可惜我們已經忘記了過去，一時想不起來我們前生的關係，我想決不會無緣無故的。」

「想不到妳比我還相信因緣？」李慧慧笑說。

「我記得孟老師有兩句詩：『一緣都不起，千嶂亦無雲。』他也相信因緣，沒有因緣是什麼事兒都不會發生的。」明月笑說。

「那不是連朋友都交不到了？」張秀英一笑。

「可不是?」明月笑著回答:「朋友是五倫之一,是很重要的人際關係。」

「明月,看妳的外表,人家會以為妳是新新人類呢!」李慧慧打量明月一眼說。

「不能以貌取人,更不能以衣冠看人。」明月一笑:「有些地方我們不能不隨緣方便。觀世音菩薩度人的方法也是因人而異,不是一成不變的。」

「明月,妳是真的開悟了!」張秀英說。

「六祖惠能早就說過:『佛法在世間,不離世間覺。』」明月笑說:「我覺得禪是很意思的,真的行、住、坐、臥都是禪。觀世音菩薩說他得真圓通,他教化眾生、恆順眾生,方便智慧,各各不同。我們做人也不能執著。」

「當初我們選妳當圓通佛學社社長,是真的選對了!」李慧慧笑了起來。

「其實我不夠格,那是妳們故意抬舉。」明月搖搖頭說:「應該還有更合適的同學?有一天我發現有一位比丘尼同學,不知道他是那一系那個班級的?」

「好像是哲學系有一位比丘尼?」張秀英說。

「下個星期我們去註冊組問一下就知道,我們去看看他,請教請教。他是受過戒的比丘尼,和我們不一樣。」明月說。

「妳這樣虛心,那我們佛學社就有起色了。」李慧慧說。

「三個臭皮匠,勝過一個諸葛亮。事在人為,只要我們發願心,佛學社倒是我們課外研究、活動的好團體,對身心有益。」明月爽朗地說:「其他課外活動有時會走火入魔,像Y大的年輕女教授、夜間帶著學生到公園裏大張旗鼓，宣傳女性性自由，肉麻當前衛，就是一個實例。」

「現在有些莫名其妙的壞事，就是校園裏少數人搞起來的，而且像口蹄疫一樣，傳染得特別快。」張秀英說。

「妳這話倒是一針見血！」明月笑著拍拍張秀英。

素素和王文娟一道走了進來，明月上前去擁著王文娟向李慧慧、張秀英介紹，又向老太太介紹，老太太打量王文娟一眼，笑著問她：

「妳就是常常和明月在電話中講個沒完沒了的王文娟嗎？」

王文娟不好意思地一笑。老太太笑著拍拍她說：

「現在妳們還是說夢話的年齡，多講講也好。一旦像我這麼老了，就沒有人說話了！」

老太太說得王文娟、李慧慧、張秀英笑了起來，明月笑著對她們說：

「妳們別信奶奶的話，奶奶常常拉著我講悄悄話，那才講個沒完沒了，我想逃都逃不掉！」

她們三人聽了好笑，老太太笑著對她們說：

「妳們別信明月的話，我老糊塗了，怎麼說得過她？她那張嘴說得樹上的鳥兒都會掉下來。」

大家又笑了起來，明月笑著搖搖老太太說：

「奶奶，您這樣臭我，以後她們都不敢來了！」

「我相信妳有辦法請她們來。」老太太故意輕輕地說。

她們三人看老太太逗明月的樣子又好笑。李慧慧笑著對老太太說：

「奶奶，只要您不怕我們胡鬧，我會不請自來。」

「那可好！那我就不怕明月不和我講悄悄話了！」老太太笑說。

老趙上來請大家吃飯，明月雙手攙扶著老太太。老太太輕輕對她說：

「妳別假孝順，讓我自己走，我不會跌跤。」

明月笑著對她們三人說：

「奶奶是想在妳們面前表演一下她的羅漢腿功，她每天打坐四小時，還在佛堂裏轉五百圈，我也趕不上她。」

明月的話一說完，老太太突然兩腳一蹉，身子向前一傾，明月連忙雙手攬住她，不禁花容失色。老太太若無其事地看著她一笑說：

「我也知道妳的太極功身手比我快，我要看看妳是真孝心還是假孝心？」

「奶奶，妳可嚇出我一身冷汗來了！下次可不能再來這一套？」明月雙手撫著胸口說。

老太太開心地笑了起來。李慧慧摟著明月笑。王文娟、張秀英笑出了眼淚。老太太卻氣定神閒地對她們說：

「妳們是稀客，第一次到山莊來，明月也不先向我打個招呼，我來不及給妳們準備糖果，只好走個羅漢步，讓妳們開開心。」

她們三人不知道說什麼好？想笑又沒有笑出來。明月及時接嘴：

「奶奶，您今天這個新發明的羅漢步，她們開不開心我不知道？我的心可真差點兒裂開了！」

李慧慧嗤的一笑，老太太似笑非笑地對明月說：

「乖乖，妳把心掏出來給奶奶看看？是真裂開還是假裂開？」

「奶奶，您這不是比商紂還狠？」

「我怎麼比他還狠？」

「商紂挖比干的心看，您要我自己掏出來，這不是更狠？」

「誰教妳那麼笨？妳就假掏一下好了。」

大家好笑。

老太太笑著對李慧慧她們說：

「妳們三位別見笑，明月上大學以前，隨時和我講悄悄話，我好開心。上大學以後，她彷彿一夜間長大了，好久不和我講悄悄話，我悶得發慌，她也不給我解解悶兒，今天好不容易給我逮到這個機會，讓她和我一起出個洋相，醜了老太婆不打緊，醜了她這位圓通佛學社社長，看她能使出什麼法寶？」

「奶奶，您原來是存心整我的？」明月笑著雙腳輕輕一跳。

老太太看著明月冷冷地說：

「縱然妳有孫悟空的七十二變，我看妳又能跳多高？」

「奶奶，」明月摟著老太太笑說：「我在學校能跳過一米八五，比您還高。」

「那算什麼？」老太太白了明月一眼：「妳怎麼跳也跳不過如來佛的手掌心。」

「奶奶，我服了您！」明月搖搖老太太說：「您兜了這麼大的圈兒，無非是想我跟您講悄悄話？讓我準備準備，明天再講好不好？」

老太太嗤的一笑，大家都好笑。老太太又對李慧慧她們三人說：

「妳們到山莊來不是作客，午飯可要吃飽。我知道妳們小姐愛美、怕胖，放心，我吃了幾十年也沒有吃胖，妳們再看看明月，她不是又健康又窈窕？」

「奶奶，您有什麼法寶？」張秀英笑問。

「我什麼法寶都沒有，就是一生不吃葷。」老太太笑著回答。「明月更是胎裏素。她就是這一點可愛，長到這麼大，不吃什麼漢堡、披薩、獅子頭、牛排、豬腳麵線……」

「奶奶，好了，好了！胎裏素就該打住，其他的都是廢話。」明月笑著截住老太太的話。

「我這是跟著洋人學的。」老太太自嘲地說：「本來我們一句話，一個句子就夠了，洋人卻要拖著一條長長的尾巴。我們二十個字就可以寫出一首好詩，他們寫了一大篇，別人還不知道說些什麼？現在妳們年輕人，偏愛那個調調兒，弄成四不像，妳還嫌我嚕囌？」

「奶奶，您真可以去當教授了！」明月笑說。

「妳別尋奶奶開心！」老太太白了明月一眼：「奶奶不是洋博士，誰請我？」

「要是將來我辦了大學，我會請您開個講座。」明月一面笑說，一面扶著老太太下樓。

老太太回頭望望李慧慧她們說：

「妳們可別見笑，這也是我們祖孫兩人的悄悄話，不能公開。」

菜在桌上用紗罩罩著，明月扶著老太太坐好，便幫著盛飯，李慧慧和張秀英坐一方，王文娟和明月坐一方，素素和老趙坐一方，老太太一人獨坐一方。李慧慧、張秀英、王文娟都沒有吃過蕎麥薏仁飯，明月笑著對她們說：

「這就是我奶奶健康長壽的法寶，我從小跟著吃。奶奶從來不上醫院。」

桌上都是家常蔬菜豆腐，只是口味好些，顏色鮮些。

飯後素素照顧老太太上樓，明月帶王文娟、張秀英、李慧慧到前面客廳看電視、聊天，讓老太太在樓上休息，清靜一下。

明月和王文娟談了一些兩校兩系的情形，王文娟並不滿意，她說在高三打拚了一年，只是落個虛名而已，實際上沒有什麼收穫。反而羨慕明月多采多姿。明月問她知不知道李蔻蔻、石冰冰的情形，王文娟說沒有聯絡。

「歡迎妳以後常到山莊來玩，她們兩位是我的學姊，我們都是圓通佛學社的。妳們學校有沒有這種社團？」明月問王文娟。

「我還不清楚，我也沒有參加什麼社團。」王文娟說：「我覺得不管在那兒，少了妳就沒有意思。今天一來山莊，就讓我高興好半天。」

「我們也是一樣！」李慧慧笑說：「真想不到，老奶奶那麼有趣？真夠我們學的。」

「我真羨慕明月有這麼好的奶奶，這麼好的福氣！」張秀英說。

「我看她們祖孫兩位真是絕配！」李慧慧對張秀英、王文娟兩人說。「一老一少，那麼好的默契。」

「我是奶奶一手調教大的，我最瞭解奶奶的心意。」明月笑盈盈地說。

「我看妳也有奶奶的基因、奶奶的幽默、機智。」李慧慧望著明月的臉上說。

「也許有隔代遺傳？不過我從奶奶身上學的更多。」明月爽朗地說。「另外我從我爸、我媽那兒也學了不少，這半年來我從孟老師那兒又學得更多！這都是難得的大因緣，我覺得我很幸運。」

「妳奶奶說妳的太極功又是從那兒學來的？」王文娟問。

「哦！這又是一大因緣！」明月高興地一笑：「妳知道那位上樓請我們吃飯的是什麼人嗎？」

「妳不說我怎麼知道？」王文娟好笑。

「我告訴妳們，他的來頭可真不小！」

她們三人望著明月，不知道是怎麼回事？王文娟笑說：

「難道他是天上掉下來的？」

「要是時光倒流幾十年，那也差不多。」明月笑笑，又慢條斯理地說：「從前有皇帝的時候，他就是真正的王子王孫。」

她們三人都圍著明月，要明月快點告訴她們是怎麼一回事？明月便原原本本說出來。三人一陣欷歔。明月淡淡地一笑說：

「世界無常，趙伯伯就是一個很好的例子。幸好他看得開，我和素素阿姨的太極拳就是他一手調教的。」

「在中學時代我只知道妳的體育比我們強，還不知道妳有這麼好的太極拳底子？」王文娟有點奇怪：「想不到妳還真是真人不露相？」

「太極拳是道家拳，本來最重武德修養，我算老幾？何況又是女生，我又信佛，怎麼敢露？」明月笑笑，又望著李慧慧、張秀英說：「連孟老師都深藏不露，何況是我？」

「怎麼？孟老師也會拳術？」李慧慧、張秀英同聲問。

「我媽說，孟老師從小學過少林拳，他的太極拳老師更是登萍渡水的奇人高手呢！」

「真想不到！真想不到！」李慧慧連說兩句。「今天要不是聽了他兩堂課，我還真沒有把他看在眼裏呢！」

「妳們學外文的，眼裏是很少有漢文老師。」明月很瞭解這種情形，不止李慧慧如此。

素素送來一盤切好的柳丁、一盤橘子過來。現在正是這兩種水果上市的季節。她和明月勸她們三人多吃水果，明月說老太太和她一家人就是多吃水果，這也是健康的法寶。她們看素素只像三十來歲的女人，尤其是她的身體那麼柔軟，更使李慧慧歎服。

「奶奶休息了沒有？」明月問素素。

「老夫人今天特別高興，精神好得很。」素素回答：「她不但沒有休息，還和我談到妳們。」

「陳阿姨，老奶奶不怪我們打擾她吧？」李慧慧問。

「那怎麼會呢？」素素說：「這一向明月和我陪她的時間比較少，老人家都怕寂寞，尤其是狼狗來喜死後，她更少了一個伴兒。」

「阿姨，我們要不要上去再陪陪她？」明月問。

「那倒不必。」素素回答：「今天她已經講了很多話，我們不在身邊，她自然會休息一會兒。」

李慧慧覺得今天是最豐富、最愉快的一天，但是不好意思再留下來，她提議回去，王文娟、張秀英也有同感，同時站起來說要上樓向老太太告辭，素素、明月說不必多禮，讓老太太休息。明月帶她們去院子裏看看。她們三人都是住公寓的，只有三十來坪大小，一看這麼大的院子，不禁咋舌。院子裏花木扶疏，天天都有花開，真是賞心悅目，三人都說明月好大的福氣。

「這都是我奶奶和我老爸的福報，我沒有一點貢獻。」

「如果妳沒有福氣，就不會生在這樣的人家了。」李慧慧說。

「福報也是靠不住的，享受完了就沒有了。」明月說。「我說的趙伯伯，小時候還不是錦衣玉食，席豐履厚的？當年他怎麼會想到今天呢？」

「明月，妳真想得開，看得遠。」李慧慧讚賞地說。

「娑婆世界本來就是無常的，我們來到這兒只是一個過客，如果貪圖眼前的榮華富貴，執迷不悟，可能轉眼成空？所以我時時提醒自己：知福、惜福，追求更高更究竟的東西。」明月向李慧慧解釋。

「那只有像妳奶奶一樣，努力修行了。」張秀英說。

「我是以我奶奶作榜樣的。」明月點點頭：「不過現在又多了一個孟老師。」

「孟老師也修行嗎？」李慧慧問。

「他不但修行，而且對自己要求很嚴，甚至一般出家人也未必做得到？妳以為他只是教教書而已！」明月望望李慧慧說。

「照妳這樣說來，我們還差得遠了？」

「我們的佛學社只是玩兒票，那談得上修行？」明月一笑。

「下星期一上學，我們一定要去請教那位比丘尼同學。」李慧慧說：「看看他有什麼指教？」

明月和張秀英都同意，她們三人告辭，明月要開車送，她們不肯，要搭公車。明月將她們送到附近的停車站，看著她們上車離開才回來。

她直接上樓看老太太，老太太正在佛堂和素素聊天，精神很好，興致也高。明月一進佛堂她就問：

「妳把那三位好同學都送走了？」

「她們怕再打擾您，所以提前走了。」明月回答。

「其實她們並沒有打擾我，妳該留她們吃晚飯才是。」

「奶奶，您把我當猴兒要已經要夠了，還想留她們看猴戲？」明月佯裝生氣地說。

「她們是妳的好同學，奶奶沒有糖果給她們吃，也不會唱歌跳舞歡迎她們，要猴兒是我們兩人的拿手戲，不要導演，不花本錢，讓她們開心一下，結個善緣，又何樂不為呢？」

「奶奶，您這一大把年紀，也不怕閃了腰？」明月打量她一眼說。

「我知道妳有太極功，所以我才敢試試我的羅漢腿，想不到還真管用？」老太太不禁一笑。

「老夫人，您不知道，我也出了一身冷汗？」素素笑說。

「妳怎麼不伸手扶我一把？」老太太反問她。

「明月的身手比我更快，我就使不上力了。」素素說。

「這可好，今天我才證實妳們兩位是我的好保鏢。」老太太望望她們兩人一笑：「以後我真的是什麼都不怕了！」

「奶奶，我告訴您，除了今天來的李慧慧、張秀英是學校圓通佛學社的要角之外，另外還有一位比丘尼同學。下星期一上學，我們準備去找他談談。」明月說。

「比丘尼也唸大學？這可是一樁鮮事兒！」老太太有些驚喜。

「我也是最近偶然發現的。」

「出家人怎麼也學有為法？這點我倒不大瞭解？」老太太疑惑起來。

「奶奶，您不知道，還有大師級的禪師出國念碩士、博士學位呢？」明月提醒老太太。

「碩士、博士的學問能高過禪師嗎？」老太太反問。

「奶奶，如果以禪宗六祖惠能來說，他一個大字不識，而無所不知，也刀斧不入，那一百個博士、一千個、一萬個博士也不如他。」明月說：「更別提觀世音菩薩、釋迦牟尼佛了。」

「學佛本來是修大智慧、取法乎上的，只要好好修行，修成三身、五眼、六通，與宇宙一體，那就是大自在如來了，何必在這個娑婆世界取法乎下呢？」老太太滿臉疑雲。

「奶奶，您不知道，現在這個世界最重博士學位，所以出家人也打博士學位招牌了。」

「博士學位也不過是一塊大一點的敲門磚，既然出家了，還去敲誰的門？」

「奶奶，有一塊大敲門磚在手上，他想敲誰的門就敲誰的門？您何必多問？」

「起了敲門的心，那就不必修了！」老太太笑笑。

「奶奶，誰能像您這樣一心修行，沒有名利心呢？」明月摸摸老太太頭上的白髮說。

「修行就是要修個六根清淨，五蘊皆空。小沙彌、小沙彌尼自然一時辦不到。已經身為大禪師、還在五蘊中打滾，那又如何教人度人呢？」老太太不禁搖搖頭。

「老夫人，現在這個社會五花八門，您老人家何必這麼認真？」素素說。

「素素，不是我認真。」老太太又搖搖頭：「我是就事論事。比方說，妳是個失學的人，明年考大學聯考，我就贊成，有了足夠的知識學問，對妳的在家修行，未嘗沒有幫助。如果妳已經取得了博士學位，再去上大學那就是笑話了！一位大禪師不好好修三無漏學，反而去外國念世俗的博士學位，那更令人不解了。孟真如老師說過，釋迦牟尼佛的思想是超世界、超哲學、超科學的。何況修行需要三皈依，得道的明師更重要，洋人懂什麼佛學？身為禪師去向洋人學佛，不是抱著金飯碗討飯嗎？連在家的孟老師都不會這樣作踐自己。」

老太太愈說愈按捺不住，明月拍拍她的手說：

「奶奶，孟老師雖然是居士，他可是經過一番寒澈骨的，他什麼都看透了，他已經到了寵辱不驚的地步，他一向是黑處作揖，學佛更是如此。」

「修行本來就該如此。如果出家人比在家人的名利心還重，那也難免輪迴了。」

「老夫人，我講一個修行人輪迴的故事給您聽聽好不好？」素素忽然插嘴。

老夫人沒有想到素素會講故事，她一臉驚喜地說：

「妳該不是編個故事來哄我吧？」

「老夫人，我怎麼敢哄您？這是我小時候聽我祖父親口講的一件真人真事，我幾乎忘了，剛才我是突然想起來的。」素素說。

明月好奇，連忙催素素快講，素素望望老太太，有些遲疑，老太太鼓勵她講，她才開口：

「老夫人，據我祖父說，他的外祖父家世很好，不但家財萬貫，舉人進士也出過三位，人丁興旺，家中傭人不少，其中有一位是姓黃的鄰居，和黃鐘一樣，生來就有天眼，當地人稱陰陽眼，又叫狗眼。有一天姓黃的佣人從外面回來，老遠就看見一位紫衣金綬的和尚向主人的進士第走去，他有些奇怪，連忙趕上去，那和尚正走到中堂，看了祖宗牌位一眼，突然不見了，他左看右看，都找不到那位紫衣金綬的大和尚，忽然聽見後進房裏嬰兒墜地呱呱啼哭的聲音，隨即傳出我祖父的大舅媽生了一個兒子。姓黃的傭人心裏馬上明白，原來那位大和尚是來投胎的。」

「後來那個孩子怎樣？」明月連忙問。

「那孩子就是我祖父的表弟，人很聰明，十八歲就中了進士，官也做到吏部尚書、戶部尚書。可是貪財好色，不仁不義，單是姨太太就有四個，還有一位公開的紅粉知己，她是別人的太太。因為他官大錢多，長袖善舞，那女的丈夫只好忍氣吞聲，戴著綠帽子過日子。」

「難道他就這樣富貴壽考嗎？」明月問。

「後來雖然革職還鄉，但還是活到六十多歲。」

「那真便宜了他。」明月有些不平。

「可是黑白無常並沒有放過他。」素素說。

「誰看見？」明月又問。

「還是那位姓黃的老傭人看見，他已經八十多了，他看見我祖父的表弟臨終時掙扎得很痛苦，眼珠子快要突出來，喘得像屠宰的豬最後的喘息，家人都不知道是怎麼一回事兒？那老傭人卻看見黑白無常用鍊子鎖住他的頸子，用鞭子抽他的背脊，拖拖拉拉，掙扎了半天，還是被黑白無常像拖豬一樣地拖走了！」

「那姓黃的講出來沒有？」老太太問。

「當時他不敢講，做過七七之後他才講出來。」素素說。

「他家人相不相信？」老太太又問。

「因為和尚投胎的事他們相信，死鬼又託夢說在地獄裏很苦，請多燒金銀元寶給行刑的獄卒，所以黑白無常押解的事他們就不能不相信了。那姓黃的老傭人是親眼目睹那大和尚生死輪迴的人。」

「那和尚一輪迴就前功盡棄了，這多可惜！」老太太歎口氣說。「所以修行人有世俗心、名利心就出不了三界，不能算是真正出家，不能免於輪迴。像印空師父那樣的出家人，才算是真正解脫了，不必輪迴。除非是因大事因緣再來。」

「老夫人，很多人都懵懵懂懂，糊糊塗塗，只貪圖眼前的榮華富貴，嬌妻美妾，不知道時辰一到，就是算總帳的時候。」素素說。

「一世的無明，往往掉進萬劫不復的深淵。不知道那位和尚修了幾世才有這一世的福報？一個貪字就把他毀了。」老太太惋惜地說。

「幸好我們的來喜，這一世有個好的結局。」明月說。「可惜我還不知道他生在誰家？」

「以後要想辦法把他找到，免得他又誤入歧途。」老太太說。

「老夫人，這樣輪迴流轉，是真可怕！」素素望著老太太說。

「把握現在，好好修行。印空師父是我們的好榜樣。」老太太望著印空的法相說。

素素、明月也望望印空的法相。明月對那天晚上的夢境記憶猶新，印空就是這個樣子，她暗自希望那位再世佛早日出現。

星期一上學，她就同李慧慧、張秀英一道去註冊組查詢那位比丘尼同學，一問就問出來了。他的俗家姓名叫王蕙蘭，哲學系三年級。他們又一道趕到哲學系三年級教室，還沒有上課，王蕙蘭的目標特別顯著，他一身灰色袈裟，光頭頂上有六個戒疤，面孔白皙清秀，她們走到他的面前，單刀直入，毛遂自薦，約他中午到自助餐廳吃素餐，請教請教。王蕙蘭還來不及考慮，陸橋就進了教室，他認識明月，問明月有什麼事？明月匆匆回答了兩句，就趕快出來，她們各自奔向自己的教室。

明月頭兩節課根本沒有心思聽講，課文她一看就完全明白，而那位研究所博士班的兼課男老師的講解又使她很不滿意，她索性閉著眼睛打坐。素素單獨坐在最後一排空位子上旁聽，三四兩節是作文，老師在黑板上寫了兩個題目，任選其一，規定兩個小時交卷，先交卷的先離開。明月花了三十多分的時間就第一位將卷子交給那位坐在桌子後面的中年女老師，女老師一看她的姓名就笑著問：

「妳就是林明月？」

明月點點頭，反問：

「老師有什麼指示？」

「沒有，我看過妳在校刊上寫的文章，很好。」女老師說。

「謝謝老師誇獎，請問我可不可以離開？」

「可以、可以。」女老師連連點頭。

明月匆匆離開教室，直接去自助餐廳。素素隨後趕來。明月對她說：

「阿姨，今天上午頭兩節課完全是浪費時間。」

「因為要約王蕙蘭，不然是可以不來上的。」素素說。

她們一道走進餐廳，明月一眼就看到一身灰色袈裟的王蕙蘭正坐在她和素素常坐的那個位子上，她趨前招呼，兩人都很高興彼此不約而同地提前到來。明月笑著對他說：

「今天真不好意思那麼早就打擾妳，話還沒有說完陸老師就來上課了。你怎麼也這麼早到餐廳來？」

「下兩節我沒有課，妳呢？」王蕙蘭說。

「兩節作文課，我胡謅了一篇就出來了。」明月回答。

素素買了三紙盒鮮奶過來，遞給王蕙蘭一盒，同時問：

「牛奶該可以喝吧？」

王蕙蘭笑著點點頭，又說聲謝謝。便對明月說：

「我看了妳在校刊上的文章，妳對佛學很有研究。」

「學姊，那是班門弄斧，我正想請教您呢！」明月謙虛地說。

「不敢當！」王蕙蘭搖搖頭：「我出家不久，經典讀得不多，也欠修行，看了妳的文章，我真自愧不如呢。」

素素問她是在那個寺院出家的？師父是誰？取的什麼法號？他說三年前在清涼寺出家，師父是比丘尼「寒星」，給她取的法號是「止心」。

「令師的法號很有詩意，他給您取的法號倒有禪意。」明月笑說。

「家師本來是詩人、畫家，他是歷經滄桑之後，三十歲時才出家的。」止心說：「他的絕律詩寫得很好，潑墨山水也很有詩意。」

「現在還有這樣的出家人？」明月十分驚奇。「他多大年紀了？」

「八十出頭了！」止心說。

「難怪！」明月點點頭說。「不是他這種年齡，那有這種文學藝術修養和人生境界？」

「我師父最信觀世音菩薩、老子。也特別尊敬六祖惠能。」

「那他是佛道雙修了？」明月說。

「說他是比丘尼沒有錯，其實他也像個隱士、道姑。」止心解釋。「他總是那麼自由自在，十分灑脫，誦經之外，便是畫畫山水畫兒、吟吟詩，彷彿不食人間煙火似的。」

「那你們的生活怎麼辦？」素素問。

「我們兩人的生活很簡單，花費很少，師父也不化緣，不做法事，香火錢也不多，但他有一位好友女施主，會替他賣畫，也不時供養一些必需品，家父也常常寄些錢給我，所以我們兩人很自在。」

「你們真好清福！」明月不禁讚歎一句。

「人生煩惱本來太多，看開了也就一了百了。」止心笑說。

「您是怎麼想到出家的？」素素問。

「青年人自然少不了感情問題。」止心一笑。「我發現了清涼寺，認識了寒星師父之後，向他說出我的苦惱，請他收我做弟子，他要我多多考慮，取得家長同意書之後，再和他談出家問題。」

「他是怕你一時衝動。」素素說。

「本來他是一個人清修，不收任何弟子的，兩個月之後，他才收了我這唯一的弟子。」

「當初你怎麼沒有考慮到那些大寺院去皈依那些大法師呢？」明月問。

「我不想成為大法師、大住持，我也不想受那麼大的僧團壓力。」止心說：「成不成佛？得不得道？還得靠自己。如果先把自己壓垮了，也未必去得了極樂世界，妳說是不是？」

「您說的有理！」明月笑著拍拍他的手。「修行是修心，不是修廟。佛在心中，不論身在何處都可以修行。」

「高見、高見！可惜沒有早點認識你。」止心高興地說。

「一見就是有緣，那我叫你止心尼師還是蕙蘭學姊呢？」明月笑問。

「尼師不敢當，名號隨妳叫。」止心向明月笑笑。

「你是怎麼想到再上學的？」素素問止心。

「一是我覺得過去學得太少，二是我相當清閒。所以我再上大學。」

「您師父同意嗎？」明月說。

「師父把我當同修，並未把我當徒弟。他贊成我上學，只是特別提醒我，不可以再墜入情網。」

「真是個好師父！」明月向他一笑：「您上了三年大學，覺得有沒有什麼收穫？」

「我不是為了那張文憑上大學的，我是很想學點東西，但是收穫不多。」止心搖搖頭說：「幸好這學期孟真如教授的禪宗課和陸橋教授的比較宗教課，使我大開眼界，所得是實。」

「教西洋哲學的老師怎樣？」明月問。

「那只是知識傳播，而且是物質世界的思維模式，完全是世俗的有為法。那有釋迦牟尼佛的『無我相、無人相、無眾生相、無壽者相。』『過去心不可得，現在心不可得，未來心不可得。』和老子的『不出戶，知天下。不窺牖，見天道。』『大象無形』，『為無為、事無事、味無味。』『道常無為，而無不為。』那麼高的思想境界和宇宙觀呢？」止心笑說。

明月十分驚喜，止心不但《金剛經》記得很熟，《道德經》也記得很熟。因此，不禁好奇地問：

「止心學姊，《道德經》誰教你讀的？」

「我師父。」止心笑著回答。「他最愛這兩部經典。怎麼？妳也讀過《道德經》？」

明月笑著點點頭。止心也不禁笑問：

「是誰教妳讀的？」

「我媽。」明月笑著回答：「她是孟老師的學生。」

「難怪！」止心會心一笑：「以前我念《金剛經》、《道德經》、《六祖壇經》時，一直捉摸不定，這學期聽了孟教授的禪宗課，陸教授的比較宗教課，現在才算開竅了。」

「止心學姊，這就夠了！」明月笑著對止心說：「您瞭解釋、老思想到了這種地步，那哲學博士學位也就沒有什麼稀奇了。」

李慧慧、張秀英一道進來，她們便一起去拿免洗餐盤，挑選自己吃的素食。明月作了一個小東。她們這才有機會討論圓通佛學社的事。討論結果，決定了兩件事。一是每周靜坐共修一次，地點在清涼寺和慈恩山莊。二是止心同意任佛學社顧問，參加必要的慈善活動。

第二十五章 傷心淚盡胡塵裏 獨居樓頭風雨侵

明月看到報紙刊出一則七十八歲的獨居老婦人，死了一個多月，才被警察發現，屍體已經腐爛，露出白骨，不忍卒睹。這名老婦人住在一棟公寓的頂樓，沒有子女，丈夫早幾年過世了，平時深居簡出，和管區警員林明德熟識。她有時住院治病，不大見面。這次林明德很久沒有看見她，詢問樓下鄰居，鄰居也不知道什麼原因？後來林警員上樓破門而入，才發現老婦人的屍體。

以前報紙也曾經刊出不少獨居老人死了幾天才被鄰居或朋友發現。有的是子女不少，但沒有人願意獨力奉養，輪流奉養又推來推去，多養一天，少養一天也有爭議；有的是媳婦嫌棄，無法同居，情願獨自在外流浪，棲身空屋；有的是無子無女，有一點退休金可以獨自生活，活不下去時就上吊自殺；有的是孤苦無依的老榮民，一向單身，無人照顧。死因不一而足。共同的癥結是：老人變成了一雙爛草鞋，誰也不要。近年來林老太太每月的零用錢，大都用在這方面，彷彿及時雨。素素一直替她處理這些事，明月有時也陪同素素辦理。

針對獨居老人的問題，明月和李慧慧、張秀英、止心決定，先做一次調查訪問，兩三人一組，去各派出所查詢獨居老人生活健康情形，再個別適當援助。花了兩個星期日的時間，發現了十七個案例，需要及時協助，她們與各個派出所相關警員密切聯絡，合作解決問題。也彌補了社工人員的不足。經濟困難的老人，明月得到老太太的支持，盡力暗中援助，絕不公開。其中有一位八十多歲的退休的王老先生，是外地人，他六十五歲退休時，將原來的房屋賣掉，連同退休金一起帶往國外，準備依靠獨子。這個獨子是他當年逃難時匆促帶出來的，太太在兵慌馬亂中衝散了。這個獨子從小學到大學畢業以至出國留學，取得博士學位，他父兼母職花了一生心血，所以未曾再婚。兒子亦非忤逆不孝。他結婚、買房子時，王老先生又將自己的房子抵押，寄錢給兒子達成心願。因此一退休他就賣了房子去國外依親，想享受天倫之樂。一到外國，他自然將錢交給兒子存進他的銀行帳戶裏面，讓兒子安心。媳婦是黃頭髮、白皮膚的白種人。有一個孫子，五歲，長相十之七八像媳婦，但他很愛這個孫子。

兒子媳婦都上班，孫子送到幼稚園去，不讓他陪王老先生，媳婦怕王老先生養壞了兒子的生活習慣，教會了她不懂的語言。連兒子和她講話也一律用她的母語。兒子偶然用自己的母語和父親輕輕講幾句話，她也老大不高興。

王老先生不會開車，也不認識路，左鄰右舍都是白種人，和少數黑人傭人，他搭不上腔。有一次他在門口碰見一個黃皮膚黑頭髮和他年紀差不多大的男人慢跑經過，他以為遇到了自己的同胞，便熱情地用自己的母語向他打招呼，想不到對方完全不領情，跑了幾步，反而回過頭來傲慢地罵了一句粗話：

「八格野鹿！」

這句粗話他聽懂了，因為年輕時他在故鄉也挨過這種罵。他一時怔住了，怎麼會遇上往日不共戴天的仇人？他氣得臉紅脖子粗，想回罵一句，但對方已經跑遠了。他只好回到屋裏關起門來暗自落淚。比他父親被東洋人殺死時還傷心！因為他心裏多了一重羞辱。

報紙、電視他都看不懂，想和孫子講話也語言不通。但只要能看孫子一眼他也高興。可是有一天兒子和媳婦吵架了！他不知道他們吵些什麼？但是吵得很兇，媳婦盛氣凌人，兒子想委屈求全似乎都不可能。後來兒子紅著眼睛走進他的房裏，反手把門一關，抱著他的頭痛哭起來！他還不明白是怎麼一回事？只好對兒子說：

「不必這樣哭，有什麼委屈你對我直講好了。」

「爹，我實在講不出口！」兒子抹抹眼淚說。

「兒子，以前我們父子兩人相依為命，什麼話都講，怎麼現在這麼大了，既是博士，又是高級工程師，講話反而吞吞吐吐？」

「爹，兒子實在講不出口！」兒子雙手抱頭痛哭起來。

王老先生含著眼淚拍拍兒子，安慰他說：

「痛苦不要憋在心裏，講出來會好過一些，天塌下來我也不會怪你。」

「爹，她要您走！」兒子說著又哭了起來。

「天！我走到那裏去？」王老先生大大地歎了一口氣，眼淚一串串地滾下來：「房子已經賣了，退休金也一次拿光了，這裏都不能容我，還有什麼地方能夠容我？」

父子兩人又抱頭痛哭起來，王老先生終於忍不住說：

「這個房子是你的，當年買的時候我也寄了錢來，媳婦不能一句話就將我掃地出門吧？」

「爹，你有所不知，這房子是她和我共有的。」兒子說。

「她出了錢嗎？」王老先生問。

「她雖然沒有出錢，但結婚前，她和我有約在先，我的財產她要一半。」

「你怎麼答應這種不平等條約？」王老先生反問。

「否則她不會嫁我。」

「難道她是嫁錢不嫁人？」

「她嫁人也嫁錢，這是她們的觀念。」

「難道我的錢存在你的戶頭裏，她也有份？」

「爹，銀行的戶頭是我們兩人的名字。」

王老先生倒抽了一口冷氣，流著眼淚說：

「本來那筆錢我是存心給你的，反正我和你住在一起，我也不需要錢用，想不到竟然羊入虎口了？」

「爹，您說的不錯，沒有她簽字，我是一文也提不出來的！」兒子兩手一攤，掉下一滴滴眼淚。

「那她不是要逼死我了?」王老先生也雙手抱頭哭了起來。

「爹，她已經給我下最後通牒了。」

「這又不是兩國打仗，下什麼最後通牒?」王老先生抬起頭來問。

「爹，這和兩國打仗一樣嚴重，您不走她就要和我離婚。」

「既然是她要離婚，那又有什麼大不了?」王老先生望著兒子說。

「她不但要一半存款，還要這棟房子，還要兒子，還要一大筆贍養費，一直到兒子大學畢業。爹，我這一輩子不是都完了?」

「難道法院是她開的?由她要?」

「爹，打官司很麻煩!」兒子歎口氣，又指指自己的臉孔頭髮說：「您還要知道，兒子和您一樣，是黃皮膚、黑頭髮。」

王老先生又倒抽一口冷氣，無語問蒼天。他考慮了很久，最後才決定犧牲自己，他對兒子說：

「我年紀大了，我的日子短，你的日子長，我自然不希望你因為我而離婚。不過我帶來的錢，她總不忍心全吞?應該給我一點生活費。我回去無依無靠，還要租房子住……」說著，說著，王老先生又不禁老淚縱橫。

後來兒子一再和太太交涉，甚至下跪，太太才同意讓王老先生提走三分之一。錢本來不多，買了機票之後，再回來租房子，生活費還維持不到一年。但他不能不回到原來工作，生活了三十多年的地方。

原來的同事、朋友知道他去兒子那邊不到半年就回來了，不免奇怪？問他他還不敢講，只說生活不習慣，但不到一年，就不得不向往日同事、朋友借錢度日。但這非長久之計，後來他在原單位做臨時工友，以工代職，經不住老同事追問，他才吐實。這臨時工友幹到七十歲也不能再幹了。艱苦的生活勉強維持了兩年，就斷炊了。經同事朋友託人情，才給他申報了甲級貧戶。他租住的是四層公寓樓頂加蓋的四坪大小的違章建築，一到颱風天就提心吊膽，外面大風大雨，房屋搖搖幌幌，裏面也的的答答，他只好用臉盆接雨水。現在年紀已經八十出頭了，所有老人病都上了身，自己難照顧自己，他將這段不幸的遭遇，原原本本的告訴訪問他的明月時，已經沒有眼淚，反而像講著別人的故事一般，明月將他的情形告訴老太太時，老太太不大相信，自言自語地說：

「黃頭髮、白皮膚的也是人，怎麼能六親不認？」

「奶奶，洋人不講六親五倫，他們連親生父母都不養。」明月說。

「那和禽獸有什麼兩樣？」老太太歪著頭反問。

「奶奶，他們自認為他們最文明、最先進。我們正在加緊向他們學習呢！」明月提高嗓門說。

「齊一變，至於魯。魯一變，至於道。這樣可以學好。」老太太引用上論孔子的話說：「洋人不孝父母翁姑，有什麼好學的？」

「奶奶，學時髦嘛！」明月笑說：「那些學政治的洋博士，開口民主，閉口人權、自由，他們從來不提孔夫子，您也不怕他們笑話？」

「奶奶才不在乎那些喝洋水的小子！」老太太嘴一撇說：「今天弄到這種父不父、子不子，沒有倫理綱常的地步，就是那些不讀聖賢書的半吊子亂搞出來的。那些死了好多天沒有人知道的獨居老人，就是洋人的什麼個人主義、自私自利的犧牲品。」

「奶奶，您也受了他們的影響？」明月向老太太一笑。

「我怎麼會受他們的影響？」老太太一聲冷笑。

「如果不是他們提倡，您怎麼知道什麼個人主義這類的詞兒呢？」明月反問。

「我是脫他們的鞋子掌他們的嘴！」老太太憤憤地說：「還有那位罵眾生顛倒，彷彿自己是活菩薩，卻天天白吃人家五萬元一桌的排翅鮑魚筵席吃怕了，事後又說風涼話的小子，簡直是佛頭潑糞！他吃的那一席酒，就足夠那些孤獨老人半年糧，為什麼不隨緣方便，積積德呢？」

「奶奶，您該記得孔子也說過『吾未見好德如好色者也』這句話吧？」明月笑說：「他們在名女人身上一擲千百萬金都不在乎，在窮人身上，他們卻變成鐵公雞了。」

「好了，別再說這種掛羊頭賣狗肉的人事了！妳和素素阿姨代我送三萬塊錢給那位住在四樓頂上的王老先生，要說是無名氏送的。另外再設法幫他安置到公家的安老院去，這樣就不會死了也沒有人知道。王老先生沒有功勞也有苦勞，落到這種地步，也真想不到。」

明月不敢怠慢，連忙同素素一道送去。

王老先生對於明月的訪問，原本沒有存任何希望。他知道明月是學生，那有什麼能力助人？想不到明月很快送來這筆錢，夠他省吃儉用三五個月的。他從明月手裏接過這筆錢時手在發抖，眼淚也掉了下來。稍後才問：

「小妹妹，這筆錢是那位大恩人送的？」

「老伯，是無名氏送的，您不必放在心上。」明月安慰他說：「公家的安養院您願不願意進去？」

「小妹妹，我也申請過，就是進不去。」王老先生無奈地說。

「老伯，我替您試試看，好不好？」明月問。

「如果能進去，那就免得我死在這裏沒有人知道了！」王老先生感激地說。「小妹妹，我會感激妳的大恩大德的！」

「老伯，您這樣說我就承當不起了，這是我們晚輩應該做的事。」

「唉！小妹妹，妳別說什麼應該不應該了！」王老先生慘淡地一笑：「應該做的人不做，不應該做的人倒做了！這世界真的顛倒了！」

「老伯，您少爺有沒有信來？」明月問。

「他根本不知道我的死活，怎麼會有信來？」王老先生淡然一笑。

「難道您沒有和他通信？」明月奇怪地問。

「我回來以後，就一直沒有和他通過信。」

「老伯，我代您寫封信好不好？也免得您少爺耽心。」

「小妹妹，謝謝妳，不必了。讓他忘記我這個父親好了，免得增加他的煩惱。」

「老伯，生身父母，他怎麼會忘記？」

「小妹妹，人是健忘的，尤其是他住在那個國家，又娶了那樣的女人，不會忘記也得忘記。」王老先生慘然一笑。

「老伯，這真是個天倫悲劇！」素素看看小房間裏只有一張帆布床，一隻斷了一條腿的小圓凳，一個舊電鍋，一個缺了口的大碗，一個小飯碗，一雙竹筷，一個迷你塑膠布衣櫥，一雙舊人造皮鞋，他腳上穿了一雙塑膠拖鞋，這就是他的全部家當。王老先生頭上則是灰白色的枯髮，像一團亂草。上身穿著一件灰色的對襟舊短棉襖，上面盡是油漬污垢。下身穿著一件黑色的舊西裝褲，膝蓋打了補釘。赤腳、拖鞋。而他的獨子卻是一位外國博士，高級工程師，早成了外國公民，又娶了白人太太，孫子更是道地的外國人。因此，不禁感慨地說出那句話。

「算我中了頭獎，我只好認了。」王老先生自嘲地說。「反正我已經沒有幾年好活了！」

明月和素素安慰他幾句之後，只好離開。王老先生將她們兩人送到樓梯口，看著她們下去，聲聲多謝。但他一轉身就雙手蒙著臉，蹲在地上哭了起來。明月、素素都聽到哭聲，但不便再上樓頂看他，讓他一個人哭個痛快。

「虧了王老先生經得起這麼多年的感情煎熬！」素素歎口氣說。「要是我早就憋死了！」

「他這樣活著真比死還痛苦。」明月說。

「如果不想辦法將他送到公家安老院去，萬一他死了，很可能像那位獨居的老太太，過了一個月也不會有人知道。」素素說。

她們兩人便一道去管區派出所，向值勤警員報告王老先生的情形，問他有沒有什麼辦法將王老先生送進公家安老院去？警員面有難色地說：

「公家安老院粥少僧多，他又沒有家屬，很難進去。」

「請你們想想辦法好不好？如果需要我們協助，我們會盡力而為。」明月說。

「妳和他是什麼關係？」警員問。

「沒有什麼關係，我是一個信佛的大學生，是圓通佛學社社長，只想幫助一下像王老先生這樣孤苦無依的老人。」明月掏出學生證給警員看。「如果是他個人經濟方面的問題，也許我能協助解決，不然他萬一死在樓上，也會給你們增加麻煩。」

警員看完她的學生證，又打量她一眼說：

「難得妳年紀輕輕的有這種好心腸。妳將電話、住址告訴我，如果有機會，我們會同妳聯絡。」

明月告訴了他，他隨即登記在值日簿子上，再將學生證交還她。明月也問清了他的姓名、派出所的電話。

她們兩人一道回到山莊，向老太太報告，老太太對王老先生十分同情。明月對她說：

「奶奶，不到外面，我們真不知道別人的疾苦，我們真要知福惜福。」

「妳有這種想法就好！」老太太點點頭：「自己吃飽了，也要想到別人的肚子餓。」

「奶奶，幸好爸沒有娶個洋婆子，不然我們就慘了！」明月開玩笑地說。

「妳也怕掃地出門是不是？」老太太笑問。

「當然怕！」明月笑著回答：「奶奶，難道您不怕？」

「我比妳更怕！」老太太望著明月笑說：「妳還年輕得很，可以自謀生活。我一掃地出門，那就死定了！」

「老夫人，不要說得那麼可怕。」素素說：「董事長是個孝子，我們的社會還沒有走到外國那種地步。」

「如果從那許多死了沒有人知道的可憐老人的例子看來，我們老人已經成了爛草鞋，妳還說沒有走到外國那種地步？」老太太不以為然。「像如海這樣的兒子，已經很少很少了。他的兒子究竟怎樣？已經很難說了。」

「奶奶，您不必替爸耽心，我會像爸孝順您一樣孝順他。」明月說。「四位哥哥雖然不和我們生活在一起，應該不是逆子。」

「妳這句話倒比什麼都重要。」老太太向明月點點頭：「妳要知道，妳老子辛勞了一輩子，他是白手起家的，你們兄妹如果不孝順他，那罪過就大了！」

「奶奶，世尊見了路邊一堆枯骨，便五體投地，恭敬禮拜。我怎麼敢不孝順父母？尤其是最近訪問了一些可憐的獨居老人，更覺得人生無常，人人都會老，如果像現在這樣不敬重老人，忽視老人，將來我們也會有那麼淒慘的晚年，豈不是自作自受？」明月說。

「那妳們的圓通佛學社，更應該多做一點善事，多結些善緣。」老太太說。

「奶奶，我們已經商量好了工作、修行計畫，現在只是剛起步，明天上學我又要和李慧慧她們見面。」

老太太高興地點點頭。

第二天中午，明月就和李慧慧、張秀英、止心，在餐廳見面，交換了一些意見，她們也做了一些實際工作。止心向來只重清修，不做活動，明月對他的支持感激。但又怕他師父不同意，因此笑問：

「止心學姊，您師父有沒有怪你誤入紅塵？」

「沒有！」止心搖搖頭：「我師父還歡迎妳們幾位去清涼寺打坐共修呢？」

「她不嫌我們打擾？」明月有點耽心。

「其實我師父是很圓通的，他很脫俗，但不怪僻。」止心說。

「那我們應該去向他請教請教。」明月一提議，李慧慧、張秀英立刻贊成。明月考慮到寒星、止心師徒兩人生活簡單，清涼寺香火不盛，是個窮寺院，不像那些大寺院，無異於一個大財團，因此提議由她預備幾個人的素食便當帶去，她們師徒兩人也不必起火。張秀英、李慧慧去過山莊，吃過素餐，知道明月有這個條件，也不忸怩作態。止心沒有去過慈恩山莊，不知道實際情形，因此對明月說：

「妳不能反客為主，我和師父可以準備幾樣簡單的素菜，意思意思一下好了。」

「不必客套。」明月拍拍止心：「我家和寺院一樣，全體吃素，我們四人，連你們師徒兩位，一共才六個人，我請我家趙伯伯準備六人份的素餐，盛在免洗便當裏我帶去就行了，這要省好多麻煩。你連茶水都不必準備，我帶兩打礦泉水和果汁去不就得了？」

止心望著明月一笑說：

「世上那有妳這樣的客人？」

「我們不是去作客，我們是去打坐共修。去清涼寺清涼清涼。」明月爽朗地說。「下次就請您到我山莊去好不好？」

止心不知道她的山莊是怎樣的情形？張秀英、李慧慧交口稱讚。李慧慧還特別提到明月的祖母說：

「明月的奶奶修行了幾十年，真修成了大智慧，她一舉一動，一言一語，都夠我們學一輩子的。」

「聽妳這樣說來，我真得去參拜參拜了！」止心望望李慧慧又望望明月說。

「我奶奶一定十分高興。」明月對止心說：「最好同你師父一道，我會親自開車接送。」

「我師父像當年東林寺的慧遠大師一樣：『影不出戶，跡不入俗。』」止心笑說。

「還有送客不過虎溪橋。」明月看止心只說兩句，便接著說第三句。

「妳怎麼知道這個故事？」止心有點驚奇。

「孟真如老師皈依過東林寺的道仁大師，他和我媽講過這個故事，我媽也告訴過我這個故事。」明月解釋：「慧遠還有陶淵明、陸修靜兩位好友，你師父有沒有？」

「現在那有那樣的高人？」止心搖搖頭說。「清涼寺也沒有虎溪橋，所以我就不套用了。」

「你師父沒有收你做弟子之前，那種孤獨的日子他怎麼過？」李慧慧問。

「他就那樣過了幾十年。」止心說。

「他畫畫的紙筆墨硯怎麼辦？」明月問。

「他當初就帶了不少去，用了十多年。後來交了幾位女施主，很多應用的東西，都由她們隨緣布施。」止心解釋。

「止心學姊，請你問問師父，他需要些什麼？我去清涼寺時會給他帶去。」明月說。

「師父是不隨便接受供養的，等妳去了清涼寺以後，再看看緣份如何？」止心回答。

於是她們共同決定星期天上午十時三十分到達清涼寺。止心給她們畫了一個路線圖，告訴她們產業路的小巴士一小時一班，下車之後要走二十幾分鐘的人行步道上山。

明月的小轎車可以停在小巴士站的檳榔攤子旁邊，他會交代檳榔西施照顧。李慧慧、張秀英住在不同的地方，她們決定在小巴士站會合。如果明月的車子先到就先上山，她們先到就在檳榔攤子旁邊等她。

星期天上午，她們如約前往清涼寺。李慧慧、張秀英搭上同一班小巴士先到。她們站在檳榔攤的大綠傘下等了不到五分鐘，明月的車子也到了。素素一手提了一打礦泉水，一手提了六個素食大便當。明月提了一打原汁柳丁，一打芭樂汁。明月各送一瓶給檳榔西施，拜託她照顧一下車子。檳榔西施很高興。她是一位樸實的村姑，蓬門璧玉，不像都市的檳榔西施嘴唇搽得那麼紅，上衣胸口那麼低，褲子那麼短，那麼胴體畢露，妖冶得俗不可耐。

她們一道循著石級步道上山，坡度相當陡，素素、明月因為清早練了兩小時的太極拳和基本軟身功，上坡並不吃力，步履輕鬆。李慧慧、張秀英空著雙手，還氣喘吁吁，跟不上明月。李慧慧一面擦汗，一面歎說：

「明月，我真服了妳！妳連登山也比我們強。」

「妳不知道，天剛亮我就和阿姨在院子裏練了兩個小時的拳，一身輕鬆。」明月回過頭來回答。

「慚愧！我七點多才起來。」李慧慧喘著氣回答。「我也佩服止心，她上學時每天最少要上下兩趟。早晨還得天不亮就趕下山搭小巴士。」

止心正好下來迎接，聽了李慧慧的話笑著接腔：

「這也是修行。」

清涼寺前面是一片竹林，周圍有十幾棵大松樹，此地大松樹很少，十分難得。清涼寺座落在清涼山的腰部，後有倚托，左右又有掩護。寺不高不大，松竹掩映，外面看不見，顯得十分清幽。沒有大山門、沒有照壁，寺的正門是三塊大青石架起來的，門楣石上橫刻著「清涼寺」三個大字，左右兩邊石刻了一副對聯：

自乘牛車出火宅

獨邀明月共清涼

對聯是寒星自作自題的，「清涼寺」三個大字也是他寫的，筆法秀麗飄逸。因為時間久了，更有點蒼涼古意。

院子是止心清早剛打掃過的，石板地上沒有一片落葉，顯得一塵不染。

她們一進來就看見「清涼寺」的石刻和那副對聯。李慧慧指著大門的對聯對明月一笑：

「妳看，這副對聯是歡迎妳的！」

「那怎麼可能？」明月搖頭一笑。「從字跡看來，這副對聯可能比我的年齡還大呢。」

寒星穿著灰色袈裟，突然出現在大門口。他身材修長，一臉智慧飄逸之氣，毫無龍鍾老態，年輕時應該是一位窈窕淑女，清秀佳人。他向明月她們笑臉相迎，十分親切。明月她們連忙雙手合十頂禮。止心帶她們進去，她們又向西方三聖法相頂禮，止心再向寒星一一介紹。寒星笑說：

「止心同妳們有緣，這是她第一次邀同學到清涼寺來。」

「外面是紅塵火宅，多謝止心學姊邀我們來寶剎清涼一下。」明月說。

「如果是夜晚來比白天來更好。」寒星說：「山上清風明月，是無價之寶，是山下買不到的。」

「師父，門口那副對聯是誰寫的？」李慧慧問，她跟著止心稱寒星師父。

「是我寫的。」寒星回答。

「那副對聯好像是歡迎明月似的？」李慧慧指著明月笑說。

「也許是因緣巧合？」寒星望望明月一笑：「當年只有我一個人住在寺裏，連上山的步道都沒有，十天半個月也看不到一個人，『明月』是我唯一的良伴，它常常陪我坐到三更半夜，身心清涼，使我領略到一種無人無我的境界。」

止心將明月帶來的果汁倒給大家喝，寒星也手捧一杯，笑著對她們說：

「小寺一切因陋就簡，我的臥室，也就是我的禪房，請妳們看看。」

她們走進臥室——禪房，發現靠窗子的是一個很舊的長方木頭大書桌，可以寫字，也可以繪畫，桌上有文房四寶，一本《金剛經》，一個白色大理石小圓香爐，香爐裏有嫋嫋輕煙，陣陣檀香味。窗子右邊的粉壁牆上掛著他自畫的觀世音法相，隱隱約約有幾分他自己的神態、氣質。窗子左邊掛著他自己畫的另一幅山水畫：一位老僧獨坐在山溪中的磐石上入定，溪邊鳥語、花香；山上虎嘯、猿啼；磐石下流水潺潺。那位老僧看來彷彿像是他的化身。

右邊的牆壁靠著兩個一人多高的書櫥，一個全放佛經，一個全放繪畫的書籍、工具和唐宋詩詞。左邊牆壁靠著一個衣櫥。這些書櫥衣櫥都是二三十年前的老古董。

和大書桌遙遙相對的是一個單人木床。墊的蓋的都不厚，一律灰色。枕頭卻是籐編的本色。

她打坐、寫字的是一個大太師椅，很結實，可以盤腿。

明月最欣賞的是那兩幅畫。

李慧慧看完之後，不禁問寒星：

「師父，您這種清修生活過了多久？」

「五十年。」寒星將右手五指一張。

她們不敢再問。寒星笑著問她們：

「妳們看了我這個禪房，有什麼指教？」

「不敢！不敢！……」她們異口同聲說。

「這就是我的出家生活，那些大師們怎麼修行？我不知道。」寒星向她們笑笑。「妳們看了一定會失望吧？」

「師父，您那兩幅畫與眾不同，對我是個很好的啟示。」明月說。

「和別的畫家有什麼不同？對妳又有什麼啟示？」寒星笑問。

「師父，我覺得您已經將自己投入觀世音法相了！」明月說。

寒星微微一怔，又輕描淡寫地說：

「不論做什麼？都應該全神貫注，不能馬虎。妳對那幅山水又有什麼高見？」

「師父，我想請教您，在鳥語、花香，虎嘯、猿啼，流水潺潺聲中入定，那該要有多大的定力？」明月望著寒星的臉上說。

寒星兩眼目不轉睛地注視明月一會，隨後一笑說：

「妳問得好！我覺得應該要有釋迦牟尼佛前世被歌利王割截身體、節節支解時，和他做忍辱仙人時的那種無相定力才行。」

「師父，那談何容易？」明月深深歎口氣說。

「修行本來不容易。」寒星笑著點點頭。「不過一切唯心造，成敗也往往在一念之間。妳說是不是？」

明月向她雙手合十頂禮。李慧慧斗膽問寒星：

「師父，請教您當年是什麼因緣出家的？」

「任何大事都有因緣。釋迦牟尼佛說：『過去心不可得。』請恕我不談往事好不好。」寒星向李慧慧淡淡一笑。

這時外面來了一批大大小小男男女女的遊客，嚷嚷不休，還有手提收音機播放出來的流行歌曲。有幾個年輕人又唱又叫：「只要我喜歡，有什麼不可以？」寒星笑著對她們說：

「現在星期天上山的人是愈來愈多了，真不得安寧。我看妳們今天打坐共修不成了。」

「師父，能看到您也算朝了一次南海，坐了一次牛車、出了一次火宅。以後打坐共修的機會還多，不止這一次，修行的路很長，我們只是剛剛起步。」明月說。

「妳有這種想法最好，但願大事因緣早日成熟。」寒星望著明月笑笑，又拍拍她。

第二十六章　奇女子高山學佛
比丘尼鬧市升天

明月、素素自清涼寺回來，老太太便向她們探聽清涼寺和住持寒星的情形，她們兩人照實報告了。

「寒星的法號，和他的那副對聯，兩幅畫，都大有文章，妳們不要忽略了。」老太太聽完報告後說。

「奶奶，我們的學問沒有他大，摸不到底兒。」明月說。「他為什麼取那個法號？又不便問。不過我很喜歡他，也很奇怪：現在怎麼還有這樣的比丘尼？」

「我想他不是名門淑女便是大家閨秀，也許是傷心人別有懷抱？但願他能像畫中那位入定的老僧一樣，五蘊皆空。」老太太說。

「奶奶，說起來容易，修起來可難！」明月搖頭一笑：「那看不見、抓不著的東西都是煩惱賊，真的剪不斷，理還亂。寒星師父也未必真能心如止水？」

老太太聽了一笑，望著明月說：

「妳去了一趟清涼寺，好像一下子開悟了？」

「奶奶，這不算開悟，這只是有感而發。」明月立刻回答。「奶奶，您想想看，寒星是不是寒心的諧音？」

「音幾乎一樣，只是一字之差。」老太太點點頭說：「妳這樣說來，那他就是傷心人別有懷抱了。」

「老夫人，那這個娑婆世界真一個苦海了？」素素說。

「反正這不是極樂淨土，任何人都要接受考驗煎熬，只是各人的因果不同而已。」老太太說。

老趙不在山莊，老太太請素素準備晚餐，這是多少年來少有的事。素素連忙去廚房。明月問老趙是什麼事出去的？老太太說：

「妳們早晨剛出門，老趙就突然接到一通電話，說是他的一位皇親多羅格格圓寂了，請他去一下。」

「奶奶，我真搞不清楚，什麼皇親多羅格格圓寂？趙伯伯從來沒有提過什麼皇親國戚的？」明月十分奇怪。

「我也搞不清楚？他接了電話後向我報告，我要他去一趟，他就匆匆出去了。我一人在家，你們沒回來，我真好大不自在呢！」老太太故意逗明月。

林如海夫婦最近又出國了，所以老趙一走，只有老太太一人在山莊，明月聽老太太這麼說，不禁提心吊膽，萬一出了什麼差錯，那真不好向父母交代了。

「奶奶，真抱歉！也想不到這麼巧？幸好我和阿姨提早回來了。」明月拍拍老太太說。

「難得妳這份孝心，再不回來，奶奶就會哭了。」老太太向明月做了一個哭相。

「奶奶，真好奇怪！趙伯伯有一位皇親怎麼一直不提？」

「妳不瞭解，趙伯伯也是傷心人。他委屈了這麼多年，沒有一句怨言，已經了不起了！他真是好漢不提當年勇。本來他也顧慮到我一人在山莊，不想去。但人死為大，我怎麼能不讓他去？何況他那位皇親也是修行人，而且活了一百零一歲呢！」老太太向明月解釋。「我有觀世音菩薩保佑，什麼都不怕的。」

「那有這回事兒？」明月大為驚奇：「等趙伯伯回來了，我倒要好好地請教請教他。」

老趙直到晚上九點多鐘才趕回來。他一進佛堂，明月就拉著他坐在老太太旁邊，急著問：

「趙伯伯，您那位皇親是怎麼一回事兒？您怎麼一直藏在心裏不跟我們講？」

「明月，往事如煙，有什麼好講的？」老趙神情落寞地反問一句。

「現在該可以講了，您們是什麼關係？」

「我們都是愛新覺羅的子孫。是五服以內的血統關係。我父親是王爺，她父親是貝勒，她是多羅格格。他和我父親同年，卻是我的晚輩。」老趙將他們的關係說得清楚明白。

「您父親後來改姓趙，他是不是也姓趙？」老太太問。

「不，」老趙搖搖頭。「她對貝勒的身分還有一點放不下來，她改姓勒。所以從姓上看來，我們早已沒有一點兒關係了。」

「那她又是怎麼出家的呢？」老太太又問。

「老夫人，說來話長。」老趙歎了一口氣說：「她雖然是一位格格，可不像漢人小姐那樣柔順，她從小學武，就好打抱不平。我們旗人貴族女子，從小就是大腳板，沒有纏小腳的。她的武功比我父親高，我更趕不上他。」

「那她有打抱不平的本錢了。」老太太說。

「她不但打抱不平，在那場國家民族生死存亡戰爭的關頭，她還組織了一支遊擊隊，和倭軍纏鬥了好幾年，也立了不少汗馬功勞。」

「真是個巾幗英雄！」明月肅然起敬。

「可是她自己並沒有這麼想。」老趙對明月說。「抗倭戰爭勝利後，政府要收編她的遊擊隊，給她一個不算小的官兒做，他不接受，反而解散了遊擊隊，開始吃素學佛。」

「這真是提得起，放得下。」老太太不禁讚歎起來。

「她向誰學佛呢？」明月問。

「燕京有喇嘛廟，我們旗人貴族和喇嘛的關係不錯，她也是向喇嘛學佛的。」

「那她學的是密宗了？」老太太說。

「不錯！」老趙點點頭。「他隨後還遠赴西藏，爬上八千公尺的高山，向一位大喇嘛求法，又閉關三年，再來此地創設多羅精舍，還有一座寺院，成立密宗道場。現在已經三、四十年了，信徒很多。」

「趙伯伯，當初您怎麼沒有跟他學密宗呢？」明月問。

「那時我在部隊，很不方便，再則我知道他性烈如火，要求很嚴，聽說有些弟子被他打跑了。」

明月聽了一笑說：

「那他帶徒弟像帶兵一樣了？」

「我很少和他來往，真實的情形不大清楚。」老趙說。

「您在此地沒有什麼親人，怎麼不和他來往？」老太太問。

「老夫人，他的年齡和我父親一般大，我的輩份卻比他高，稱呼起來不大方便。他又很嚴肅，板著臉不苟言笑，見了面也說不上三句話。他是出家人，我是在家的伙頭兵。我不懂經典，也不懂密宗的規矩，萬一犯了忌，反而自討沒趣。再說，我住上山莊以後，對老夫人的安全有責任，不應該像隻花腳貓兒隨便亂跑。今天是萬不得已我才去的。」老趙一一解釋。

「趙伯伯，是誰打電話來通知您去的？」明月問。

「是一位跟他修行了三十多年的徒弟打來的。以前他和我見過一次面。」老趙回答。

「他怎麼會突然打電話給您？」

「是格格圓寂以前交代的，他說我是他唯一的親人。」

「格格知道自己圓寂的時間嗎？」老太太問。

「知道。」老趙點點頭。「而且交代了徒弟如何處理他的肉身舍利？」

「那他不也是肉身菩薩了？」明月不禁驚歎。「他是怎樣涅槃的？」

「盤腿端坐，和平時一樣，在弟子的誦經聲中走了。」老趙說：「不過走以前他說他還會再來。」

「既然走了，又何必再來？」素素修行的目的就是希望解脫之後不再來這個世界，所以惋惜地說。

「也許他還有心願未了？」老太太說。

「趙伯伯，您看他真會和印空太師公一樣成為肉身菩薩嗎？」明月問。

「這我就不知道了。」老趙笑著搖搖頭：「不過我去到精舍以後，看見他的幾位弟子，正在他全身抹鹽，念〈紅觀音咒〉，最後將肉身封存在壇城內，準備三年後開封，做肉身菩薩供奉。」

「這和當年印空師父肉身處理的情形相去不遠。」老太太說：「就看三年後開封的結果了。」

「老夫人，我知道燕京的那些喇嘛並不完全吃素。」老趙對老太太說：「但我們這位老格格，不但嚴格守戒，完全吃素，而且簡樸得不像一位格格，反而像個鄉下的窮老太婆。那位打電話通知我的比丘尼說：當年他吃饅頭時，偶而將一點硬皮剝掉，就捱了師父一頓臭罵，還罰他少吃一個饅頭。」

「他這樣嚴格守戒，又自奉簡樸，那就和別的喇嘛不一樣了！因果自然也不一樣。」老太太高興地說。

「老夫人，我們這位老格格，脾氣火爆，疾惡如仇，說一不二，任何人休想和他討價還價，真是怒目金剛。這會不會影響他的修行果位？」老趙問。

「聽您這樣說來，他就是釋迦牟尼說的『心直如弦』的人。維摩詰、六祖惠能也說直心是道場，直心是淨土，應該沒有什麼壞影響。」老太太笑著回答。

「還有一點，他一生未婚，守身如玉。」老趙又說。

「那他是無漏之身，這對修行更有利。」老太太高聲說：「肉身菩薩六祖惠能、憨山大師，都是童子身。我還不知道有那一位比丘尼成了肉身菩薩？他可能是第一位？」

「老夫人，六祖惠能、憨山大師都是顯宗，不是密宗，這有沒有什麼關係？」素素問。

「修行完全在個人。只要遵照佛陀的教理戒律、用功修行，就能達到大乘、佛乘，如果不依佛陀教理戒律修行，不論什麼宗，都難上最高層。」老太太回答。

「老夫人，我們這位老格格是老船夫撐船，一篙打到底，決不會點到為止。他的徒弟能留下來的，也被他教得一絲不苟了。」老趙又補充幾句。

「修行就要這樣一步一個腳印，不能騙自己。」老太太說。

「趙伯伯，您這位貴本家老格格真是一位奇女子，他那種身分，那種個性，應該是入世的，但他卻急流勇退，突然出家了！而且修到肉身舍利，如果是別人講他的故事，我還真不敢相信呢！」明月說。

「明月，人是真的難說的很！」老趙也感慨地說：「我也認為他不是一位念阿彌陀佛的人，當年他帶領遊擊隊和倭軍捉迷藏、打帶跑時，常常白刀子進、紅刀子出。他的刀劍功夫確實不賴，肉搏時那些皇軍栽在他手下的，應該不止三、五個人？」

「如果你生在他那個時代，處在他那種環境，我相信你也會挺身而出。」素素對明月說。

明月望著素素一笑。他知道那個時代有很多他這種年齡的千金小姐，都參加了抗倭戰爭，王文娟的大姑母和他的母親都是那時的花木蘭，現在看來誰都不會相信。只是他們沒有出家，都結婚生子了。人在時空差錯中，會有不同的際遇，不同的因果。他這個時代的人，很可能有不少是那個時代的眾生輪迴的。如果他修成了天眼、慧眼，他就明白了。那該多好？她不禁笑問素素：

「阿姨，您是親眼見過印空太師公坐缸、開缸的。二十年內出了一男一女兩位肉身菩薩，這真是少有的大事兒！我們也修了不少時間，不知道什麼時候才能因緣成熟？」

「如果照印空太師公的預言來看，應該很快了。」素素望望印空的法相說。「其實我比妳還急，我的年紀愈來愈大了，修行的日子愈來愈少了，不遇明師傳法特別加持，是很難自己突破的。趙叔叔家的這位老格格，也是得法以後，又修了這麼多年，才有今天的。」

「雖然《心經》說五蘊皆空，諸法空相，但那是得道以後的境界。像我們這種半吊子，沒有明師傳法就像沒有規矩不能成方圓，沒有筏怎能渡到彼岸？阿姨，您說是不是？」

「明月，我比妳還差遠了！我只要能抓著岸邊的一根草兒也是好的。」素素無可奈何地說。

老夫人聽她們兩人這麼說，便鼓勵她們：

「妳們雖然很誠心，但是還要有信心。印空師父不隨便說話，他說了的一定會應驗。我也天天祈求師父和觀世音菩薩成全妳們的心願。說不定那一天那位明師突然來了，我們還不知道呢？」

「奶奶，因緣真太奇妙了！」明月又興奮起來。「趙伯伯和那位密宗老格格是一家親，可他就一直不講，不然我們可能早急著去皈依他了？」

「明月，我一直以為他不大像個出家人，更想不到他會成為肉身菩薩？這真是陰錯陽差，也可以說是我們和他無緣。」老趙對明月說。「不然的話，我就是磕頭也會要求他收妳們做弟子的。只怕妳們吃不消？」

「他真的動手打人嗎？」素素笑問。

「那還假得了？」老趙也笑著回答：「今天我就和他的那位大弟子談了不少，他承認自己就挨過幾次打。」

「真奇怪，不但您沒有提過他，印空太師公也沒有提他，那我們和他是真的無緣了。」明月對老趙說：「不過我還是很敬佩他。他能修成肉身菩薩也一定是有來歷的。」

「這倒不清楚。」老趙搖搖頭：「我只聽先父說過，他十七歲時，為了打抱不平，曾經和一位二十多歲的惡棍大打出手。」

「結果怎樣？」明月連忙問。

「那惡棍居然被他打得落花流水，抱頭鼠竄。」

「他自己呢？」

「也受了一點傷。」

「那惡棍難道不再報復？」

「因為他父親是貝勒，那惡棍也只好認了。」

明月聽了好笑，自言自語起來：

「這樣的格格，居然修成了肉身菩薩，真奇妙！」

「沒有什麼奇妙。」老太太說。「人人都有佛性，只要一旦開悟，認真修行，人人都可以成佛。」

「奶奶，我自幼跟您吃素修行這麼久，怎麼八字兒還沒有一撇呢？」明月反問。

「不要急，妳還年輕得很。」老太太對明月說：「蠟燭往往照得見別人，照不著自己。修行又何嘗不是如此？」

「奶奶，照您這樣說來，那我已經修得不錯了？」明月在老太太面前輕輕一跳說。

「不要失望，也不要高興得太早，要像吃飯睡覺一樣，自然水到渠成。」老太太拍拍明月：俗話說：「『久坐必有禪，久咳必有痰。』妳急什麼？」

「奶奶，您還是放屁安狗心，存心哄我的。」明月笑說。

素素、老趙都被明月說得笑了起來。老太太也笑著對明月說：

「我又不是印空太師公說的那位再世佛明師，沒有糖給妳吃，自然只好放個屁哄哄妳了。」

老太太說得大家都大笑起來，明月更笑得前撞後仰，老太太看著明月笑而不語，明月忽然兩手搭著老太太的兩肩說：

「奶奶！您又要猴子了？」

「話是妳自己說的，我何曾要猴子？」老太太四兩撥千斤，話也風涼。

「明月，看來孫悟空還是翻不過如來佛的手掌心的。」老趙對明月一笑。

「趙伯伯，我要是修到你那位本家老格格那樣，大概就翻得過了？」明月望著老趙笑嘻嘻地說。

「我那位本家老格格走了，他從小就是個傳奇人物，到現在我對他還是霧裏看花，似真似幻，看不清楚。我看妳還是等那位再世佛明師來，跟他好好地學、好好地修吧！」

第二十七章 風雨夜信眾求佛 菩提寺明師現身

一位年輕、瘦小、娟秀，揹著睡袋、帳蓬的比丘尼，突然來到菩提寺，他將背包放在門外，走進來向西方三聖和印空肉身法相頂禮。老和尚覺圓正在禪房打坐，他收了才三年的徒弟修慧在後面山邊種菜。菩提寺平時很少香客，寶殿冷清，比丘尼端詳了印空法相一會，回頭向外看時，修慧剛好進門，兩人一照面，自然合十為禮。又相互注視了一會。

修慧雖然出家不久，但他是一位富商的獨子，見過不少世面，只是看破紅塵，捨棄了億萬家財，三十歲時在菩提寺出家。有些大寺院的住持早想爭取他，但他不想在金碧輝煌、香客如雲的大寺院做比丘，他喜歡菩提寺的清靜。他看看這位比丘尼不像一般出家人，彷彿是個行腳僧，請他坐下休息，他一面奉茶，一面說請師父出來奉陪。

「您師父正在定中，不必打擾。」比丘尼笑著搖搖手。

修慧一怔，肅然起敬，看他年紀和自己不相上下，道行卻莫測高深。便問：

「請問師父從何方來？」

「西方來。」比丘尼回答。

「來了多久？」

「三個月。」

「何處掛單？」

「帳蓬一頂，幕天席地，隨遇而安。」

修慧連忙起立，雙手合十頂禮。又問：

「今後行腳何處？」

「隨緣。」

他的語音剛落，鬚眉已白的覺圓老和尚從禪房出來，笑著接嘴：

「好一個隨緣，老僧要留客了。」

比丘尼同時起立，雙手合十說：

「老禪師神遊太虛，不敢打擾，恕我失禮。」

「老僧未曾遠迎，告罪，告罪！」覺圓也雙手合十回答。隨即吩咐修慧將他的背包提了進來，打掃一個房間招待。

「老禪師，貧尼一直住帳蓬，隨遇而安，老禪師如此禮遇，怎麼敢當？」

「先師遺言，老僧盼望了二十年，今天總算等到了。」覺圓高興地說。

「印空菩薩多嘴，使我不能不來。」比丘尼笑說。

「等您的人何止萬千？您怎能不來？」

「來了恐怕一時走不了。」

「該留的時候留，該走的時候走，一樣自在。」

「眾生的業障揹得太多，也自在不了。」

「這是您的因緣，推也推不掉。」覺圓看著他不禁一笑。

「我的個子這麼小，揹不動時您得幫幫忙？」比丘尼也笑著說。

「那不關老僧的事，我揹一個徒弟就夠了。」覺圓打個哈哈說。

「您這位徒弟日後可以繼承衣鉢，您可以不必再來了。」

「說起這位徒弟也是宿世因緣，以後我是不想再來的。」

修慧準備好之後，就請比丘尼進去休息。他請教比丘尼的法號，比丘尼笑說：

「您師公知道，您師父大概也知道？您問他們好了。」

修慧摸不著頭腦，比丘尼走進房間之後，他悄悄地問覺圓，覺圓笑說：

「他的來歷可真不小，他和師公是靈山會上的因緣。觀世音大士昔號圓通，他的天竺明師賜號圓明。」覺圓說。

「師父，他的來歷這麼大，怎麼還要皈依明師？」修慧不解地問。

「即使是佛、菩薩再世，還是有一段無明的日子，所以還要皈依明師學習。」覺圓解釋：

「六祖惠能一聽別人誦《金剛經》就開悟了，他還是要去東林寺皈依五祖弘忍，才能繼承衣缽。」

「師父，現在不是沒有衣缽了？」

「現在雖然沒有衣缽，但明師手中還是有開門的鑰匙。得到了鑰匙，才能恢復記憶，認清自己的本來面目，可以跳出三界外，不在五行中。重新回到極樂淨土，或是更高的境界。」

「不到娑婆世界來，不是更好？」

「佛、菩薩到娑婆世界，都是因大事因緣而來，不是無緣無故的。」

「那這位年輕的師父也是如此？」

「他的因緣可大呢！只是你現在還不瞭解。」

「師父好像與他似曾相識？」修慧看師父與比丘尼談話的神情，彷彿是多年的故交，不禁探問。

「我說了他與師公是靈山會上的因緣。」覺圓摸摸頭頂說。「師公圓寂前就預言他會再來弘法，囑咐我留意。當時我三無漏學尚未修好，不知道他是何等因緣？今天他來之前我就知道了。以後他在此地會有很多弟子，連你也是。」

「師父，我已經皈依您了。」修慧惶恐地說。

「那沒有什麼關係。」覺圓搖頭一笑。「他不是來搶你這個徒弟的，我也不會那麼自私，這是你們的因緣。他傳的是《楞嚴經》上觀世音菩薩得道的法門，開悟快，可以一世解脫，不必再輪迴。」

「師父，既然是《楞嚴經》上的法門，那出家人都會，人人都可以修到。」

「不是那麼簡單。」覺圓搖頭一笑。「光知道那個法門的名稱不行，那裏面還大有文章。再則明師的加持力量也大不一樣。他那麼年輕就得道了，很多人修行了一輩子還是一個凡夫，這差別可大了。」

「師父，這是不是和各人的根器有關？」

「這與各人的根器固然有關，修行的方法，明師的加持力量同樣重要。」覺圓解釋。「因為他是乘願而來的，辯才無礙，具備了明師弘法的一切條件，日後他的弟子會遍佈全世界。這裏只是他的一個起點。」

「師父，弘法不容易，佛經浩如煙海，能用一種語文解釋清楚就了不起，到全世界弘法就更難了！」

「你不必替他耽憂！」覺圓笑笑：「他會好多種語文，也深通五教經典，到任何地方都難不倒他。」

「師父，我原先就有些奇怪，一位外來的比丘尼，本地話怎麼講得那麼流利？」

「將來你還有機會聽他用別國的語言弘法，同樣流利。」

「那他是天生的明師了？」

「師公早就說過他是乘願再來的，凡夫自然辦不到。」覺圓又想到明月說：「你覺慧師姑有一位孫女兒明月，也很了不起，現在因緣成熟了，也要做他的弟子。」

「師父，菩提寺太小，恐怕不是他弘法傳法的地方？」

「不錯，寺小菩薩大，他在菩提寺掛單不了幾天的，我要留他也留不住。」

「是不是那些大寺院的大法師會請他去弘法？」修慧馬上想到那幾座大寺，單是大雄寶殿就可以容納一兩千人，更別提廣場了。

覺圓聽了修慧的話笑了起來，半天不作聲，修慧輕輕地問：

「師父為何發笑？」

「你以為那些大法師會像師公一樣頭腦單純？」覺圓反問一句。

修慧不瞭解其中的玄機，不敢再問。比丘尼卻笑著走了出來說：

「剛才我趁機打了一個盹兒，也和印空菩薩聊了一會兒。」

「聊些什麼？」覺圓笑問。

「他說我初來乍到，人生地不熟，請老禪師多多關照。」比丘尼說。

覺圓笑了起來，指著對面的椅子請他坐下說：

「您這是故意抬著師父壓我。我是泥巴菩薩過江，自身難保，還要請您多多關照呢！」

「老禪師，您年高德劭，我初出茅廬，又是外國比丘尼，人孤勢單，您不多多關照，那我只好躲在菩提寺裏吃您一輩子了？」

覺圓、修慧師徒都笑了起來，覺圓大方地說：

「菩提寺雖窮，可不在乎您一個人吃。我還知道您和我師父一樣，往往幾天不飲不食。只怕您躲不下去？」

「我既不犯法，又兩袖清風，難道還有人綁我的票？」他說著又將兩隻大袖子抖抖，滿不在乎。「我走遍娑婆世界，也沒有聽說有人綁架比丘、比丘尼的。」

「您可不同！」覺圓向他笑說：「您雖無錢可盜，但有法可偷。連惠能也怕人盜法，難道您不怕？」

「我在菩提寺不開口，誰也盜不去。」

「您為何而來？又如何交差？」覺圓笑問。「您正有一位靈山會上的故交因緣未了，他等了您二十年，您又如何交代？」

「老禪師，您是不是指那位大學生林明月？」他望著覺圓問。

覺圓點點頭。

「其實她已經見過我三次了，只是她自己還不清楚，我何曾忘記她？」

「要不要我現在就通知她，讓她先來見您？」覺圓問。

「她既然等了二十年，也不必急在眼前。您知道我在菩提寺躲不住，等我正式弘法那天，您通知她和修慧一道去好了。」

「恐怕不止一位？」

「我知道，他們吃全素已經很久了，都是有緣人。」

修慧聽得目瞪口呆，一直不敢講話。覺圓笑著吩咐他去弄飯，加兩樣青菜。修慧走後，比丘尼就對覺圓說：

「您這位弟子根器不錯，不會敗壞菩提寺的清風。」

「他真能捨得，一百多億的家財他都不要，從小就要出家，他是獨子，他父親一直不准。直到他父親去世，他才向我請求剃度。他隨便拿出幾盒珠寶，就可以蓋十座八座菩提寺。我那用得著去化緣蓋大寺？」覺圓說。

「當年釋迦牟尼佛是在樹下得道的，並不是在金碧輝煌的大寺裏成佛的。我有緣來此地弘法，也決不建寺。廟是廟，道是道，不能混為一談，本末倒置。您們的梁武帝蓋了那麼多廟，結果還是餓死臺城，老禪師一定知道？」比丘尼說。

「您可千萬不能公開說，不然會把您打成外道。」覺圓善意警告她。

「我這話只是對您講的，我相信您不會在電視上打廣告。」他向覺圓一笑。

「師父生平就沒有上過電視，我更沒有廣告價值。」

「弘法就非上電視不可。媒體有負面效應，也有正面價值。眾生不能像佛、菩薩一樣，可以突破時空，無所不知。眾生是在有限的空間和時間內活動，所知也很有限。現代科技可以幫助他們加快速度、擴大範圍。佛陀教理如果透過媒體傳播，更能饒益眾生。」比丘尼解釋。

覺圓肅然起敬，連連點頭。對他更另眼相看了。

修慧用個大托盤送飯菜過來，平時他們師徒兩人是兩菜一湯，此時當令的是茄子、青椒、空心菜、莧菜、四季豆，這些都是他們師徒兩人自種的，土地面積不大，產量不多，僅僅夠吃，豆腐要去幾里外的小鎮買，買一次放在冰箱裏面吃兩三天，這頓菜有豆腐和空心菜葉做湯，再加莧菜、茄子、四季豆、青椒，這是最豐盛的一次了。比丘尼笑問修慧：

「您家裏那麼有錢，您怎麼想到要出家，過這種清苦的生活？」

「我家裏六代吃素、信佛。我自小就吃素，不沾葷腥。我讀佛經時總感覺到生、老、病、死，不斷輪迴，很無奈，也很無聊。所以我一直想出家，真正解脫，不再輪迴。」

「您真是出身積善之家。好好修行，就可以解脫。」比丘尼說。

「師父說我會成為您的弟子，不知道您會不會收我？」修慧問。

「恐怕您師父捨不得，怕我把您搶走？」他望望覺圓笑說。

「我是捨不得！我老了，您搶走了他，我靠誰？」覺圓作出一臉無奈的樣子。

「這是您們師徒兩人的事兒。我不會搶別人的生意，我只做賠本的生意。」

他心裏好笑，故意對修慧說：

覺圓笑了起來，調侃他說：

「原來您是來做生意的，不是來弘法的？」

「您怎麼說都行。這幾個月來沒有人和我聊天，難得您給我這麼個好機會，不然我都忘記怎麼和人說話了。」他笑著對覺圓說。又向修慧道謝：「也謝謝您讓我又嚐到油鹽蔬菜的滋味。」

「師父，那您是怎麼生活的？」修慧問。

「我一到此地就當起行腳僧來，走到風景好、空氣好的地方，我就撐起帳蓬，打坐、休息。往往一坐下就忘記了時間、飲食……」

「那豈不會弄壞了身體？」修慧說。

「我倒不覺得。」他搖搖頭說：「我在聖母峰下閉關時，有更長的時間不飲不食。您師父也應該有這種經驗？」

「您不覺得餓，難道也不怕野獸、壞人？」修慧又問。

「您看我不是活得好好的？」比丘尼向修慧一笑：「我還在此地一個山邊小寺的放滿了骨灰罈子的小房間內閉關了一個月呢！」

「您也不怕鬼？」修慧驚問。

「鬼也是眾生，有什麼好怕的？」他淡然一笑：「他們不但不打擾我，反而求我超度呢！」

「您超度了沒有？」

「您師父知道，那些鬼也知道，只有您還不知道。」他向修慧笑笑。

那個放骨灰的地方與極樂淨土，對他而言不是兩個空間，而是一而二、二而一的地方；淨土與小關房也沒有時差。他來來往往不過是一剎那。極樂淨土既無颱風、亦無地震，他與諸佛、菩薩溝通也毋須語言，所以他常常閉關。在這次閉關的一個月內，卻有一個大颱風，在那個大風大雨的夜裏，卻有一群三十多人的男男女女佛門弟子，穿著雨衣，打著手電，冒著狂風暴雨向這座不知名的小寺跌跌撞撞地前進。有的人跌倒了再爬起來，有的人剛爬起來，又被一陣風吹倒，一身泥泥水水，比落湯雞還狼狽。但他們不畏狂風暴雨，沒有一個人後退，有的人連滾帶爬地前進，因為他們的手電筒已經照見了那個座落在山腳下的又矮又小的破落的小寺。快走到時有的人大聲哭了起來，女信徒哭得更厲害。先到的男人用力搥門，大聲呼叫：「圓明師父！圓明師父！」

木板門咚咚響，搖搖幌幌，四周一片黑暗。風蕭蕭，雨霖霖。手電光集中在門板上。門忽然呀的一聲開了，手電光照見一位瘦小而兩隻慧眼又似乎能看透十方三世的、年輕的、黃皮膚的一身灰色袈裟的比丘尼。風雨本來很大，而這一剎那卻突然風息雨止。站在門外敲門的男人和他旁邊的女人突然跪了下去，雙手合十說：

「師父！觀世音菩薩答應我們弟子長久以來的祈求，指示我們來請求師父傳給我們正法。」

「兩位菩薩起來，起來！」比丘尼雙手合十回答：「我沒有什麼法可傳，我是在此地閉關。裏面都是骨灰罈子，地方太小，容納不了許多人，能進來的請先進來避避風雨。」

「師父，我們不怕風雨，如果師父不肯傳法，我們就跪著不起來？」跪在地上的男女二人同聲說。

現在已經是半夜時分，同來的男男女女又一個個跪了下去，大聲祈求。比丘尼看了不忍心，眼淚都落了下來。只好問他們：

「請問你們是不是吃全素的？」

有的回答吃全素，有的回答吃花齋。比丘尼又問：

「吃了多久？」

有的回答吃了十年八年，有的回答吃了幾個月。比丘尼又問：「吃不吃蛋？」

有的說吃，有的說不吃。

「蛋也不能吃，它對修行會起負面作用。」

跪著的男人說以後統統不吃蛋，比丘尼便請他們統統起來，又鄭重地對他們說：

「修行必須要發慈悲心，要身、口、意乾淨，要嚴守五戒，更不能吸毒。如果您們能答應我，我才能答應您們。」

他們這些人都是蓮社的同修，各界人士都有，有的是公司的總經理、工程師、專業幹部，有的是中學教員、主任、小學校長、教務主任，也有工人、農夫、商店老闆、店員。今夜冒著颱風雨前來的都是五十歲以下、二十歲以上的虔誠的佛教徒，教育水準都在中學以上。他們異口同聲答應了。

「好！我也答應您們，但是要吃全素三個月以上的人才能傳法。傳法的地方一定要清靜、乾淨，門外還要有人護法，不能隨便進去，皈依的人一定要事先填表登記，拿給我看。你們還要推出幾個負責人，經常處理這類的事。末法時期，傳法很不容易，我又是一個外國比丘尼，恐怕會引起誤會。耶穌出來講真理傳播福音才三年多，就被釘死在十字架上，您們知不知道？」

「知道。但我們是奉觀世音菩薩的開示而來，要我們皈依師父的。」站在前面的男人說：

「我們願負一切責任。」

「您們向道學佛的信心堅定就好，我放棄一切出家、一無所求，只希望大家能夠真正解脫，回到原來的故鄉淨土。我不能招待您們，現在請您們回去，觀世音菩薩會保佑您們一路平安無事。」比丘尼雙手合十向他們說。

「謝謝師父慈悲。」為首的男人雙手合十，又跪了下去。

比丘尼連忙將他扶起。同時告訴他，他後天就離開這裏，以後可以去菩提寺找他。他這才帶著那群人高興地回去。來時風雨交加，回去時風小雨止，他們心中充滿法喜。

為首的男人叫楊明德，是一家大批發行的大老闆，三代信佛，十分虔誠，他自己更熱心公益，樂善好施。為首的女人叫江淑貞，是國中教務主任，唸Y大時就參加了圓通佛學社。他們兩人都是四十左右的人，都吃全素十多年了。他們心中不但充滿法喜，對於颱風雨的突然停止，更覺得有幾分稀奇，對於觀世音菩薩開示要他們去請求傳法的這位比丘尼，覺得真不可思議。他們事先完全不知道有那麼一座小寺，而這位外來的比丘尼，又住在那間放骨灰罈的偏房裏。他那麼年輕，頂多不過三十左右，個子又那麼瘦小，居然一點也不怕。他們到達時還是風雨交加，他開門時風雨卻突然停止。颱風雨雖然也有間歇性，但怎麼這麼湊巧？他們離開時他又說觀世音菩薩會一路保佑他們，想不到和來時真的大不一樣，不知道是觀世音菩薩保佑還是他保佑？

他們這一行人回去以後，立刻將經過情形傳播開來，傳播得非常快，有人說觀世音菩薩真靈，有人說那位比丘尼就是觀世音菩薩的化身。很多人想去見他，楊明德勸大家不要急，等他準備好了會去菩提寺請他來弘法、傳法，而且要將他留下來。

第三天比丘尼就來到菩提寺。覺圓老和尚這二十年來的修行突飛猛進，他也清楚記得印空師父當年的預言。他知道比丘尼是乘願而來的，但他的徒弟修慧卻一無所知，他覺得比丘尼比他師公印空還要不可思議。他更高興師父覺圓居然讓他再皈依比丘尼圓明。這也是別的師父不允許的。

他和圓明相處了兩天，覺得他很有愛心，完全是一片赤子之心，沒有一點大師的架子，很多事他都親自動手，甚至幫他種菜，澆花，說話非常風趣、親切。他和師父覺圓也處得非常好，只是兩人的談話多語帶玄機，他不完全瞭解。他發覺師父比任何時期都高興，都充滿法喜。平日師父多在禪房打坐，這兩天師父總是找機會和他談禪，他用最新的科學知識印證佛理，他完全瞭解整個宇宙的奧祕，佛經中他不瞭解的地方，經他用天文、物理知識一解釋，他就豁然貫通了，自己摸索十年二十年也摸不到底。師父覺圓對他也十分佩服，他說的很多教理都是他的體驗證悟，科學家的知識還差得遠。

他來到菩提寺的第四天，楊明德、江淑貞一行五人，分乘兩部轎車來到菩提寺前面停下，修慧不知道是怎麼一回事？楊明德下車問他：

「請問師父，寶剎有沒有一位新來的活佛？」

「活佛？」修慧怔了一下，隨後又連忙反問：「您是不是指一位外來的比丘尼？」

「正是！」楊明德點點頭：「他可不是普通的比丘尼，他和觀世音菩薩一樣神通廣大。」

「您是怎麼知道他的？」修慧懷疑地問。

「颱風那天夜晚我們見過他，是他指示我們來菩提寺的。」

修慧連忙將他們帶進去，比丘尼正和覺圓和尚談六祖惠能，楊明德他們五人一見到圓明就跪下頂禮，覺圓老和尚也有些驚異。比丘尼請他們起來說話。楊明德說：

「師父，那天晚上我們回去之後就開了一個會，遵照師父的指示，一切都準備好了，我們五人負全責，這是請求皈依的名冊，請師父過目。」

楊明德隨即呈上名冊，圓明接過之後並沒有看。反問他：

「您有沒有嚴格審查？」

「我們五人都看過申請表格，填的都是吃全素三個月以上的。」楊明德回答。

「其中有三位完全沒有吃素，有一位男的雖然吃花齋，但他是想來盜法的！」圓明望著楊明德說。

楊明德連忙跪下去說：

「請恕弟子無明，弟子實在看不出來！」

「起來說話，起來說話。」圓明抬抬手說。

他翻開名冊，指著那三個未吃素的人的姓名對楊明德說：

「等他們吃全素三個月以後，再來皈依不遲。」

隨後又翻過一頁，指著一個姓名對楊明德說：

「他是存心來盜法的，不能讓他皈依。」

他們五個人聽了臉色發白，一起跪了下去。因為那位被指盜法的人有黑神通，會招神弄鬼，他們都有些怕他。

圓明要他們起來，安慰他們說：

「那天夜晚我就對您們說過了，末法時期，弘法不易。但我既然答應了您們，我就會保護您們。您們皈依以後，一切妖魔鬼怪，都不敢接近您們，我會永遠與您們同在。但你們也要誠心修行，自己修好了，不但可以自度，還可以度眾生。」

他們五人又開心地一笑。楊明德說：

「今天我們來是想接師父去我家祖屋看看。我家祖屋有個佛堂，可以容納一百人，只有我祖母和下女兩人住，還有三個乾淨房間空著，師父住在裏面，照顧比較方便，弘法也比較方便。」

「我個子小，佔不了多少空間。」他笑著說：「講經弘法恐怕要找個大地方？」

大家聽了一笑，江淑貞說：

「我學校禮堂可以容納上千人，弘法時可以借用。」

「那就暫時將就一下，以後要去講經的地方還多，像您們這樣虔誠信佛的人還有不少，我也不能不照顧他們。」

覺圓老和尚聽了他的話，笑著對他們五人說：

「您們的福報不小，我知道我這個小寺留不住大菩薩，您們請去之後，可得好好供養。」

「您知道我一天只吃一小碗飯，他們不必大費周章供養，那樣我反而不自在。」他笑著對覺圓說。

他們五人請他一道去，他向覺圓道謝，覺圓吩咐修慧將他的背包提了出來，楊明德隨手接去。他要楊明德將皈依的時間地點寫下來交給修慧，又向覺圓說：

「老禪師，這幾天我們兩人已經談了不少，我們隨時可以溝通，我也可以隨時來看您。禪宗的以心傳心的規矩您也知道。您如果真讓修慧皈依我，他始終都是您的弟子，我不會讓他跟我的。」

「我不會那麼小器。」覺圓向他一笑說：「當年五祖弘忍傳法給六祖惠能時，也以『袈裟遮圍，不令人見』，我是不會去盜法的。」

「老禪師已經五蘊皆空，離法離相了。不過修慧還需要法，那位與我有宿緣的林明月，也麻煩您通知她一下，要她和修慧一道去好不好？」

「您放心，我不會讓林明月錯過這千載難逢的機會。她奶奶是我的師姊，我會助緣。」覺圓邊說邊送他到寺門口。

他向覺圓雙手合十深深一揖，一再道謝，才進入楊明德的紅色轎車的後座，江淑貞貼身照顧他。他問江淑貞的工作、生活情形，像老朋友閒話家常，沒有一點莫測高深，令人不敢仰視的樣子，使江淑貞覺得他像一位親密的好友。

車子開到楊明德的兩層樓的古色古香的祖屋時，他屋前早站滿了一大群人恭候，一長串鞭炮劈劈啪啪響了起來。那群手捧香火的男男女女注視著江淑貞扶著他弓著身子走出車子，他先滿臉微笑揮手向大家問好，使大家又喜又驚，覺得他比一般人更親切隨和，一點也不神聖。

楊明德的祖母也由下女扶著手捧香火站在大門外迎接，他趨前叫了一聲「阿婆」，連連問好。老人家本來要跪下來迎接，他這麼謙虛、親切，老人家反而不知道如何是好？

那位有一對鷹眼又加上黑神通的男人也夾在人群中間窺伺，他覺得她只是一位瘦小的普通比丘尼，根本沒有將圓明看在眼裏。他有一種戲弄年輕漂亮女人的邪法，能使女人當眾又哭、又笑、又跳，甚至脫光衣服。他等圓明走上大門臺階時，突然施展邪法，誰也看不見他有任何動作。但他也沒有看到那位瘦小的比丘尼又哭、又笑、又跳，更沒有看見圓明脫下袈裟。他從來沒有失手過，因此不禁有些心虛。而當圓明有意無意間回頭向大家望一眼時，別人覺得那眼光如冬天的陽光，他卻不自禁地打了一個冷噤！那對眼睛彷彿看透了他的五臟六腑，讓他原形畢露。他這才明白，圓明不是一位普通的比丘尼。難怪很多人說圓明是觀世音菩薩的化身。

那有黑神通的男人叫楊太郎，五十多歲，家裏設了一個神壇，又養小鬼，本地人有什麼疑難雜症，醫生治不好的都找他，他專門替人消災解厄，其實有不少是他使用邪術造成的，他自導自演，那些無知的受害者反而把他當成活神仙。但現在他們更相信這位新來的比丘尼是觀世音的化身。

楊明德、江淑貞這些人篤信觀世音菩薩、阿彌陀佛，不信楊太郎那一套，但也不敢得罪他。也不知道他要皈依完全是探探虛實，能學到更高的法門對他更有用處，不然就不讓圓明弘法下去，以免影響自己的權威，擋了自己的財路，但他沒有料到自己的企圖失敗了，幸好圓明沒有給他當眾出醜。他知道那種無形的力量有多大。

楊明德他們原先是希望楊太郎改邪歸正，一方面也不敢拒絕他，所以將他列上名冊，想不到圓明早就識破了。

楊明德既不知道楊太郎為什麼夾在人群中前來歡迎圓明？也不知道他什麼時間悄悄地溜走了？

第二十八章　明月靜坐開天眼　來喜轉世當男生

覺圓老和尚在圓明離開菩提寺之後就親自打了一通電話給林老太太覺慧，他們兩人因為年齡太大了，見面不多，但不時以電話聯絡。覺圓這次電話一開頭就說：

「師姊，師父二十年前的預言應驗了！」

老太太對那個預言無時或忘，加之近來明月愈來愈焦急，她更時刻掛在心上，她對師父印空是深信不疑的。她接到覺圓的電話高興得幾乎說不出話來。隨後才說了兩個字：

「真的？」

「一點不假。」覺圓回答。「他在菩提寺住了三、四天才走。」

老太太細問種種情形，覺圓一一回答，直到她滿意為止。最後他叮囑她一定要明月早點去。

老太太將這個消息轉告明月，明月忽然摟著老太太哭了起來，她從來不哭，這次是高興得哭了。連素素也喜出了眼淚。明月拉著素素一起在印空法相前叩頭。然後將這個好消息打電話告訴了李慧慧、張秀英、王文娟，邀她們一道去，她們高興地答應了。但她沒有告訴止心，她想皈依以後再和止心當面談談，她怕傷害了寒星。

皈依這天，她和素素分開兩部車子載著老趙、李慧慧、張秀英、王文娟，先到菩提寺接修慧，然後直接開到楊明德祖屋門口。

楊明德看見修慧帶來的這些人，就知道是來皈依的，幸好時間還早，他便帶修慧和明月他們去見圓明師父。

圓明已經換好了一身黃色袈裟，戴上她自己設計的圓帽，看來整整齊齊，清清秀秀，兼具威儀，又是一番氣勢。圓明先向修慧問候覺圓，又要他在自己身邊坐下。

明月看見圓明一身黃色袈裟，立刻想起那三次夢境，便走近一步，雙手合十，高興地叫了一聲「師父」，同時像觸電一樣，身子一震，幾乎震倒。她從來沒有這種感覺，不免有些震驚、迷惘。圓明卻笑著伸過手來，把明月拉到身邊，端詳一下說：

「幸好您還認得我？」

「師父，這是不是做夢？」明月連忙問。

「不是做夢。」她笑著搖搖頭：「只是轉換了一個空間，這是娑婆世界。」

「師父，我夢見過您三次，每次都記得清清楚楚。」明月說。

「那就不是夢了。那是一種預兆，也是一種體驗，一種天眼通。因為妳一生下來就吃素，又打坐，還沒有受到多大污染，沒有完全失去記憶。」

素素、老趙、李慧慧、張秀英、王文娟他們站在旁邊，又高興，又有些迷惘，圓明望望他們說：

「您們也都是有緣人，可惜已經錯過不少機會、一再輪迴。這一次可要好好地把握住機會，了脫生死。」

素素聽他這樣說特別高興，顯然他已經答應他們這幾個人皈依了。老趙因為年紀大了，更希望不要錯過這次機會，他想多羅格格都能修成肉身舍利，他不敢奢望修到他那種地步，只要不再輪迴就好了。他也覺得永無休止地輪迴，不但無聊，而且非常危險，狼狗來喜算是十分幸運，沒有再淪為更低等的動物，他更想如果自己修成了天眼通，就知道來喜是投生在那戶人家？他就可以去看看他了。

江淑貞送來申請皈依的空白表格和印好的修行守則，分發給他們一人一份，請他們跟她下樓去將表格填好交給她再呈師父過目，他們跟她下樓在登記臺上填寫表格，填好後立刻交還江淑貞。她一看便發現明月、李慧慧、張秀英都是Y大圓通佛學社的學妹，十分高興。又聽李慧慧說明月是圓通佛學社的領導人，特別握著明月的手說：

「我們真是有緣，當年我也是圓通佛學社的。」

「以後希望學姊多多指導。」明月她們三人同聲說。

「以後我們又是師姊妹了，更應該相互勉勵。」她說著就把表格送上樓去，又回頭對大家說：「您們先休息一會，我馬上下來。」

江淑貞上樓後她們都喜形於色，素素也更放心了。

江淑貞將填好的表格呈給圓明，圓明問她看過沒有？她說看過，圓明吩咐她好好保管，又問她：

「您看她們幾位怎樣？」

「師父，我看他們都很有善根。」江淑貞回答。

「不但都很有善根，那位叫做林明月的學生，還很有慧根。」圓明高興地說：「日後您們可以請她作個助手。」

「師父，她現在就在領導學校的圓通佛學社，我看她們幾位同學都很優秀。」江淑貞說。

「末法時期，不但要度有緣人，更需要有宿緣宿慧、辯才無礙的修行人護法，增加肯定的力量，減輕共業。」圓明對江淑貞、楊明德兩人說：「您們以後要多留意，弘法需要很多修行好的傑出人才。」

他們在樓上談話。林明月她們在樓下細看「修行守則」。

守則前面有一首偈，是圓明口授江淑貞寫的：

來時空空去亦空，輪迴流轉大江東；

達摩一點西來意，無量光中無始終。

偈後列了五大條守則。

壹、嚴守五戒

一．不殺生。

二．不偷盜。

三．不邪淫。

四．不妄語。

五．不飲酒（包括不吸毒）。

貳、吃全素（包括不吃蛋）。

參、每天最少打坐一百五十分鐘。

肆、默默修行、不可誇張神通，更不可使用神通。

伍、發慈悲心，饒益眾生。

他們看了那五條守則，一看就懂。但是對守則前面的那首偈卻似懂非懂，捉摸不定。李慧慧知道明月比她們高，請她解釋，明月說：

「這是一首禪詩、詩中有禪，看似平淡，涵意卻深。但是對我們佛學社的同學來說，應該不難。」

「我是似懂非懂，不敢肯定。妳不妨說給我們聽聽？」李慧慧說。

「我也不敢說我說的全對？只是將我的看法提出來給大家參考、參考。」明月看了大家一眼說：「第一句應該是說我們來到這個世界是兩手空空，死的時候也是兩手空空，什麼也帶不走。第二句是講生死輪迴，流轉不休，彷彿大江東去，一去不回頭。趙伯伯，您看我說的對不對？」

明月望望老趙，老趙向她一笑說：

「沒有離譜。」

明月又接著說：

「第三句是引達摩祖師當年來東土傳法的本意，就是弘揚極樂淨土無量光、無量壽的一種永恆狀態，和娑婆世界的生生死死的無常情況，不可同日而語，這是勉勵大家修行，追求更高境界，也是師父的夫子自道，暗示她來此地弘法和達摩祖師的本意是一樣的，都是引度眾生，了脫生死。」

「妳這一解釋我就完全明白了！」張秀英笑說：「原先好像是霧裏看花似的。」

「霧裏看花才有意思！」明月說：「我這一解釋就將詩的那種韻味兒完全破壞了。」

「我們是學佛、不是學詩。」李慧慧說：「尤其是教理、佛法我們一定要弄清楚，半點也不能含糊。」

「那五條守則是最清楚的了。」明月笑說：「不過守則沒有禪味詩味兒，學佛要學到禪宗六祖惠能那種境界，才有意思。這首偈和守則印在一起，我們倒可以禪淨雙修了！」

「我看也只有妳才能來個雙龍抱！」李慧慧向明月一笑：「我們能抱住一條龍就了不起了。」

他們一行人聽過圓明師父講經和正式皈依之後，個個心中充滿法喜，彷彿脫胎換骨似的。明月、素素、老趙一回到山莊，老太太就急著問明月：

「你見到師父沒有？」

「奶奶，怎麼會沒有見到？」明月湊近老太太說：「我二十年的心願都達到了！」

「你皈依了？」老太太問。

「老夫人，不但明月皈依了，我們都皈依了。」素素高興地說。

「你們皈依，得到了什麼佛法？」老太太又問。

「奶奶，這可不能講。」明月對老太太一笑。

「為什麼不能講？」老太太有些奇怪。

「奶奶，《六祖壇經》您是讀得很熟的，五祖弘忍傳法給六祖惠能時，也很祕密，不讓神秀知道。後來神秀命弟子志誠到曹溪盜法，惠能先知，當場點破，志誠承認了，反而成為六祖的第二位大弟子。您就知道為什麼不能講了。」明月向老太太解釋。

「老夫人，真法是不隨便傳的。」素素也幫著解釋：「師父還說：『沒有明師的大力量，法也無用。』他傳給我們的是觀世音得道法門，《楞嚴經》上就說的很明白，可是光讀《楞嚴經》還是很難成道的，看別人吃飯，自己不會飽。」

「奶奶，師父說他自幼學佛，修過很多法門，都沒有成功，他為了向明師求法，花了十幾年時間，跑了很多國家，直到三十歲那年，才在天竺遇到明師，修行六個月就得道了。」

「真會那麼快？」老太太歪著頭問。

「得道快慢自然要看各人的根器，不過依真法修行是一定會成功的。」素素說。

「你好像也有不少心得？」老太太望著素素說：「能不能講一點給我聽聽？」

「奶奶，您別見怪，體驗是不能講的，除非講給師父聽。」明月又向老太太解釋。

「好哇！妳有奶就是娘！有了師父就撂開奶奶了！」老太太佯裝生氣地說。

明月笑著雙膝一跪，撫著老太太的雙膝說：

「奶奶！我又沒有吃熊心豹子膽，我怎麼敢？皈依後我就一直在想，要找一個好機會，請師父到山莊來休息幾天，當面請求她收奶奶、爸、媽做弟子，那不是十全十美了？」

「算妳還有良心！」老太太立刻笑容滿面。

「奶奶，您太性急了！」明月揉揉老太太：「我不過是剛入門，什麼也沒有得到，您就要我一下子全抖出來，那怎麼行？我們一向講悄悄話，您怎麼忘了這一招？」

老太太聽明月這麼說，又不禁失笑，拍拍明月說：

「奶奶這麼大年紀了，還沒有得道，怎麼能不急？你又有很久沒有和奶奶講悄悄話了，奶奶是最歡喜聽妳講悄悄話的。」

「奶奶，您知道我叫聲『師父』時，有什麼感覺？」明月笑問。

「我又不是你肚子裏的蛔蟲，怎麼知道你有什麼感覺？」老太太笑著反問。

「當時我全身突然像觸電一樣，猛的一震，要不是我練了這麼多年的太極拳，馬步穩，真的會震倒。我從來沒有這種感覺，心裏很奇怪，嘴裏又不敢講出來。」

素素聽明月這麼講，不禁怔怔地望著他。明月說完之後，素素便自言自語：

「奇怪，我怎麼沒有那種感覺？」

老趙卻自嘲地說：

「我這次皈依是禿子跟著月亮走，搭明月的便車，我也沒有他那種感覺。」

「後來皈依時我聽師父說：『大修行人的磁場都特別強，能量特別大，振動力特別快，所以有很大的加持力量。』這時我才明白，那種觸電的感覺，是師父的特別加持。」明月緩緩站起來對素素和老趙說。

「這樣看來，你的福報真大，不是師父厚此薄彼了？」素素望著明月說。

「阿姨，師父不是說明了，各人的因緣、命運不一樣嗎？同時皈依的人，開悟有遲有早，只要用功修行，一定會開悟，會了脫生死的。」明月說。

「反正師父買好了機票，只要我們不中途開小差，到時候自然走得了。」老趙不像素素那麼心急，反而安慰她說。

「買好了什麼地方的機票？帶你們到什麼地方去？」老太太問老趙。

「奶奶，這只是一個比方。」明月對老太太說：「師父說：『皈依的人，過去生生世世的業障，都銷毀了，只留下這一生的定業，帶著修行，有化身師父與弟子同在，會隨時照顧弟子的。上極樂淨土的『機票』，他已經買好了，說走就走，了無罣礙。』」

「為什麼要留下這一生的定業呢？」老太太反問。

「奶奶，定業就是定命，一出生就注定了的，不能完全改變。自己努力修行，行善積德，做一個光明正大的人，壞的可以減輕，好的可以更好。一旦定業還清，就自然往生了。」明月低頭向老太太解釋。

「這是你師父說的還是你說的？」老太太反問一句。

「奶奶，自然是師父說的！我怎麼知道這種因果生死大事呢？」

老太太又問老趙和素素明月說的對不對？老趙說：

「老夫人，明月的記性好，沒有離譜。」

「這樣看來，您們師父也不否定人的命運了？」老太太說。

「老夫人，師父是什麼都知道的，他也不否定命運。」老趙說：「不過師父告訴我們，一旦自己什麼都知道了，也不要替人算命。」

「為什麼？」老太太又問。

「因為即使您完全知道了，也不能介入別人的因果、改變別人的命運。」老趙說：「修行人最要緊的是自己好好修行、消除業障。一旦功德圓滿，就了脫生死，不再輪迴。跳出三界外，不在五行中，那就真的自由自在，不受定命左右了。」

「有道理，有道理！」老太太連連點頭：「因為我們還在三界以內，業債該還的要還，福報該享的也要享，不欠不受，也就清潔溜溜，那就是真自由、大自在了！」

「奶奶，您真的大徹大悟了！」明月高興地兩手一拍。

「不過奶奶年紀太大了，不能跟著你們去皈依，如果有機會，還請你師父來山莊休息幾天。我沒有你師叔公覺圓的修行好，還得加一把火，買一張飛機票才安心。」

老太太說得他們一笑，老趙對他說：

「老夫人，您是得了道而不覺得自己得道。有機會我們三人一定請求師父來山莊休息幾天，我們山莊比楊明德師兄的祖屋更清靜，我也會好好地供養他。」

「老趙，我們這番因緣的確不淺，師父在二十年前就預言了。因此我也相信，這是我們在婆婆世界的最後一世，以後真的不必再來了。」老太太說。

「老夫人，雖然師父說還有比極樂淨土更高的境界，但是淨土已經夠安全了，所以有緣人都喜歡到淨土去。以後我也不想再來婆婆世界折騰了。」老趙對老太太說。

「老趙，您是很經得起折騰的。」老太太笑說：「要是別人，可能又造下不少業障，那就永遠沒完沒了。」

「老夫人，我雖然趕不上我家多羅格格，可是我一向認命安分，所以不曾造惡業，也不會有什麼大福報，我相信時辰一到，我會無牽無掛、自由自在地走，不過走以前要是能再看看轉世的來喜，那也很好。」

素素看老趙說得那麼輕鬆自在，不禁問他：

「趙叔叔，難道您一點也不掛念老家的人？」

「素素，四十多年了，家人杳無音信，我又像一隻斷了線的風箏，掛念無益，這幾十年來，我人未出家，心已出家。現在既然皈依了三寶，乾脆一切放下，一了百了。」

「老趙，您是真的看開了，日後您會走得自由自在。」老太太對他說。

老趙在「正大」公司和慈恩山莊工作已經三十年，他和老太太的關係尤其密切，本來他不想和素素、明月一道去皈依，讓老太太一人留在山莊，是老太太要他去，怕萬一錯過了機會那就後悔不及了。老太太最欣賞老趙做人看得開、看得淡，從來不將自己放在第一位，沒有一點矯揉做作。他雖然是位伙頭軍，卻像一位哲人，六祖當年在碓房舂米，也不過如此。而他的出身卻遠高於六祖，做『伙頭軍』又三十年如一日，這種謙卑、安分守己，真不是一般凡夫能做到的。

這天晚上老趙做了一個夢，又似乎不是夢，明明是圓明師父帶他飛上太空，飛上那黃金鋪地，亭臺樓閣都以金、銀、琉璃、赤珠、瑪瑙裝飾，池中蓮花大如車輪，發出青、黃、赤、白各種光彩，妙香撲鼻，眼前一片光的世界……他幼年時父親曾帶他參觀過皇宮，相形之下，皇宮差得太遠了。他在這裏遇到多羅格格，多羅格格看到他也很高興，但他沒有時間停留，隨著師父繼續飛行，他覺得自己沒有一點重量，到處是光亮。最後看見自己睡在床上，突然醒來，已經天亮了。這似乎像夢，但又不是夢，他記得清清楚楚，是師父帶著他飛行的。這是他一生從來沒有的經驗。他很高興，但是不想講出來。他將多羅格格放在心裏幾十年，如果不是格格圓寂時通知他去，他是不會講的，他覺得講出來沒有什麼意思。

素素這天晚上打坐很久，他希望能看到光，但是智慧眼前是一片黑暗，他心裏很急，為什麼有人在皈依結束後向師父報告說看到光，看到星星、月亮、太陽，但他卻什麼也看不到？也有人說聽見雷聲、鼓聲，他也什麼都聽不見，只是一片嗡嗡，師父教大家不要急，釋迦牟尼也要修行十六年，才見到星星。但素素覺得自己年齡大了，如果進步太慢，怎能一世解脫？隨後他又想到老趙比自己年紀更大，並沒有說他看見什麼？老太太修了幾十年，也沒有說看見什麼？想到他們兩人，素素就寬心一些。

素素不敢和明月比，明月向師父報告說他的智慧眼突然開了，那是有師父大力加持和他自己的慧根很深的關係。素素不能比，也不敢比。如果他修行十年八年能有成就也很滿足了。

明月也在打坐，他知道師父對他特別加持了，因此更有信心，晚上打坐更有進步，以前沒有師父指導，不得要領，一直沒有突破，現在既然突破了，他更安心打坐，這樣進步更快。

一天他突然問老趙，要不要去看「來喜」？老趙怔了一下，望著他說：

「來喜？我埋在相思樹林裏，隨時可以去看。」

「看這個來喜容易，看另一個來喜卻要開車子去，還得準備一點禮物呢！」

老趙恍然大悟，高興地說：

「原來你說的是轉世的來喜，你知道是男是女？又落在誰家？」

「當然知道。」明月點點頭：「不然我怎麼問您去不去看呢？」

老趙高興極了！望著明月一笑說：

「這真像我自己中了頭獎一樣！你一個人天眼通了，我和素素也有希望。真應該好好地慶祝一下才是！」

「這種事兒可不能敲鑼打鼓！不然會有麻煩。」明月輕輕地說。

「如果我們去看來喜，對方也會很奇怪！那我們怎麼啟齒？」老趙反問。

「那戶人家也信佛，我們就說實話好了。」

「我們怎麼能說那孩子是來喜投胎的？」

「說出來也無妨，當時可能不容易接受，但一想到因果，對那戶人家和孩子反而會有好處。」

「這件事兒不能冒失，最好同老太太商量商量。」老趙慎重地說。

他們一道來看老夫人，素素正在老夫人身邊。老趙說明原委，老太太又驚又喜又懷疑地歪著頭問明月：

「你真的通了？會不會又是做夢？」

「奶奶，我好久沒有做夢了！這可是我打坐時看見的。」

「這樣說來，當年你出生時我做的那個夢也沒有離譜了？」老太太望著明月笑笑。

「奶奶，我可不管您那個夢，我們是來請教您該不該去看來喜？」明月說。

老太太沉吟了一會，又問素素的意見，素素說：

「老夫人，於情於理都應該去看看，不過如果實話實說，恐怕那一家人一時不能接受？一旦傳出去了，別人也會罵我們迷信。」

「阿姨，五戒中有一條不妄語，如果我們不說實話，那就是妄語。」明月說。「以前趙伯伯是很想看看來喜，又不知道牠究竟投生在那一家？現在我知道了，卻左右為難了。」

老太太忽然靈機一動，望著明月說：

「為了證明你是真天眼通還是假神通？也該去一趟，至於別人罵不罵？暫且由他。我就怕人家將你們轟出來，那才是笑話。」

素素望著明月，有點耽心，笑著問他：

「你考慮到這一點沒有？」

「阿姨，您放心，我不會那麼孬，讓人家轟出來。」明月自信地回答。

「好！那就去，也許我們還能和那家人結個善緣呢？」老太太雙手在沙發扶手上一拍說。又要素素拿出兩萬塊錢，陪明月去童裝店選兩套童裝、鞋、襪，選的時候素素還輕聲問明月：

「你真能確定他是男的？」

明月點點頭，也輕輕回答：

「還是個漂亮的小男生，頂可愛的。」

「你可不能出洋相呀？」素素還是有些耽心。

「阿姨，我從小跟著您長大，幾時出過洋相？」明月反問一句。

素素會心一笑，又同他去一家首飾店買了一條項鍊。

出來時是素素開車，回去由明月開車。素素暗自思忖，來喜轉世為人的故事八成兒沒有人相信，因為現在的人大都不相信因果，尤其是年輕人，動輒白刀子進、紅刀子出，殺人如殺雞，擄人勒索、毀屍滅跡，手段殘酷，令人不敢相信。不但十幾歲的男孩子什麼事都敢做，女孩子也以「辣妹」自豪，那些搞政治的人還利用她們拉票作秀。失意的人就跳樓自殺，糟蹋別人的生命，也糟蹋自己的生命，完全不知道那後果有多可怕？他又想到來喜再世做人很不容易，但如果直截了當地告訴對方那男孩子是來喜轉世的總不大好。因此，他特別提醒明月：

「五戒之中雖然有不妄語一條，但佛法也重圓通，如果講真話傷了對方的自尊，也未必很好，你可不可以說得婉轉一些，讓對方樂於接受？」

「阿姨，您看怎樣說好？」明月問她。

「來喜雖然是畜牲，但我們一直將牠當人看待，就說是一位親人轉世的，那不是很好？反正人家也不會追根究柢。」

明月點點頭，說他也正在考慮這個問題。

回到山莊，他們將禮物送給老太太過目，老太太看了很滿意地說：

「來喜跟我們真是有緣，我們還應該好好地照顧轉世後的他。」

明月又將素素的意見告訴老太太，老太太也連連點頭說：

「你們進城後，我也覺得說是來喜轉世不大好，我們也應該隨緣方便，觀世音菩薩是恒順眾生的，我們也不應該將好意變做惡話講。」

老趙知道這個說法以後，也很贊成。他說：

「我沒有兒女，我一直將來喜當兒子看待，乾脆，我就說是我的兒子轉世好了。佛說眾生平等，我就沒有將來喜當作畜牲，未證語證才是大妄語。明月天眼通了，我可沒有說我有天眼通。我將來喜當做兒子，應該不是妄語。」

「老趙，您這是直話。直心是道場，直心是淨土。縱然有什麼罪過，我替您分擔好了。」老太太說。

老趙和老太太這一番話，像兩顆定心丸，大家都安心了。

第二天一吃過早餐，明月就和老趙驅車直往目的地，開了一個半小時，才開到山邊那個古色古香，白粉壁牆的人家附近，門口有一個小男孩正和一隻小黃狗玩皮球。小男孩頭頂還留了一撮胎毛，活潑可愛，眼光敏銳。他一看見明月和老趙提著禮物走過來，就跑上前歡迎，親切地叫阿公阿姨，彷彿親人似的，一點也不認生。小黃狗也不亂叫，老趙和明月摸摸他的頭，他一手牽著老趙，一手牽著明月，笑著叫著走回家。一位六十多歲的阿婆和一位三十來歲的婦人走了出來，驚喜地望著兩位從來沒有見過面的客人。

明月向她們自我介紹，說明來意，雙手奉上禮物、紅包。她們不好意思接受，經明月、老趙一再解釋，又聽老趙說明月是林如海的千金，她們更受寵若驚，連忙請他們進屋。他們在門口時就看見門楣上的「清河郡」三個大字，一進屋又看見中堂有「百忍堂」三個大字，供桌上還供著一座觀世音瓷像。顯然這是一個相當傳統並未十分洋化的耕讀之家、中產之家，男主人在城裏當公務員，剛去上班不久。女主人主持家務，屋內外整齊清潔，看來十分素雅，小男孩是他們的獨生子，乳名就叫狗狗，是希望他能健康成長。譜名叫張紹德。但家人親友都不叫他譜名，只叫狗狗，希望這個獨生子長命百歲，不要斷了張家的香火。

這孩子將明月、老趙帶進家門之後，一直在他們兩人身邊轉，使明月自然想起放學回家時「來喜」就一直在自己身邊轉的往事。孩子的母親和祖母也更相信他們之間的因緣。老趙禁不住抱起他來親親、逗逗。過去十多年，他無事時就以逗「來喜」為樂。

明月留下了姓名、住址、電話號碼給女主人，歡迎他們有空時去慈恩山莊玩玩。隨即道別。女主人婆媳兩人一時拿不出什麼適當的東西還禮，很不好意思，一直送他們兩人上車。「狗狗」看他們開車走了，竟哭了起來。明月、老趙從車子裏伸出頭來向他揮揮手，慢慢離開。

老趙心想，不過三年時間，在他看來是轉眼之間的事，而在「來喜」與「狗狗」張紹德之間，卻是一個輪迴，兩世的事。人狗之間，完全斷了線索，如果不是明月的那個夢境，再加上他修成了天眼通，這種宿世因果，誰也不知道。人自以為是萬物之靈，其實是渾渾噩噩，他自己就不知道前世的因和今生的果是怎樣形成的？又是怎樣失去了線索？只有少數成了道的大修行人，具有肉眼、天眼、慧眼、法眼、佛眼，才能無所不知、無所不在、無所不能。而像明月這樣有慧根的人，還要經過許多折騰，遇上了明師圓明，才修成了天眼通，將「來喜」和小男孩張紹德之間的因果關係連接起來。而他和素素，都是八字還沒有一撇，此生也許不可能修到明月這種地步？更別說圓明師父那種兼具三身、五眼、六通的如來境界了。因此，他不禁對明月說：

「明月，今天我們不虛此行，你打通了天眼已經太不容易。今天回去我要好好地弄幾樣菜給你慶賀一下。」

「趙伯伯，我還早得很、差得遠！這種小神通，不值得慶賀。」明月淡淡一笑。

「難道你真想成佛？」老趙笑問。

「學佛就是要成佛，不然不是白來了這一趟？」明月回答。

「好，算你有志氣！」老趙笑著豎起大拇指。

明月也笑著將時速定在一百公里，很快就開回了山莊，老趙先上樓去見老太太，老太太急著問他：

「找到來喜沒有？」

「老夫人，找到了狗狗張紹德。三年之間，一個輪迴，要不是我親眼得見，我也不敢相信。」老趙搖頭幌腦說。

「老趙，那明月是真的通了？」老太太笑問。

「老夫人，他的志氣可大得很呢！待會兒您自己問他吧！」老趙笑著走了出來，又回頭對老太太說：「我要去弄幾樣可口的小菜獎勵明月。」

第二十九章　止心辟穀人如玉

明月關心情更真

明月修成了天眼通，漸漸在圓通佛學社傳播開來。不少同學向他打聽，他不承認。止心單獨和他密談時，起初他還是不鬆口，後來止心無奈地說：

「我出家幾年，恪守清規，苦苦修行，每天清早三點起床，打坐三個小時，可是到現在還是沒有什麼進步。恐怕這樣修到老死，還是開不了天眼，更別談慧眼、法眼、佛眼了！聽說你一皈依圓明，就當場開了天眼，你怎麼在我面前都不肯承認？這真使我問道無門了！」

「止心學姊，我承認了也沒有用，修行方法我不能講。」明月有些為難。「如果您能同我一道去聽經，再皈依圓明師父，自然就可以得到真法了。」

「我皈依了寒星師父，再皈依圓明師父，恐怕不大合適？」止心遲疑地說。

「這您可以放心，圓明師父不搶別人的弟子，他只是傳法度人，傳法以後，您原來是誰的弟子，仍然是誰的弟子，即使您信基督教、天主教、回教，您仍然可以照信。」明月解釋。

「真有這回事？」止心不敢相信。

「這是圓明師父自己講的。他傳法只是幫助那些渴望解脫的人一世解脫，不再輪迴，不會將弟子視為私產，也沒有門戶之見。」

「基督教與天主教都明爭暗鬥，回教更與他們勢不兩立。佛教雖然主張眾生平等，不歧視任何宗教，但內部還是有宗派之分。圓明師父怎麼會有這麼大的器量？」止心反問。

「圓明師父說，大聖人都講同一個真理，只是後來各教的解釋不同，形成黨同伐異，甚至造成宗教戰爭。佛教是真的慈悲為懷，反暴力戰爭。內部宗派只是修行方法的差異，都是以佛陀思想為依歸。圓明師父是連宗派觀念都沒有，他只將自己得來不易、修行成功的真法傳給希望解脫的人，他連寺都不要。」明月又深入解釋。

「比丘、比丘尼怎麼能沒有寺？」止心又反問：「那他不是太新派了？」

「其實不新。」明月搖搖頭。「佛是無形無相的，佛陀早說過不能以音色見如來，他說修行人不要被有形的物質綁住，一旦被綁住，便不容易解脫。」

「話是不錯，可是別人會覺得怪怪的。」止心不禁一笑。

「只要您瞭解就好。所以您不必耽心，一旦皈依他就被他綁住，他是不綁徒弟的。」明月對止心說：「他在此地能留多久？還很難說。您要皈依還得趁早呢！」

止心聽明月這樣說，又有點緊張。原先他以為圓明會在此地長久弘法、蓋大寺院、做教主。但聽明月的口氣卻不是這麼一回事，他問明月，圓明師父為什麼不在此地久留？明月說：

「據江淑貞師姊告訴我，師父的護照簽一次只能停留六個月，江師姊剛替師父加簽了一次，六個月一滿，師父必須出去，然後再申請進來，同時國外請他弘法的地方很多，他也不能不去。」

止心沉思了一會，覺得真法難求，機不可失。寒星師父對他雖然很好，但在打坐方面，只是教他清心寡慾，去貪、瞋、癡，並沒有什麼具體方法。所以他一直沒有什麼進步。他再皈依圓明，並不是背叛寒星，只是希望進步快一點。何況明月上次告訴過他，覺圓的弟子修慧也皈依了圓明，覺圓毫不介意，他相信寒星師父也有這種雅量。因此，他答應明月下次皈依。

明月想到那次他和李慧慧他們去清涼寺時，他帶去的素食便當很好，止心卻沒有吃，明月以為不合他的口胃，他只是淡淡地說：「不餓，不想吃。」這些日子以來，明月一直沒有看止心吃過東西，以為止心也和印空、多羅格格一樣得道了，可以不吃東西。但聽他自己說打坐的情形，似乎還沒有真的禪定功夫，怎麼能經常不吃東西呢？因此，他試探地問止心：

「止心學姊，像您這樣單純的人，打坐時應該很容易入定，超出三界，不知道您突破了沒有？」

止心搖搖頭。明月便問：

「那次我去清涼寺以來，一直沒有見您吃過東西？您怎麼會不餓呢？」

「我也不知道是什麼原因？就是不想吃東西。」止心淡然一笑。

「那您怎麼撐得下來？」明月笑問。

「我每天清早靜坐三小時以後，就精神飽滿，我已經一年多沒有吃東西了，我還不是照樣上山下山，照樣上學上課？」止心回答。

明月聽了大為驚喜。止心卻淡淡地說：

「我說的是實話，起初我自己也很奇怪，師父懷疑我是不是生了什麼病？但是十天半月以後，我一切如常，沒有半點異樣，師父這才放心，我反而高興少了吃飯的麻煩。」

「您不吃飯，喝不喝水？」明月好奇地問。

「夏天兩天喝一瓶礦泉水，冬天七天喝一瓶。」

「止心學姊，如果不是您親口告訴我，我真不敢相信。」

「前兩年我看見報上有一條新聞，說嶺北青蓮菴有一位二十四歲的比丘尼石紅清，九百多天沒有吃東西，還照常勞動。他身高只有一四三公分，體重卻達四十四公斤，醫生曾探訪過他兩次，也找不出原因。他夏天三天喝一瓶清水，冬天十天喝一瓶，還是個小胖子。但是沒有月經。當時我也不敢相信，你看過那條新聞沒有？」止心問明月。

「沒有，那比您更稀奇了！」明月搖頭一笑。「我父親創辦的慈恩醫院已經開業了，設備很新，您要不要去檢查一下？」

「我健康正常，何必檢查？」止心向明月笑笑。

「我想知道，為什麼出家人能長久不吃東西？在家人卻沒有這種能耐？」明月坦白地說。

「原來您想把我當試驗品？」止心望著明月一笑。

「止心學姊，圓明師父說：『大修行人的磁場特別強，能量特別大，振動力也特別強。』還是很科學的見解，我也認為修行不是迷信，佛陀的思想是超世界、超科學的。我們眾生不知道的事情還多得很，為什麼不檢查一下？我保證一切免費。」

「我沒有時間。」止心說。

「您反正不吃東西，只要晚上十點以後不喝水就行。第二天上午一兩個小時就檢查完了，我會替您辦理，全程奉陪，保證七天以後，我們都可以看到結果，揭開謎底。」

止心聽明月說會陪他檢查，便很高興。他知道明月的身體很好，不必檢查，完全是為了陪他。他很重視這份法緣，欣然同意。兩人決定時間之後，由素素代他們先辦好掛號手續，照章繳費，這筆錢是老太太付的，不讓止心知道。林如海做事一向公私分明，條理清楚，即使左手交給右手，也不含糊。他是醫院的董事長，這種規章也是他訂的。『正大』公司的員工看病也由公司健保費支付，醫院照章收費，臨終關懷床位則有特別優待規定。

健康檢查的這天清早，明月特別開車接止心到慈恩醫院，這是新落成的大醫院，樓高十二層，地下兩層，醫療設備全新，醫務人員也是第一流的人才，服務周到。素素代明月、止心辦理掛號時就說明了他們兩人的身分。今天又先到醫院等他們。他們一到，明月照規定交了糞便採樣瓶，止心沒有交，護士小姐拿了一個精巧的瓶子給他，請他去廁所採取糞便。止心說：

「我沒有糞便，不用採了。」

護士小姐十分驚奇，明月笑著對他說：

「我這位學姐已經一年多沒有吃東西了。」

護士小姐又特別打量止心一眼，他是一位資深的護士小姐，是從別家醫院高薪聘來的。他是第一次看見比丘尼來做健康檢查，而這位比丘尼又是董事長的千金的大學同學，這已經很不尋常了。而董事長的千金又說止心一年多沒有吃東西，他更驚奇，不禁問明月：

「小姐，您該不是說笑話吧？那有人一年多不吃東西的呢？」

明月還沒有回答，止心就接嘴說：

「他說的是實話，不是笑話。」

護士小姐又打量止心一眼，看他一身灰色袈裟，光頭頂上有六個戒疤，細皮白肉，眉清目秀，看不出一點病容，更加納悶，稍後才笑著對止心說：

「小師父，如果是我，老早就餓死了！」

明月、素素聽了一笑，止心笑說：

「看樣子我一時還死不了。」

「小師父，那您為什麼要來健康檢查？」護士小姐笑問。

「小姐，不是我要來檢查，是我這位好同學要把我當做試驗品的。」

「小師父，您真是一個特殊的 CASE ，我也想知道檢查的結果。」護士小姐一面說，一面要他快去檢查。

止心的掛號次序在前，明月在後，他們兩位依序檢查。檢查的項目比一般健康檢查多，兩人共花了兩個小時才檢查完畢，時間正好是上午十一點。明月昨天晚上七點以後連水都沒有喝一口，這時又飢又渴，在外面吃素沒有在山莊方便，止心又一直沒有去過山莊，他便將車子直接開回去。

止心初到山莊，完全感覺不到朱門酒肉臭的味道。一進入佛堂，彷彿進入寶殿禪房。他先向觀世音菩薩、印空法相頂禮，再向老太太雙手合十請安。老太太見了止心很高興，他早聽明月、素素談過止心，最近又聽說止心不食煙火一年多了，不免有些好奇，不過他看不出來止心有任何異樣，只覺得他出塵脫俗，與佛有緣。

明月餓了，請他一道吃飯，他搖搖頭，只要了一小杯礦泉水。老夫人也不勉強他，請他在佛堂休息。

吃飯時老太太問明月檢查的情形怎樣？明月說：

「奶奶，我完全是陪著公子趕考，不檢查我也知道自己的健康沒有問題。」

「那可不一定？」老太太說：「有人表面上看起來很健康，檢查起來卻發現不少毛病。」

「奶奶，那還是像您這樣好，幾十年不進醫院，不檢查，什麼毛病也沒有，愈老愈健康。」

「可是像止心這樣不食人間煙火，就應該檢查一下，看看到底是什麼原因？」老太太說。

「老夫人，我家多羅格格，也時常不食人間煙火，這是不是修行的關係？」老趙問。

「自然有關係。」老太太點點頭。「多羅格格和印空師父，修成肉身舍利，金剛之體，就是長久修行的關係，而且他們兩位都是無漏之身修行的，不知道止心有沒有結過婚？」老太太問明月。

「奶奶，他說過是因為感情問題出家的，有沒有結婚？我倒沒有問過。」明月說。

「這關係很大。」老太太說：「尤其是女人，不可破身。否則不易修成全身舍利。」

「止心能夠一年多不吃東西，就很不簡單，希望他沒有破身。」素素說。

「奶奶，止心說兩年前報上登過的那位叫石紅清的青年比丘尼，九百多天沒有吃過東西，一直沒有月經，他會不會成為多羅格格第二？」明月問。

老太太沒有看那張報，也沒有聽說這個故事，他望望明月說：

「照你這樣說來，那位叫石紅清的比丘尼，比止心是更稀奇了？」

「可不是？」明月回答：「連止心也認為比他稀奇。」

「如果那位石紅清比丘尼出家早，又有明師指導，努力修行，自然可以成為多羅格格第二。」老太太說。

「老夫人，多羅格格四十多歲才出家，我真沒有想到他會成為肉身菩薩？」老趙說。

「他找到了明師，又沒有破身，一心向佛，自然會成為肉身菩薩。」老太太說。

明月怕止心一個人無聊，匆匆吃完飯就先上樓去陪他。止心看他上來很高興又感慨地說：

「你生於大富之家，又有這麼好的修行環境，真是好大的福報。」

「如果沒有我奶奶，我就不知道會變成什麼樣子了？」明月在止心身邊坐下說。

「這就是你的大福報！」止心說：「如果因緣不好，一旦誤入歧途，那就不知道是如何輪迴流轉了？」

「學姊遇上寒星那種詩人畫家師父，也是一大福報。」明月說：「現在已經找不到他那樣的出家人了。」

「如果你說的圓明師父能傳真法給我，那就兩全其美了。」

「你應該有這種因緣。」明月拍拍止心。

素素陪侍老太太上來，止心站起來迎接，老太太笑說：

「對不起，怠慢您了！留您一個人在佛堂空坐，真不好意思。」

「奶奶，有觀世音菩薩與我同在，我一點也不寂寞。」止心回答：「我在清涼寺清靜慣了。」

「年輕人多半心猿意馬，您能在清涼寺清修，比住大寺好些。」老太太說。

「我師父也好靜，他多半在禪房裏作詩、填詞、畫畫、打坐。我不上學時，也多半在房裏看經典、作功課。我和師父談話的時間也不多，不過我們師徒之間往往息息相通。」

「這就是緣份，有時無聲勝有聲。」老太太說。

「明月和您老人家，更不知道是幾世的好因緣？」止心笑說。

「我和明月也許是前世的冤家？」老太太望了明月一眼說。

「奶奶，娑婆世界哪有這麼好的冤家？」明月笑著接嘴。

止心看他們祖孫兩人逗趣，心中十分羨慕，想起師父寒星是一個人在清涼寺的寂寞，要回去陪陪他，即使不講話，在他面前幌幌，師父也是歡喜的。這些年來，他深深體會出師父是一位重情感的人，只是嘴裏不著情字，而情更深。他修了幾十年，一切都勘破，只是那份與生俱來的溫情，或者說是慈悲心，仍然未變。他向老太太告辭，老太太很喜歡他，但不便留。明月知道他一放學就回清涼寺，今天不上課，自己又慫恿他做健康檢查，他離開清涼寺已經好大半天了。止心想起醫院做婦科陰道抹片細胞檢查時，他紅著臉對男醫生說：

「我是出家人，身心清淨，何必做這種檢查？」

那年輕的男醫生不免一怔，但不好勉強，便順水推舟說：

「這一項不檢查也沒有關係，我不會勉強您的。」

因此，明月也沒有檢查。原先他並不知道有這個項目，他便輕輕地向止心道歉：

「對不起，我不知道有這個古怪的檢查項目。」

「你是黃花閨女，千金小姐，你也太大膽了！」止心紅著臉輕輕說。

明月一想到這裏又好笑又抱歉，他又自己開車送止心回去。車到山腳停車站時，他還要陪止心走上山去，止心笑著婉謝：

「你也太殷勤了！幸好今天沒有出醜！我會自己走上山去。」

明月笑了起來，向止心揮揮手說：

「止心學姊，恕我冒失！下次不敢。檢查紀錄表我會親自去醫院領取。保證只有我們兩人知道。」

「醫生知道，護士知道，怎麼會只有我們兩人知道。」

「止心學姊，病歷是不公開的。每天有兩三千位病號，醫生又是分科看病、檢查的，他們哪有那麼多閒工夫管我們的閒事？」

止心被明月說的一笑，在山上揮揮手說：

「你小心開車，不要闖紅燈！我沒有做壞事，檢查表也不怕別人知道。」

「阿彌陀佛！」明月笑著念了一聲佛。隨即坐進車子，直開回去。

一周後，明月親自到醫院領表。護士小姐對他十分客氣，而且討好地說：

「恭喜！恭喜！兩位一切正常，健康很好。」

明月一看紀錄表，先問護士小姐：

「我那位同學究竟怎樣？」

「他很正常，沒有任何毛病。你看了醫師的總評就知道。」護士小姐說。

「謝謝您，請您保密。」明月說。

「這是醫院的規定，任何人的病歷、記錄，都不公開，他也沒有什麼不可告人的記錄。」護士滿臉堆笑地說：「請小姐放心，以後有什麼事，打個電話給我就會照辦，不必親自跑來。」

明月說聲謝謝，就帶著記錄表開車回來。他躲在自己房裏先看止心的健康檢查記錄表：

姓名：王蕙蘭（釋止心）　性別：女　年齡：24歲

身分證字號：B223435467　　體檢號：1003

身高：158cm　體重：48 kg　脈搏：78　血壓：108/65
視力：左 1.1　右 1.2　眼壓：正常
聽力：（左）正常　（右）正常
血液：1.白血球數目：6580　2.血色素：12.8
　3.血球容積比：40
尿液：酸鹼度 5　紅血球 0-1　白血球 2-3
B型肝炎表面抗原檢查　陰性
胸部X光　正常
心臟電圖描記　正常
血糖：空腹 60　膽固醇 130　三酸甘油脂 50
尿酸：3　尿素氮 10　肌酸肝 1.0
膽紅素：0.5　T.T.T：1.0　Z.T.T. 4.0　血清蛋白：3.5
白蛋白：2.5　A/G 1.5　鹼性燐酸&30
GO 轉氨碁酮酶：15　GP 轉氮基酶：15
　醫師總評：正常　醫師：劉玉京

護士：王小琳

明月看完了止心的健康檢查記錄表的「醫師總評」，大大地吁了一口氣。他不懂那些醫學名詞，也不瞭解那些數字的意義，看到總評「正常」兩個正楷字，他笑了。

隨後他看自己的體檢記錄表，他身高一六八公分，體重六十公斤，他很滿意自己的體型。脈搏八〇，血壓一二〇～六八，他也很滿意，視力左右眼都是一．八，這是很高的標準的。左右耳聽力都「正常」，但他覺得不止正常，幾乎可以和狼狗來嘗相比。其他的專門名詞和數字他不大瞭解，他直接看醫師總評，是「健康良好」四個正楷字。他笑出了聲音。打開房門，素素正好打算進來，便笑著對明月說：

「你是真的通了！怎麼知道我要進來？」

「阿姨，巧得很！我一時高興，才來開門。」明月也笑著回答。

素素看見桌上兩張體檢表，拿起來一看，又問：

「怎麼您自己去取回來了？」

「阿姨，我急著想知道止心體檢的結果，所以趕去取回來了？」明月回答：「好在你和止心很熟，看看也沒有關係。」

「結果怎樣？」素素先問。

「醫師的總評是『正常』，其他好多項目我看不懂。」

素素匆匆瀏覽了一遍，慢慢放下檢查表說：

「如果不是做了健康檢查，還真難以令人相信。」

「總評醫師如果知道止心一年多沒有吃東西，他也不敢相信。」

「看來科學還有不少盲點。」素素說。

「可不是？」明月也慨歎地說：「非物質的，超世界的和屬於精神層面的東西，科學仍然無能為力。」

「可是一般人又多泛科學化，凡是不瞭解的、看不見的，拿不出證據的事物，往往一概否定。」

「如果科學進步到非物質層次，那就迎刃而解了。」明月說：「現在科學正一步步幫助人類瞭解宇宙的奧祕，其實，釋迦牟尼佛和老子老早就知道了。」

「像止心和青蓮菴的比丘尼石紅清這種情況，是兩個事實；印空、多羅格格都成為肉身菩薩，是另外兩個事實。我也只知其然，不知其所以然。你已經修成了天眼通，應該什麼都知道了？」素素說。

「即使什麼都知道了也不能講，講了人家也不相信，反而以為是怪力亂神。」明月指指止心的檢查表說：「止心的這張檢查表，可不是胡說，正好作證，我會要止心好好保存。」

「他會不會再皈依圓明師父？」

明月點點頭。

第三十章 佛陀生日開道場 明師法眼破凶機

楊明德、江淑貞看來聽圓明講經的人直線上升，遠地半夜趕來聽經，皈依的人也愈來愈多，學校禮堂怎樣也擠不下了，去外地講經時也找不到能容納三四千人的場地。楊明德便想到他的祖產那五甲多的山林地，他便同江淑貞他們那批弟子帶圓明去看地。圓明看相思林長得很好，而且有兩甲多是平地，他同意在樹林中闢一個道場。楊明德、江淑貞他們希望將他留下來，主張蓋寺院。圓明對他們說：

「釋迦牟尼佛並不是在寺院裏得道的，何必花那麼多錢蓋寺院？」

「師父，您不必耽心錢的問題。很多人都願意出錢蓋寺院，我們弟子之中什麼人才都有，名建築師也有兩位，土地我願意全部捐出來，蓋座寺院不成問題。」楊明德說。

「你們不必為我蓋寺院，現在是道場最急，最好先蓋一座能容納三、四千人，有棚頂可以遮雨遮太陽的道場就行。另外再蓋幾間簡單的工作室，我有一間茅棚住就可以了。」圓明對楊明德他們說。

「師父，此地沒有一位法師是住茅棚的，那樣太委屈您了！」江淑貞說。

「現在有很多難民漂流海上，有很多無家可歸的人露宿在街頭，我在歐洲紅十字會工作時見得太多了，我有茅棚住就很不錯，比住帳篷好多了，真有錢可以先捐出去救濟難民、窮人，不必急著蓋寺院。」

大家聽師父這麼說一時默然無語。稍後江淑貞低聲問：

「那些決心出家的師兄、師姊怎麼辦？」

「既然決心出家，什麼都可以放下了。」圓明望望大家說：「比丘尼可以住茅棚、帳蓬。比丘可以挖山洞，搭帳蓬住。一無牽掛，才算是出家，不是剃了光頭就是出家人。」

大家不敢再作聲。圓明又望望大家說：

「你們那一位是建築師？」

一位四十來歲，面色黝黑的男人舉起手來，他問：

「如果照我說的做，多少時間可以完工？」

「整好地以後，不到一個月就可以完工。」

圓明又轉問楊明德，整地需要多少時間？楊明德說要一個多月。

「我也參加工作，應該可以快一點吧？」圓明望著楊明德說。

楊明德明白師父的心意，答應盡快完工。

果然不到兩個月，可容納三、四千人的鐵皮頂、鋼架的道場，三間工作室、公廁、廚房、一間供圓明起居的禪房，因陋就簡地完工了。那十幾位已經剃度的比丘尼，自己準備好了活動帳蓬，比丘自己挖好了山洞，他們沒有水電。只有工作室、禪房、道場、公廁、廚房有水電。有一條產業道路，經過道場右側。

定名為「無量光總道場」正式啟用的這一天，選在釋迦牟尼佛生日，正好天氣晴朗，風和日麗，杜鵑、山櫻盛開，還有此地不多見的大玉蘭花，也有兩株在開，相思樹林的小黃花正含苞待放。道場的入口也佈置得喜氣洋洋，十幾盆君子蘭也開得滿滿的。圓明講經的錄影帶正在道場播放。

天未亮就有不少信眾從四面八方趕來。明月、素素、止心、王文娟、李慧慧、張秀英和圓通佛學社一共來了二十多位。已經皈依的都胸佩識別證，未皈依的則在入口處領貴賓證入場。由於楊明德、江淑貞他們經驗豐富，認真負責，加上許多護法弟子同心協力，秩序很好。明月、止心他們看了都很感動。李慧慧突然對明月說：

「我想一畢業就跟師父出家，專心修行。」

素素聽李慧慧這麼說不禁微微一怔。他看李慧慧這麼年輕，又才貌雙全，忍不住問：

「你父母好不容易培植你到大學畢業，他們會同意嗎？」

「自然得費些口舌。」李慧慧向素素說。「他們正在為我物色對象呢！」

「那可麻煩了！」明月笑說。

「正因為如此，所以我才決定一畢業就出家，免得生米煮成熟飯，那就更麻煩了。」李慧慧對明月說：「難道你不想出家？」

「我奶奶、父母從來沒有向我提起這個問題，我沒有任何壓力，所以我也沒有出家的打算。」明月笑著回答。

「難道你想結婚不成？」李慧慧又問。

「更沒有這個打算。」明月搖搖頭。

「那你是當居士當定了？」止心笑問。

「您已經出家了，慧慧又打算出家，我當居士不也很好？」明月望著止心一笑。

「你當居士的條件比誰都好，只怕不斷有人上門提親？」李慧慧說。

「我奶奶會替我擋駕。」

「要是你遇上了白馬王子呢？」張秀英問。

「我眼裏沒有白馬王子，我看見的都是骷髏架子。」明月笑著回答。

「難道你修白骨觀？」止心好奇地問。

「我不修白骨觀，不過現在倒有修白骨觀的效應。」明月向止心一笑。

止心問他是怎麼一回事？他笑著回答：

「佛說不可說，不可說，到時候您自然知道。」

止心不再追問。

江淑貞很照顧圓通佛學社這些學妹，他常和明月通電話，告訴明月不少消息。這時他又匆匆走近明月說：

「想皈依的同學趕快去填表，今天是個好日子，師父很高興。」

明月知道今天來的同學都是吃長素的，他正想一個個告知時，擴音器裏也播出這個消息。他陪止心去填表，他們這些同學經「護法」過濾時，統統過關了。

李慧慧和江淑貞談到出家的事，江淑貞高興地說：

「師父正需要中外文人才，你要是跟師父出家，那就英雄有用武之地了。」

明月問究竟是怎麼一回事？江淑貞拉著明月的手說：

「我正想告訴你，最近兩天師父才接受我們的建議，決定整理出版他講經的實錄，創辦《無量光雜誌》，正需要人手，你自然跑不掉。」

「慧慧快畢業了，他正想出家，應該不成問題。我要遲一年畢業，還沒有打算出家，我能派什麼用場？」明月說。

「你放心！」江淑貞拍拍明月的肩說：「師父並不鼓勵弟子出家。他說出家在家一樣修行。你是現成的總編輯人才，怎麼派不上用場？」

「如果慧慧出家，那就兩全其美了！」明月連忙推薦：「他翻譯、寫作都行，總編輯他最合適。」

「他如果出家，會有更繁重的工作，那是全天侯的，不像總編輯那麼單純。」江淑貞說。

「可是師父是聯合王國文學碩士出身，又通好幾國語文，這個總編輯可不好當！」明月笑著搖頭。

「我老實告訴你：當時我就向師父提到你，師父完全同意，還說我有眼光呢！」江淑貞得意地說。

「師姊，這個總編輯不但要文學底子厚，佛學底子、修行功力也要是雙響炮才行。」明月向江淑貞訴說。

「師父也是同樣的看法，但他看來看去就是看中你！」江淑貞使出最後的法寶。

明月知道再也無法推託，只好向江淑貞提出要求：

「師姊，您既然趕著鴨子上架，我上不去您也坍臺！不過，我赤手空拳不行，單打獨鬥也不是辦法，這應該是個 Team Work，您更要全力支持，要辦就辦一個既中看又好吃、不打高空的佛學刊物。我不想浪費時間精力。」

「我會全力支持你，我也會將你的看法、抱負報告師父。師父的要求也是頂高的。他常說煮沙不能成飯，一定要煮的是米才行。」江淑貞說。

「辦刊物要花不少錢，《無量光雜誌》是不是非賣品？」李慧慧問。

「自然是非賣品。」江淑貞點點頭。

「師姊，那會是個無底洞。」明月說。

「我們知道，師父也知道，而且不單是漢文本，還要同時發行英、法、德、西班牙文本。」

「每期發行多少份?」明月又問。

「第一期漢文本一萬份，以後每期都會隨皈依的人數增加份數，凡是要看的有緣人，一律贈閱，外文本減半發行。」江淑貞說。

「師姊，錢從那裏來?」明月笑問。

「俗話說：『和尚無兒孝子多。』師父的弟子、信眾都願意出錢。本來大家想在這邊蓋座大寺院，師父不同意，便將蓋寺院的錢先移來辦刊物，迴向信眾，讓信眾分享師父的福報。師父不是緣覺佛，他行的是大慈大悲的菩薩道。」

李慧慧聽江淑貞這樣說，更堅定出家的信心，他想知道自己會分派什麼工作?他問江淑貞，江淑貞對他說：

「不論你出家不出家，日後經書的出版、錄音帶、錄影帶的工作，是少不了你的。」

「師姊，我並沒有這方面的經驗。」李慧慧說：「恐怕我做得不好?」

「做不做得好?師父知道。」江淑貞向李慧慧一笑：「你們兩位的工作都是師父指定的，他說工作就是修行，甚至未來的果位他都安排好了，我們只要盡我們的本分就行。」

江淑貞又望望止心說：

「凡是出了家再來皈依師父的，師父要他們盡力幫助原來的師父，好好修行，他不會指派任何工作。因此，您皈依以後，還是像往日生活一樣，不要做任何改變。」

止心聽江淑貞這樣說就安心了。他反而有些歉意地說：

「我不能只分享師父的福報，那我怎樣報答師父才好？」

「師父不要人報答，他說自己好好修行就好。」江淑貞向止心解釋：「很多同修只是來聽師父講經就行，除了打坐以外，他從來不要求什麼。」

擴音器突然叫江淑貞到工作室去，他向大家笑笑說：

「對不起，我不能照顧你們，你們自由自在好了。」

江淑貞走後，止心望著他匆匆離去的背影說：

「這真是一位熱心的學姊，虔誠的修行人。」

「這也是我們圓通佛學社同學的緣份。」明月說。

「那我是禿子跟著月亮走了。」王文娟說。

「我也把你當做圓通佛學社的同學。」明月連忙說：「何況我們過去同學那麼多年？我更沒有分別心，我希望送佛送到西天。」

「我知道你是及時雨。我是後悔當初沒有和你一道進Y大，也感慨我的學校沒有佛學社，只有那些趕流行的社團。」王文娟說。

「現在更是西風令，念阿門比念阿彌陀佛吃香。」明月笑說。

突然人群向道場前面擠，「護法」指揮男左女右，分兩邊席地而坐。明月他們這些女同學坐在右邊中間的位置，男同學少，坐在左邊人群中。

江淑貞、楊明德，一右一左地陪著圓明走進道場，照顧他坐在覆著黃緞子的大沙發上，檯几上擺了一盆盛開的君子蘭，他面前放了一杯水，一支麥克風。道場三、四千人，鴉雀無聲。

圓明坐定之後，向道場中的群眾望了一眼，笑著向大家問好。他講經一向親切風趣，不道貌岸然。他一開頭就說：

「今天是佛陀悉達多太子的生日。他父親淨飯王給他取名悉達多是一切成就的意思。我也希望今天來道場的男眾女眾分享釋迦牟尼佛的大福報，一切成就，功德圓滿，早登淨土。」

說到這裏他向周圍和道場上空望了一眼再說：

「今天的道場很熱鬧，除了在座的男眾女眾之外，還有很多菩薩、阿羅漢來庇護大家，也有阿修羅、無形眾生來聽經……」

大家不禁向鐵皮屋頂和四周張望，似乎一臉茫然，什麼也沒有看到，他又笑著說：

「肉眼是看不到的，只有開了智慧眼的人才能看到。看到的人請舉手。……」

隨即有兩位女眾，一名男眾舉手，他們都很年輕，明月本來不想舉手，看到那三位和自己差不多的同修舉手，他才慢慢舉起手來。

止心、李慧慧、素素他們看他舉手非常高興。知道明月是真正通了。可是圓明又接著說：

「不過今天也有人心懷惡念而來，幸好只有一位。」

他笑著向道場左方望了一眼，大家都隨他的眼光向左方男眾中注視。他又輕鬆地笑說：

「現在我先講個故事給你們聽聽……當年張行昌謀刺六祖惠能時，六祖預知，先將黃金十兩放在座間，夜間張行昌入室，想殺六祖，六祖伸長脖子讓張行昌砍。張行昌砍了三刀，六祖惠能毫髮無傷。六祖對張行昌說：『正劍不邪，邪劍不正，只負汝金，不負汝命。』張行昌駭暈了，倒了下去。甦醒後，向六祖哀求悔過出家。六祖答應了，張行昌後來成為六祖的大弟子志徹。」

大家啊了一聲。他又笑著說：

「我再講個故事給你們聽聽……有一個殺人兇手，殺了九十九個人還不滿足，要再殺釋迦牟尼佛湊成一百個。……釋迦牟尼佛當然沒有成為第一百個犧牲者，不然他成不了佛。他反而多收了一個弟子……現在我要告訴想取我性命的人：我既不欠汝金，亦不欠汝命，你有什麼黑神通，儘管使出來……」

他仍然談笑自若，道場的氣氛卻十分凝重。突然左邊一位五十來歲的男眾跑了出來，伏跪在法座前，又哭又磕頭說：

「大慈大悲的佛菩薩，請恕弟子無知，請恕弟子無知……」

臺上的楊明德、江淑貞一眼就看出來他就是那位夾在歡迎人群中使用邪術沒有成功的楊太郎！

原來楊太郎那天夾在歡迎人群中，施展邪術沒有成功，當時有些懊喪，悄悄溜走了。但他愈想愈不甘心，尤其是眼見圓明愈來愈得人心，每次講經時聽眾都擠得水洩不通，遠地聞風而至的人都站在禮堂外看現場錄影轉播。而他已經門庭冷落，幾個月都沒有一個人上他的神壇來請求解厄消災。他學過一種以劍氣取人性命而無傷痕的邪術，他曾以黑狗做過試驗，那隻黑狗突然死了，但看不出任何外傷，這是一種意念殺人的手段，集中自己的磁場、能量，意念一動，快過閃電，立即置對方於死地而神不知、鬼不覺，但他沒有對人使用過。他考慮了很久，才決定使出這一招殺手鐧。他和楊明德是本家，聽經又無限制，未皈依的人可領貴賓證入場，今天他也領了貴賓證。坐在左邊出口附近聽經。

楊太郎也讀過《六祖壇經》，但他一直沈迷於茅山道士法術，愛用黑神通，而又無往不利。不過他一起心動念，卻一再被這位外來的比丘尼圓明點破，而又不著痕跡，他既膽怯又感激，膽怯的是他自知自己的道行比圓明差得太遠，如果自己出招，一定會被圓明更強大的磁場、能量，更快速的振動力反彈回來，必然喪失性命。幸好他引用了張行昌行刺惠能和殺了九十九個人要再殺釋迦牟尼佛湊成一百個的殺人兇手的故事點化他，這無異指示他改邪歸正。他更害怕又感激，所以跑出來悔過請罪，想好好修行，重新做人。

道場中有不少人認識他，還有人上過他的當。識與不識的全被他這一突兀舉動震驚了，許多眼睛都注視著圓明，不知道他會如何處理？

圓明自然知道楊太郎的悔過請罪是真是假？也知道他以畫符、念咒、裝神弄鬼愚弄人，詐取了不少不義之財，但他還不會茅山道士的隱身術，只會以合成照片唬人。也希望楊太郎從此改邪歸正。他答應讓楊太郎一起皈依。

明月的圓通佛學社的同學和王文娟也同時皈依了。他像完成一大心願似的高興。

止心在皈依散場後對明月說：

「今天讓我長了不少見識。」

「長了什麼見識？」明月笑問。

「聽說那個楊太郎是個大神棍，也有不少信徒，很會裝神弄鬼，想不到他今天公然悔過認罪，改邪歸正了！」

「您怎麼知道？」明月好奇地問。

「坐在我旁邊一起皈依也是姓楊的太太說，他就是楊太郎的信徒，奉獻了不少金錢，他看見楊太郎悔過皈依，他簡直不敢相信。」止心說。

「不論他過去如何？他這份勇氣可不小。」明月對止心說：「您想過他要付出多大的代價沒有？」。

止心搖搖頭。明月又說：

「他過去好不容易建立起來的權威、地位，在那一跪之下就付諸流水了！也斷了今後的財路，這損失該有多大？」

「可是他這一皈依，收穫更大了？」止心說。

「什麼收穫？」

「今天的三皈依可不是徒具形式，是傳了人所不知的真法，他要是修成得道了，那才是殊勝因緣，三生有幸呢！」

「照您這樣說來，那他的福報就太大了！」明月望著止心說。

「可不是？」止心正色地說：「娑婆世界的榮華富貴，不過是夢幻泡影，怎能與不生不滅、不垢不淨、不增不減的究竟涅槃相比？何況他楊太郎的那種神棍地位？」

「止心學姊，您得了！」明月高興地向止心雙手合十。

「得了什麼？」止心笑問。

「道哇！」明月向他一笑。

「還差十萬八千里呢！」止心也笑著回答。

「六祖說：『悟時人是佛，迷時佛是人。』您已經大悟了！」

「我只是剛入門，修行的路還長得很。」

「一燈能破千年暗，鐵杵也會磨成針。只要有願心，沒有什麼不成的。」

「那我先得謝謝你這個提燈的人。」

第三十一章 愛女歡迎談理想
雙親合照有玄機

林如海、莊文玲夫婦這次出國很久。明月親自開車和素素一道去機場迎接。

他們看見明月長得亭亭玉立，十分健美，又有大家風範，林如海愛在心裏，喜在臉上。莊文玲一見面就擁著他慢慢走出機場大廳，兩人談個沒完沒了。

素素將車子從停車坪開了過來，他們三人坐進後座，明月坐在父母中間，回程由素素開車，他們三人放心聊天。明月告訴他們的第一件事是遇上了明師。林如海高興地說：

「真想不到，印空師公二十年前的話居然應驗了！真的不可思議！」

「爸，修行成功了，什麼事兒都會知道，不止前五百年、後五百年。」明月笑說。

「那不是比劉伯溫更高明了？」林如海驚喜地問。

「爸，劉伯溫不算什麼。」明月笑著搖搖頭。

「你別說大話，難道你還想趕上他？」林如海望著明月說。

「我現在還不敢這麼說，不過日後一定會超過他。」

莊文玲也睜大眼睛看著明月，過了一會才問：

「難道你也有天眼通？」

「媽，對您說無所謂，您可不能對別人講。」明月正經八百地說：「師父可不准弟子誇張神通的。」

「你放心！媽不會對別人講。」莊文玲向明月保證。

「媽，我找到了來喜轉世的那個男孩子。」明月輕輕地說。

「真有這回事？」林如海幾乎驚叫起來。

「爸，我不會妄語。」明月輕輕地說：「是趙伯伯和我一道去的，他可以作見證。」

「難道真有輪迴？」林如海望著明月自言自語。

「爸，靈魂是不滅的，它只是轉位、換個載體而已。來喜在我們家是狼狗，在張家卻是男孩子張紹德，這是我親眼所見、親身經歷的。」

「那男孩子自己知不知道他是來喜投胎的？」林如海問。

「他已經忘記過去，但一看見我和趙伯伯，自然很親切。」

「要是人都能記得前世那就好了！」林如海說。

「爸，那反而不好！」

「為什麼？」

「比方說，那孩子如果知道他前世是我們家的來喜，他一定會有自卑感。那活著就很麻煩。」明月向父親解釋。「如果有人這輩子出身下賤，衣食不周，而他記得他前世是達官貴人，妻妾成群，前呼後擁，他也活不下去。」

「那是很尷尬，難以接受的事實。」莊文玲說。

「可是這樣糊裏糊塗地活下去也不好。」林如海說。

「最少沒有自我比較，不會產生優越感、自卑感，或其他麻煩，尤其是倫理倒錯的罪惡感！」

「這怎麼會有倫理問題？」林如海望著女兒說。

「爸，芸芸眾生都不能跳出三界，因此，在六道內輪迴流轉不休，受貪、瞋、癡業力、因果報應的影響，往往父、母、子、女、夫、妻關係顛倒倒錯而不自知，所以也就沒有罪惡感，可以活下去。如果前生多少世都記得清清楚楚，而這一世的倫理關係錯亂，那怎麼活得下去？」

林如海聽了明月的話，沉默了一會才說：

「是有問題。有人對這一輩子的起起伏伏，都不能適應，如果亂點鴛鴦，或是仇人父子，那真很為難。」

「爸，人生無常，世界無常，您瞭解這一點就好。」明月替父親整理一下歪了的領帶說：「幸好你是先苦後甜，晚運又好，風風光光，所以快樂健康，像趙伯伯卻是先甜後苦，窩囊了大半輩子，在我們家就窩了二三十年，幸好他修養好、看得開、看得淡，我們待他也不錯，不然他風燭殘年，那怎麼活得下去？」

「乖女兒，難得你通情達理，所以我身在國外也不必操心。」林如海拍拍明月說。

「爸，我雖然年輕，看的倒不少。」明月向父親說：「上個星期，我同圓通佛學社的同學去探訪獨居老人，發現一位七十來歲的老榮民，死了幾天都沒有人知道，他養了兩隻土狗，一黃一黑，守護屍體，不讓我們接近，我們只好報告派出所處理，因此才見報。那位老榮民過去的家世未必比我們差？您說是不是？」

林如海點點頭，輕輕歎口氣說：

「像老趙，過去在公司廚房裏幹了好多年我都不知道他的家世，後來才問出來。像他這樣打一棍子不哼一聲的硬漢多的是。」

「趙伯伯也和我一道皈依了圓明師父，現在他更看得開了。」

「希望他能修個好來生。」林如海說：

「修個好來生也算不了什麼，即使當上國王、總統，也只是人天福報，還是要生死輪迴。像來喜那樣，從畜牲道生到人道，已經很難得了，還是輪迴流轉不休。」明月說。

「要是老趙修到前世今生都知道了，那還是有苦惱。」林如海說。

「不錯。」明月點點頭。「如果他修到無所不知、無所不能、無所不在，那就好了。」

「那不是如來了？」莊文玲說。

「媽，修行的最高目標就是如來，就是不生不滅，不垢不淨，不增不減，究竟涅槃。」明月說。

「那多難？」莊文玲輕輕歎口氣。

「媽，您不是常說『不經一番寒澈骨，焉得梅花撲鼻香』嗎？」明月問莊文玲。「修行更要經過幾番寒澈骨的，天下那有白吃的午餐？」

「女兒，你是真的長大了！你不是溫室的花朵，媽很高興。」莊文玲拍拍明月說。

「真的士別三日，刮目相看！」林如海望著莊文玲笑笑。

「孟老師的情形怎樣？」莊文玲又問明月。

「媽，別人常說十年如一日，我看孟老師是百年如一日，他還是老樣子。」明月回答。

「道可道，非常道；名可名，非常名。」莊文玲悠悠地說：「孟老師真是一位知常守常的人。」

「媽，復命曰常，知常曰明。知常守常，那孟老師不是也得道了？」明月笑問。

「雖不中亦不遠矣！」莊文玲點點頭說。

「媽，我覺得孟老師有點像從前的節婦守寡，年輕的老師當中再也找不到他這樣的人了。」

「現在的老師只是知識傳播者，不是從前的傳道、授業者。我沒有把孟老師當一般老師看待，希望你也不要把他當一般老師看待。」

「媽，您說起傳道、授業，現在的大學都辦不到。不如把我們的慈恩工專改制成為慈恩大學，設理工學院、文學院、商學院，再設一個圓通佛學院，這就可以面面顧到了。」明月說。

「你怎麼突然有這種想法？」莊文玲問。

「媽，這不是臨時起意，是我上大學以後，當了圓通佛學社長，再加上正式皈依三寶以來的感受，今天才順便提出來，請您和爸參考參考。」明月說。

「你的意思很好，不過掌舵的是你爸，不是我。」莊文玲望了林如海一眼說。

林如海聽了一笑，望望明月和莊文玲說：

「你們母女兩人這一拉一唱，我還非叫好不可了？」

「爸，教育是百年大計，這才是您真正大展身手、立功、立德也立言的大好機會。」明月望著父親說：「即使是從商業觀點來看，也不是賠本的生意。」

「明月！」林如海的大手在女兒肩上一拍：「爸虎老雄心在，想不到你年紀輕輕的，眼光這麼遠大，你先將你的想法說給我聽聽好不好？」

「爸，理工學院、商學院，可以為我們公司、整個工商界培植人才，您和哥哥都是內行，可以照您們的理想設系、開課，院長、教授人選，您們可以網羅第一流人才，理論、實務並重，建立獨樹一幟的權威地位。」明月說。

「那談何容易？最少得十年二十年時間。」林如海沈吟地說。

「教育本來是百年樹人的事，不能早晨種樹，晚上乘陰。」

「恐怕我的壽命沒有那麼長？」

「爸，您也會和奶奶一樣長命百歲，何況還有四位哥哥可以接手。」

「文學、佛學我完全是門外漢，那怎麼辦？」林如海望望明月，欲言又止。

明月望望莊文玲，笑著對林如海說：

「媽是文學系出身的，後面還有好靠山，一定可以辦出一個理論、創作雙響炮的文學院。」

「媽自己就是兩頭落空，怎麼能挑得起這個重擔？」

「媽，您可以請教孟老師。」

「恐怕孟老師不肯當院長？」

「您隨時移樽就教，請他出出主意就行了。」

「我還得陪著您爸到處跑，停不下來。」

「您可以挑一位能幹又靠得住的女祕書，陪著爸到處跑。」

「你少出餿主意！」莊文玲白了明月一眼：「你以為你爸真是柳下惠？」

「妳別冤枉好人，我這一輩子可沒有濕過腳。」林如海望著莊文玲笑說。

「爸，國外的子公司，您也可以逐漸交給四哥歷練了。」

「我已經在這麼做，可是一時還放不下手。」

「辦大學可得現在就動手。」明月特別提醒林如海。

「你還沒有畢業，畢業後還得深造，是不是早了一點？」林如海望著明月說。

「爸，讀研究所也是一個形式，更得靠自己，我可以做你辦大學的參謀。」

「你不想出國？」

「我隨時可以跟您出國跑跑。但是學文學不是月亮外國的圓，佛學嘛，外國教授有誰真懂禪宗？更別提修行了，我不想趕洋時髦。」

「你不拿個洋博士回來，對你在社會上的地位會有影響。」

「爸，有你這個大靠山，我自己也不是省油的燈，不需要替別人抬轎子。至於外文嘛，我不想唬自己人，洋人也唬不倒我。」

「你不是學外文的，別太自大。」林如海故意殺殺明月的銳氣。

「爸，外文像漢文一樣，全靠自己，不是大學四年可以學好的。」

「明月的外文到底怎樣？」明月轉問莊文玲。

「決不會比外文系的學生差，他又有語文天才，講話、行文，都有洋味兒，決不是本土味道。」莊文玲說。

「他要能趕得上您就好。」林如海說。

「我是祕書英文，他會超過我。」莊文玲說。

「好！那我就放心了！」林如海高興地說：「你再說說佛學院的事好不好？」

「談到佛學的事，我們學校的孟老師和陸橋老師，都是禪宗高手，而且他們是一手抱老子，一手抱釋迦牟尼、惠能，更可以說是文學、佛學雙龍抱。還可以請一些佛學修養、修行都不錯的比丘和比丘尼擔任教席，指導禪修。我認為佛學院的學生也不能徒尚空談。能學成三身、五眼、六通當然最好，最少也要學生瞭解佛學是超科學、超哲學的大學問，不是迷信。」明月滔滔地說。

「你的目標是不是訂得太高了？」莊文玲問。

「媽，因為佛學本來就是高境界的東西，學佛的人都得有點宿慧，他們和商學院的學生完全不同，商學院的學生必然是世俗的，佛學院的學生雖然都食人間煙火，但也要能入能出。」明月向莊文玲解釋。

「依我看，佛學院院長你是最合適的人了。」莊文玲向明月一笑。

「媽，那得等我拿到博士學位以後再說，不過我可以隱在幕後盡一分心力。」

「那佛學院的院長人選不是很難了？」林如海望著明月說。

「爸，不難。」明月笑著搖搖頭：「現在只要有博士學位、教授資格的人都可以當院長、校長，此地博士教授滿街跑，那有什麼難？」

「不過那就難達到你的理想目標。」林如海說。

「我可以當院長的助理，讓院長心服口服，學校是您辦的，我還在乎什麼名義？」

林如海又拍拍明月的肩膀說：

「女兒，你這樣不在乎名位，只憑實力，我會成全你。」

他們三人很少有機會深談，林如海、莊文玲覺得明月是真正長大了，兩人十分開心。明月也覺得父母尊重他的意見，他也有做大人的喜悅。三人不知不覺，素素就將車子平穩地開到山莊。

林如海只隨手提了一個〇〇七皮箱，明月幫莊文玲提了一口不大的皮箱，一同上樓。一放下東西，他們三人就一道到佛堂來看老太太。莊文玲從皮箱取出一冊照相簿，隨手帶著。老太太好久沒有看見兒子媳婦，也很高興。

林如海從口袋裏掏出一串赭黃色的瑪瑙念串，親自給母親戴上，老太太原來有一串戴了幾十年的檀香木琢磨成算盤子兒大小的念珠，那也是林如海孝敬的，她捨不得換下來，一起戴在頸上。

莊文玲等他戴好念珠之後，雙手遞上一冊十分精緻的照相簿給老太太，打開相簿指著首頁的四人合照給老太太看，同時說：

「這是我們在國外的生活照片，內容很豐富，您老人家看了之後就瞭解我們在國外工作、生活的情形，比我們向您報告更具體。」

老太太指著首頁站在他們兩人坐像後的一位青年問莊文玲：

「站在老四明智右邊的這位青年是誰？」

「是明智念研究所時的同學，他是化學工程、電子工程雙料博士，是明智邀請來子公司工作的。」莊文玲解釋。

「這孩子的長相、風度都很好，為人怎樣？」老太太又問。

「做事很踏實負責，一絲不苟。」林如海說：「是老四明智的好搭檔，我的好助手。我想日後將子公司交給明智和他接手。」

「他的家世怎樣？」老太太問兒子。

「據明智說，他父母都是大學教授，家世清高。他有一個妹妹也是博士，他是獨子。」林如海回答。

「這種家庭出身的孩子自然不錯！」老太太點點頭說。隨後又翻過去看。

她一面看，莊文玲一面解說。老太太的興緻很高，明月也注意看，他不聽莊文玲解說就完全瞭解。老太太看完之後，莊文玲將照相簿交給明月說：

「這冊照相簿就送給你保存。有空時翻翻，就等於出了一次國。」

明月拿著照相簿先回房去。林如海低頭悄悄地問老太太：

「娘，您覺得老四明智的那位同學怎樣？」

「很好，很好！」老太太笑說。

「娘，我想給明月撮合一下好不好？」林如海輕輕地說。「那孩子身高一七八，身體也很健康，只大明月六、七歲。」

「人是很相配，不知道明月的意思怎樣？」老太太遲疑地說。

「娘，明月自幼愛和您講悄悄話，您先和他悄悄地講好不好？」

「現在他長大了，悄悄話也講得少了，我還不知道如何開口呢？」

「娘，您講比我講好。」

「文玲也可以和他講悄悄話，文玲的學問比我大。」

「媽，我覺得明月現在的學問比我大，佛學方面的事我更講不過他，您在這方面也比我強得多。」莊文玲說。

「如果以明月的來歷講，他似乎宜於修行？以他現在的條件來講，不結婚又似乎辜負了大好青春？」老太太也有些捉摸不定。

「娘，結婚不是可以照樣修行嗎？居士不是一樣可以得道嗎？」林如海說。

「話是不錯，不過這之間還是有點分別的。」老太太說。

「娘，到底有什麼分別？」

「釋迦牟尼佛雖然成佛得道，但他不是肉身舍利。六祖惠能、師父印空、老趙的本家多羅格格，可都是肉身舍利。分別就在這裏。」

「娘，這又是什麼原因呢？」

「依我看，恐怕就在於結婚與未結婚。」

「娘，釋迦牟尼佛雖然結了婚還能成佛，那就證明結了婚也能得道了。」

「可是釋迦牟尼佛十九歲時就自動出家了。」

「娘，那您的意思是不贊成明月結婚了？」林如海望著母親說。

「我並沒有這個意思。」老太太搖搖頭說。「這得看他自己的因緣如何？」

「娘，要不要請算命先生看看他們兩人的八字？」林如海忽然想起這一招，現在很多年輕人也相信西方的水晶球，我們自己的紫微斗數、和子平命理，甚至自己也搞電腦算命。

「你知道那孩子的生辰八字嗎？」老太太問。

「可惜不知道時辰。」林如海遺憾地說。

「不知道時辰那就別算，算了也不能改變定業。」老太太說。「你不妨旁觀幾天再看看明月的反應？」

「娘，我一回來就忙，少有時間和他相處，今天他去機場接我們，是我們父女兩人談得最長最深的一次，我才突然發覺他是大人了！」

「那就讓文玲先探探他的口氣好了。」老太太說。

「媽，我將照相簿交給他，就是一個試探氣球。」莊文玲說。

「我瞭解你的用意，我想明月也會心裏有數。只要你一開口，一定會有反應。明月不是溫吞水、慢郎中，我這一張牌留到最後再打，反而好些。」老太太說。

「娘，薑還是老的辣！我聽您的。」林如海笑說。

可是一連三天，明月都沒有一點反應，這三天來他同圓通佛學社的同學探訪了幾處獨居老人，發現了一位八十多歲的老榮民死了幾天都沒有人知道，只有他養著作伴的土黃狗守著屍體不肯離去。他們不敢接近，狗也不讓他們接近屍體。明月只好報告派出所請他們處理，為了這不幸的老榮民，他們心裏很難過。明月更覺得人生無常，這位老榮民的結局很慘，以他的年齡來看，他應該是為國家流過血、流過汗的，卻孤獨地死了竟沒有人知道，像死了一條流浪的老狗一樣。

莊文玲看他這幾天很早上學，很晚回來，不知道他在忙些什麼？一天晚上她找了一個機會走進明月房裏和他閒聊，問他在忙些什麼？明月才向他說出那個老榮民的事。莊文玲聽了也不禁感慨地說：

「他們那一代人是歷史上最不幸的一代，每次戰亂他們都捲進去了，活著下來的都是九死一生，好處沒有他們，應該拿的也七折八扣，選舉時才想到他們有一票，死了卻沒有人知道。」

「媽，總算你說了幾句公道話，社會上沒有他們的聲音，還看不起他們。」明月說。

「幸好你們佛學社的學生還去看看他們，不然屍體臭了都沒有人知道。」

「媽，是有這種事，不過您人在國外不知道。」

「你如果需要媽支持你作雪中送炭的工作，可以告訴媽。」莊文玲說。

「這一向都是奶奶支持我，奶奶一直在雪中送炭。」

「我們能過這種天堂的生活，是分享奶奶的福報。」莊文玲說。「你能同奶奶一樣行善積德，日後也會有好報。」

「媽，我只是心甘情願地做我能做的事，並不望報。」明月說。

「這樣福報更大。」莊文玲高興地說，隨後又輕輕問明月：「那冊照相簿，你看完了沒有？」

明月點點頭。莊文玲問：

「你看怎樣？」

「照得很好，我也等於出了國。」

「你看第一張照片照得怎樣？」

「也照得好，您和爸的後面像站著兩個好兒子。」明月笑說。

「你看你四哥的那位同學怎樣？」

「奶奶不是說過了？」明月反問。

「那是奶奶的看法。」莊文玲望著明月說：「媽想知道的是你的看法。」

「爸說他是四哥的好搭檔，他的好助手，我也有這種看法。」

「你爸還有一句重要的話沒有說出來呢！」莊文玲望著明月一笑。

「爸一向直爽，怎麼會吞吞吐吐？」

「你爸一再跟我說，很想選他做個半子。」

「做半子幹什麼？乾脆收他做個乾兒子好了！」明月笑了起來。

「我和你說正經的，你怎麼開起玩笑來了？」莊文玲故意白明月一眼。

「媽，我也是說正經的，何曾開玩笑？」明月反問。

「你爸看到那麼好的年輕人，他認為機不可失，所以才想起你的終身大事來。」莊文玲向明月解釋。

「爸怎麼也不能免俗？關心起我的終身大事來了？」明月笑問。

「那有父母不關心子女的終身大事的？」

「就算我是個例外好了。」

莊文玲打量明月一眼，輕輕問明月：

「告訴媽，你是不是有了男朋友？」

明月笑了起來，隨後又向莊文玲說：

「媽，我要是交男朋友，一輛大巴士也載不完，山莊也永無寧日。我在大一的新生訓練那天，就有一位風流自賞的『尖頭饅』想吃天鵝肉，被我三言兩語弄得他灰頭土臉溜了，以後再也沒有那一個男生敢接近我，只是遠遠地瞄著，那種窩囊相，想起來也很好笑的。」

「你不應該這樣對待男生。」莊文玲搖搖頭說。

「媽，您不知道現在有些男生臉皮比城牆還厚，稍微假以辭色，他就像口香糖黏上來了，甩也甩不掉，那我還要不要過日子？」

莊文玲又被明月說得一笑，隨後又補上一句：

「不過你四哥的那位同學可是一位彬彬君子。」

「媽，管他是彬彬君子，還是戚戚小人？我只想獨善其身。」明月笑說。

莊文玲一時語塞。過了一會才說：

「你的條件這麼好，又正是大好青春，你也不覺得可惜？」

「媽，人生無常，這身皮囊也不過是四大假合，一時幻相，不必認真，男女之事，苦惱時多，恩愛者少，難得清淨。何必睜著眼睛去淌這種渾水？」

莊文玲聽得瞠目結舌。明月又擁著她輕言細語：

「媽，不論男的多俊，女的多美，都是表相。如果用X光透視一下，不過是一具具白骨，沒有什麼好看的。」

莊文玲輕輕推開明月，睜著眼睛望著他說：

「你是不是在說夢話？」

「媽，我清醒得很，怎麼會是夢話？」

「以前我怎麼沒有聽你說過這種話？」

「因為以前我只有肉眼，看不透。」

「現在呢？」

「多了一隻眼。」

莊文玲又驚又喜，輕輕地問：

「你真的修成了？」

「媽，要修到五蘊皆空，那還早得很！」

「這樣看來，你是真的不想結婚了？」莊文玲歪著頭問。

「媽，一結婚就不自在。」明月點點頭說。「修行最好自由自在，了無罣礙。」

「那你怎麼還建議你爸辦大學、設佛學院呢？」

「媽，這是做人的責任。既然來到這個世界，就要做點饒益眾生的事，行行菩薩道才好。」

「你既不結婚，是不是打算出家？」

「那倒未必。」明月搖搖頭：「出家有出家的好處，在家也有在家的方便。行、住、坐、臥都是禪，任何時間、地點都可以修行。修行是修心，最不好的是心有罣礙，所以我不打算結婚，也不一定要出家。行其所行，止其所止，自由自在最好。」

莊文玲聽了一怔，望著明月的臉上悠悠地說：

「女兒，您這是在和我談禪說教了？」

「媽，我怎麼敢和您談禪說教？」明月故意嗲聲嗲氣地說：「我是心裏這麼想，也就順口溜出來了。」

「好一個順口溜！」莊文玲滿臉堆笑，「在我看來，你是得道了呢！」

「媽，得道那有那麼容易？」

「得道又不像上大學一樣要念四年，也不必發畢業證書，一旦大徹大悟，不就得了？」

明月笑了起來，親了莊文玲一下說：

「媽，我看您真是個大解人！一旦修禪，必然水到渠成。」

「我那有你這麼好的福報？」莊文玲一笑一歎說：「你老爸是個工作狂，滿腦子的事業！事業！我陪著他到處跑、看、聽，變成了他的影子，失去了自己，還能修什麼禪？」

「媽，所以那天我在車上建議您，替老爸物色一位可靠的祕書，女的您不放心，男的總可以吧？以後我們就以好好地辦大學，您當校長或是董事長，我掌佛學院，那不更有意義了？」

「你想得很美，目前恐怕辦不到？」

「我說的也不是眼前的事，但您應該有這種心理準備。時間溜得很快，大學辦成了，我的博士學位也應該到手了，那不就因緣成熟了?」

莊文玲眞沒有想到，明月成長得這麼快?不但修行突飛猛進，也懂世間法，不禁拍拍明月的肩說：

「你真的使我喜出望外，我會認真考慮你的想法，我們母女兩人聯手辦大學，決不會比我當你老爸的影子差。」

說完以後，他就回到自己的房間。林如海正坐沙發上看一大堆報紙、雜誌，他看見莊文玲進來，笑臉相迎，輕聲問：

「明月中不中意?」

「您低估他了!」莊文玲在他身邊坐下，慢條斯理地說。

「這樣的人才他還看不上眼?」林如海有些奇怪。

莊文玲便將明月和他談的那番話轉述一遍。林如海聽得驚喜交集，莊文玲說完之後，他兩手在大腿上一拍說：

「眞是女大十八變，他變得使我莫測高深了。」

「女兒的境界是比我們高，他的世間法也有一套。」莊文玲說。

「那就不必再搬請老娘作說客了!我得及時開始籌辦大學，讓您們母女重新搭檔，更上一層樓。」林如海當機立斷。

「這也許就是他的大事因緣吧?我做了您一輩子的秘書，也不得不做他的護法了。」莊文玲望望林如海說。

第三十二章　生物家冒充上帝
複製人缺少靈魂

林如海、莊文玲報告老太太明月決定不結婚的事，老太太一點也不覺得意外。反而讚賞明月：

「他的看法不錯，結了婚就罣礙多，尤其是女人，休想自由自在了。」

「娘，如果女人不結婚，那不是要絕後了？」林如海說。

「你放心！想結婚的女人多得很，娑婆世界不愁沒有人。」老太太笑說。

「可是如果要講優生學，明月不結婚是很可惜的，女人生些低能兒、智障兒，徒然增加家庭、社會的負擔，並不是好事。」林如海說。

「結婚是男女兩方面的事，子女優秀，不全在女人。男人也有呆子、傻瓜，往往一朵鮮花插在牛糞上，那怎麼能怪女人？」老太太說。

「娘，您會錯了意，我不是怪女人。像老四的那位同學是很優秀的男人，如果和明月結婚，那下一代不是更優秀嗎？」

「你想的美，你以為你是上帝？」老太太笑笑：「你是月老？」

「娘，我只是關心，現在外國科學家已經複製了牛、羊，外國醫生正想複製人呢！」

「科學家、醫生，要當上帝，要當月老，那不天下大亂了？」老太太驚奇地望著兒子說。

「娘，他們已經知道複製人的方法，並且預言五十年內，我們這個世界將充滿複製人了。」林如海說。

「縱然醫生能複製人的身體，他們能複製人的靈魂嗎？」老太太問。

林如海沒有想到這個問題，可是不論那個宗教、那個種族，都承認有鬼、有神，不過他自己都沒有見過個鬼，也沒有見過神。鬼也好、神也好，他知道那就是所謂的「靈魂」。靈魂是肉眼看不見，也摸不著的，那怎麼能複製呢？他不懂，不能回答母親，但他看見報紙說，一位外國的名大學電子工程名教授表示，他們那些電子工程科學家，不久可以製造出一部能顯示人類意識的最原始訊號的機器，另一位腦科名教授也說，他們不久可以在人體內植入電子或醫療裝置而改變人的心靈。老太太聽林如海這樣解釋，不禁連連搖頭說：

「你說來說去，都不是人的靈魂，不過是機器人兒。機器人兒做得再好，也不是人。」

「娘，外國科學家還發明了一種長生不死的人體冷凍術，可以將人的生命保存很久。」林如海又說。「他們成立了一個『生命延續基金會』，正在進行這個工作。」

「他們怎麼個保存法？」老太太故意問。

「他們是在垂死的人被醫護人員宣告死亡後，四至六分鐘內，開始進行冷凍步驟，最後保存在液態氮中。」

「什麼是液態氮？」老太太追問。

「娘，液態氮很冷，沸點為華氏零下三百二十度，攝氏零下一百九十六度。」林如海說。

「那人不變成了一個大凍棒了，怎麼能活下去？」老太太急著說。

「娘，並不是一下子將人放在液態氮中的。」林如海解釋：「死人須先進行開胸手術，確定血管內絕無水份，抗凝劑類的化學物質流遍全身，手術長約二至三小時，然後再放入乾冰箱內四至五小時，此時體溫已經降到華氏七十度左右，再放入一個睡袋中，最後才放入液態氮的容器內保存，成為冷凍人。」

「冷凍人也是死人，又怎麼能復活？」老太太緊逼著問。

「娘，他們將冷凍人倒立保存，保存腦部的自我意識與記憶，身體部分期望未來生物科技的複製原理再造，相信那個復活的人將是依然故我，沒有絲毫改變。」

「有沒有人願意做試驗品？」

「娘，他們已經保存了三十五個冷凍人了。」

「那是些什麼人？」

「有的是心理學家、電腦程式分析師，有的是圖書館員、電視製作人、律師，都是高級知識份子。」

「他們為什麼要做冷凍人？」

「多半是恩愛夫妻，一死一生，先後冷凍，等待復生，再續情緣。」

「這真是一廂情願、異想天開。」老太太冷笑一聲。

「娘，外國還有精子銀行、卵子銀行，生意好得很，像買漢堡一樣。」林如海又說：「這倒可以依買方的意願，生產優秀的下一代。」

「這更是亂點鴛鴦，父不父、子不子，倫常大亂。」老太太大歎口氣說。

「娘，我只是告訴您外國這些稀奇古怪的事兒，我並不贊成。」林如海向老太太解釋。「我還是喜歡明月和老四的學生那種自然結合。」

「那些什麼生物科學家、醫學家，以為他們是上帝？可以複製牛、羊、人類。他們不知道那是破壞因果律的。他們將一切生命看成是物質的東西，卻不知道靈魂是非物質，是不能複製的。婚姻這些事又要看各人的因緣，不能勉強。違反自然，不明因果，是不會有好結果的。」老太太語重心長地說。

「媽的話沒錯，科學家還不是上帝。媽雖然足不出慈恩山莊，但佛陀的思想是超科學的、超世界的。媽一生信佛，熟讀經典，戒、定、慧三無漏學，是生物科學家、醫生想像不到的。」莊文玲對林如海說。

「我只是一時興起，當天方夜譚講給娘聽聽，讓娘開開心。」林如海對莊文玲說：「那明月的婚事我以後就不再提了？」

「人各有因緣，何況明月已有打算。您要是真能採納他的意見，那倒是別有天地、又是一番風光了。」莊文玲說。

「工專的土地，學校的設備，辦大學的條件是足夠的。我看這件事您得多費點神。孟教授好久不見，請他到山莊來聊聊好不好？」

莊文玲更想看看孟真如，她看了這幾天的報紙、電視，發現社會問題愈來愈多，愈來愈嚴重。明月有兩位中學的同學李蔻蔻、石冰冰，原是情同姐妹，上大學後又同系同班，卻因為與一位男同學的三角關係，石冰冰將李蔻蔻打得頭破血流，昏迷在地，又以「哥羅芳」化學藥劑朝李蔻蔻後腦淋下，使李蔻蔻因吸入哥羅芳窒息死亡。石冰冰再用硝酸、鹽酸混合成「王水」毀屍，然後回寢室與男學生發生性關係，再以洗淨的保險套放在李蔻蔻屍體右臂下方，製造遭人姦殺假象。莊文玲看了這條新聞十分震驚。曾向明月探聽她們兩人的情形。明月將念高中時，不得不放水，將頭二名讓給她們兩人的往事告訴她，莊文玲並不知道這些內情，不禁問明月：

「當時你為什麼要放水？」

「媽，如果我不放水，她們怎麼能考到頭二名？」明月解釋：「如果她們考不到頭二名，很可能聯手整我。」

「怎麼會有這種事？」莊文玲不相信，她念書時從來沒有放水的事情。

「媽，她們兩人好強好勝，攻擊性強，石冰冰的佔有慾更強。」

「你是不是怕她們？」

「我不是怕她們。」明月搖搖頭：「我是覺得犯不著與她們爭，讓一讓又何妨？不然會傷了彼此的和氣。」

莊文玲點點頭，明月遺憾地說：

「想不到她們為了爭一個男生竟鬧出這種慘劇？」

「你看這是犯了什麼忌？」莊文玲問。

「媽，這正是貪、瞋、癡、疑、慢五毒攻心，好朋友變成了仇人。」

「她們有沒有什麼宗教信仰？」莊文玲問。

「她們什麼都不信！她們只相信『愛拚才會贏』、『只要我喜歡，有什麼不可以？』她們常以『前衛』自居，反而譏笑我思想落伍。」明月說。「那年我放棄X大，就讀Y大，石冰冰還對王文娟說我是個大傻瓜！」

「現在她是聰明反被聰明誤了！」莊文玲歎口氣說：「毀了好友，也毀了自己。」

明月和莊文玲的看法一樣，他更希望石冰冰能夠在獄中反省思過。他特別約了王文娟一道探監，他帶去四個富士大蘋果，一分《般若波羅蜜多心經》。王文娟對於李蔻蔻和石冰冰兩個高中「死黨」的如此結局，覺得有些不可思議。他對明月說：

「她們兩人一向焦不離孟，孟不離焦，我還以為她們兩人是『同志』呢？想不到會為了一個男生竟鬧出人命，真沒有意思。」

「你知不知道她們兩人的大學生活情形？」明月說。

「她們的學校很開放、自由，沒有任何約束。校園內大玩性三角遊戲、上電腦網路，尋找性刺激的多的是。她們兩人一向不甘落人後，別人自殺、墮胎，她們沒有這麼做，卻走上了這條不歸路。」王文娟說。

「聽你這樣說來，那我不是太落伍了？」明月望著王文娟一笑。

「我在學校也是被別人稱為落伍份子。我想組織一個佛學社，始終組織不起來，只好在你們的圓通佛學社掛單。」王文娟不禁好笑。

「她們兩人是新新人類，我們兩人彷彿是老骨董了？」明月笑說。

「這樣也好，她們那種事兒我們做不出來。我們不會橫刀奪愛，也不會跳樓自殺。」王文娟壓低聲音說：「更不會得愛滋病、墮胎！」

明月笑了起來，隨後又輕輕一歎說：

「只有新新人類才會發生那種事兒。」

將近中午時分，他們來到監獄。他們拿出身分證、學生證給值勤人員看，說明來意，值勤人員要他們將四個富士大蘋果留下檢查，只讓她們帶著《心經》去看石冰冰，一切行動都在電視監控之下。

石冰冰看見他們兩人突然來訪，又驚又喜，上大學之後，大家很少見面。石冰冰一向深沈不露，此刻卻眼圈微紅，說了一句：

「謝謝妳們沒有忘記我。」

「老同學，怎麼會忘記呢！」明月說著，隨手拿出《心經》交給石冰冰：「蘋果留在外面，我先將《心經》送給妳，隨時念念，一天多抄幾遍，會有好處。」

石冰冰從來沒有聽說過《心經》，也看不懂，不知道怎麼念？拿著《心經》，一臉茫然。明月將大意解釋給她聽，又教她念〈般若般羅蜜多咒〉，王文娟也幫腔解釋，說念〈般若波羅蜜多咒〉，能除一切苦。

「我和蔻蔻不像你們兩位是君子之交，我和她有愛有恨。有時我真分不清那是愛？那是恨？一時糊塗，才出了人命。」石冰冰低沈地說。

「冰冰，俗話說：『同船過渡前世修。』我們同學這麼多年，是難得的緣份。蔻蔻不幸先走了，我和文娟會替她念經、打坐，希望她早日超生。妳念念《心經》，抄抄《心經》，對自己有益，對蔻蔻也好。」明月對石冰冰說。

「我曾經夢見蔻蔻，我覺得我們還是好同學、好朋友。」石冰冰說。

「冰冰，冤仇宜解不宜結，人生在世，宜多結善緣，莫結惡緣，但願妳只是一時失手，多念《心經》上的〈般若波羅羅多咒〉，能除一切苦惱，色即是空……」

明月的話剛說到這裏，值勤人員就示意他們離開。

明月和王文娟看石冰冰回來，便將經情形報告莊文玲。莊文玲說：

「大錯已經鑄成，因果必須自了。你好心送她《心經》，看看她有沒有那個因緣福報？」

隨後莊文玲又告訴明月說林如海想和孟真如見面談談。明月問談些什麼？莊文玲說：

「你爸和我這次出國一年多，回來發現了很多不好的現象，不好的兆頭，不明白到底是什麼原因？想聽聽孟老師的意見。還有辦大學的事，也想向孟老師討教討教。」

「媽，會不會談我的事？」明月問。

「你有什麼事兒好談的？」莊文玲明知故問。

「四哥的那位同學嘛！」明月攤開來說。

「不會，不會。」莊文玲連忙搖頭：「你爸和奶奶談過，奶奶也尊重你的決定，以後不會再提了。」

「媽，石冰冰和李蔻蔻如果也有我這種想法，怎麼會造成那個大悲劇呢？」

「那個少男不多情？那個少女不懷春？有幾人能像你這麼早就跳出情關？」莊文玲反問。

「媽，現在的新新人類只重肉慾，不知情為何物？您別讓葫蘆藤纏上絲瓜架了。」明月對莊文玲說。

「好哇！您倒教訓起老媽來了？」莊文玲似笑非笑地說。

「媽，我怎麼敢教訓您呢？是我聽王文娟說，現在的新新人類愛搞三角性遊戲，愛上網路找性刺激，又不負責任、校園裏的爛攤子很難收拾，不像您的那個大學時代了！」明月向莊文玲解釋。

「你們的學校怎樣？」莊文玲關心地問。

「圓通佛學社的同學沒有問題，其他的男生女生我不大清楚。」明月說。「可能是大學烏鴉一般黑吧？」
「有沒有男生騷擾你？」
「媽，男生都知道我是有刺的玫瑰，不是省油的燈，他們不敢輕舉妄動。何況素素阿姨和我又焦不離孟、孟不離焦。男生真像狗咬刺蝟，不知從何下口？」
「那我就不必給你辦保險了？」莊文玲高興地一笑。
「媽，您就省省吧！」明月也笑著回答。「素素阿姨從前是我的好保姆，現在更是我的好保鑣，比保全公司的人貼心可靠。」
素素在明月上大二時，他真的考取了聯考，成為正式學生，而且功課很好。他閱歷深，又小心謹慎，對明月呵護備至。老太太和林如海夫婦更視他如親人。
「明月，你的造化真好！我和你爹不能照顧你，素素彷彿是天造地設的一般，填補了這個缺口。」莊文玲說。
「媽，人與人之間真有因緣。」明月也感慨地說：「我和素素阿姨是大善緣。」
「那李蔻蔻和石冰冰不是大惡緣了？」莊文玲忽有所感的說。
「媽，如果不是前世的惡因，也是今世結的惡緣。人不斷的生死輪迴，不斷的造業，像滾雪球一樣，而又當局者迷，真的很可怕。所以我送石冰冰一冊《心經》，是希望破除她的無明。」
「一燈能破千年暗，希望她有這個福報。」莊文玲說。
星期天，明月又將孟真如接到山莊來。

老太太、林如海、莊文玲，好久未見孟真如，一見面就非常高興。老太太也不像第一次見面那麼拘謹，因為莊文玲、明月、素素都是孟真如的學生，孟真如也減少了客套，大家都顯得自然、親切。孟真如常常從報章上看到「正大」公司國內外的業績消息，知道林如海的事業還在巔峰時期，慈恩醫院也成了第一流的大醫院，他對林如海辦大企業的金頭腦不免讚賞了幾句。

林如海對孟真如一向很尊敬，不知道他這一兩年的生活情形如何？林如海知道公教人員的薪水只可以維持小市民一般的生活，和工商企業界職員不能相比，私立大學教授的薪水，還不如他公司裏的股長。他一直想幫孟真如一點忙，讓他生活過得好些，可是一直無處著手，請他講演一次兩次又無濟於事，送錢給他他不但不會接受，反而會傷害他的自尊心。他考慮了好一會才向孟真如說：

「孟老師，這一向我和文玲都在國外，沒有機會向您請教，不知道孟老師的授課情形怎樣？」

「我是壽星唱曲子，老調兒。」孟真如笑著回答：「不過這兩天被拉去白開了兩天會，不替古人耽憂，倒替今人耽憂了。」

「孟老師，那是什麼會？」林如海問。

「您們這一向人在國外，恐怕不太清楚國內的情形？」孟真如說。

「我不懂政治，也不過問政治。不過我一回來就覺得我們的社會好像出了問題？」林如海遲疑地說。

「林董事長，您的感覺很敏銳！」孟真如讚賞地一笑。

「孟老師，說真的，我並不知道問題出在那兒？」林如海爽直地說。

「這兩天各大學的相關科系教授三十多位，在我們學校開了幾場研討會，針對社會發生的重大案件，個別研討，希望找出一個共同答案。」

「孟老師，有那些重大案件？」林如海連忙問。

「一是綁架勒索撕票的歹徒，反而塑造成黑道英雄的問題。」

「這個案件我知道。那時我還沒有出國，我就是看了報紙、電視報導，覺得綁架勒索撕票的歹徒，似乎受了委屈，反而成了英雄，所以我才趕快出國，遲遲不敢回來。」林如海坦率地說。

「二是倫常大變、骨肉相殘的問題。這個大問題裏面又有幾大案件。」孟真如說。

「孟老師，是那幾大案件？」林如海急著問。

「一是一位父親輪暴四位親生女兒；另一位父親不但自己強暴女兒，還讓朋友強暴女兒。」

「這簡直是禽獸嘛！」林如海不等孟真如說完就罵了一句。

「林董事長，您先別生氣，罵也罵不完。」孟真如向林如海笑笑。「還有一位二十九歲的兒子因不滿父親責罵，持刀一路追殺父親，砍了父親幾十刀，父親肚破腸流而死。」

「真不是人！」林如海搖頭一歎。

孟真如開會時已經生過大氣，現在反而冷靜了，他又接著說：

「還有一位三十歲的離婚男子，因生活不如意，赴離婚妻子家中攜女兒自殺；一位三十一歲的丈夫與妻子吵架，遷怒四個月大的女兒，用奶瓶敲打女兒頭部而死；一位三十二歲的婦人與同居人吵架，將四個女兒割腕，再餵食五個月大的女兒農藥，然後自己割腕自殺。」

「這是造業！」老太太說。「自作孽不可活，還要留下來生債。」

「老夫人，最令人痛心齒冷的是一位二十三歲的青年人，因覬覦寡母的財產，夥同外人毆傷母親，任她流血而死；一位十九歲的青年獨子，為謀奪父母財產，夥同他五位翹課、遊手好閒的同學，追殺父母，砍了父母一百零六刀，他親手砍斷父親的手指，同學都砍不下去了，他還喝令同學再砍，從樓上追到樓下，到處是血。後來警察抓到他時，他脖子挺得筆直，頭昂得很高，毫無悔意。」

「阿彌陀佛！這是什麼世界？」老太太雙手合十，重重歎口氣說。

「老夫人，這就是娑婆世界。」孟真如望著老太太說。

「孟老師，這個世界還有救嗎？」老太太茫然地問。

「老夫人，禽獸比人多，難救；人比禽獸多，比較好救；菩薩比人多，就更好救。」

「孟老師，您們討論的這些案件，已經不是法律問題。我不明白，這個問題究竟出在什麼地方？」林如海問說。

「以那位砍殺父母一百零六刀的十九歲青年來說，首先是家庭教育出了問題。」孟真如說。

「什麼問題？」林如海連忙問。

「一是父母的教育水準不高。父親生意忙碌，偶爾打罵，也沒有什麼效果。母親則放任溺愛，時常塞錢給兒子亂花。兒子不上學，打群架，闖了禍，她都想法子私了。還給兒子買了百萬元的進口跑車，讓他驕奢揮霍、交女朋友、充老大。」

「這種家庭教育，怎麼能教出好兒子來？」林如海一再搖頭。

「同樣糟的是，學校老師又不敢管教，既不敢罵，更不敢體罰，倒是老師被學生打的例子不少。因此讓他養成『只要我喜歡，有什麼不可以』的心理。」

「孟老師，真想不到，現在的學校教育竟糟到這種地步？」林如海一臉茫然。

「現在的學校教育和我念書時是大不一樣了！」莊文玲說。

「孟老師，大學的情形怎樣？」林如海問。

「大學是『由你玩四年』，自然更民主了。」孟真如淡然一笑，不願深談。

「那個殺了父母一百零六刀的十九歲青年，父母究竟有多少財產？」

「報紙沒有詳細登出來，謀財害命的兒子一定知道，不然不會夥同朋友下手，準備平分財產。」

「養這種兒子還不如養一條狗。」林如海憤憤地說。「孟老師，您的看法如何？」

「我們的共同結論是：『西方的功利思想，一切向錢看，唯利是圖的觀念，顛覆了我們四、五千年的四維八德倫理道德文化價值觀。』笑貧不笑娼，有錢的王八坐首席的效應，自然會造成不勞而獲、巧取豪奪、父不父、子不子的惡果。這是一個文化問題，價值取向問題，水向下流，逆水行舟很不容易，這年頭做正人、好人就更難了！」

林如海便將他想將慈恩工專改制成慈恩大學，特別強化文學院和圓通佛學院的教育理想，告訴孟真如。孟真如聽後，精神為之一振，兩眼發亮，望著林如海說：

「林董事長，您真是個金頭腦！您能想到辦這麼一所大學，可以說是對症下藥！」

「孟老師，我沒有這麼大的學問。」林如海搖頭一笑，又指指莊文玲、明月對孟真如說：「這些點子都是您的兩位高足想出來的。」

「這個點子出得好！」孟真如望了莊文玲、明月一眼，又對林如海說。

「孟老師，她們的點子雖好，可是實行起來並不容易。我是個大外行，不知道如何使力？」

「有錢就好辦事，您以辦大企業的金頭腦辦大學，也一定會成功的。」孟真如說。

「孟老師，這件事真需要您支持。」林如海誠懇地說。

「林董事長，我只是一個教書匠，不懂行政，但我會知無不言，言無不盡。」孟真如回答。

「老師，有您這句話就行。」莊文玲高興地說，「我一輩子不務正業，辜負了您的教導，現在年紀大了，希望回頭是岸。也許這是明月的大事因緣，我願意成全他。」

「孟老師，聽您剛才講的那些事情，我現在覺得明月決定不結婚，也有他的道理。」林如海說。

孟真如不知道是怎麼一回事？莊文玲說給他聽。孟真如聽後欣然一笑說：

「如果您們能成全他辦一個重視四維八德又能提升人生觀為宇宙觀的好大學，那比他結婚生子更有意義，文化問題還是要用文化手段解決，這確實是一件大事。」

第三十三章　明月想破千年暗　淑女出家一寸心

林如海決定全力支持莊文玲、明月母女辦一所理想的大學後，明月將這個消息告訴了應屆畢業的李慧慧、張秀英和老同學王文娟。他們聽了十分高興，樂觀其成。

「你們樂觀其成不夠，應該參與。」明月對他們說。

「我們無錢、學歷又不夠，怎麼參與？」張秀英笑問。

「我建議你上研究所，專攻教育，拿到碩士、博士學位以後，自然大有用處。」明月說。

「念研究所要錢，我家裏經濟情況不好，希望我找工作賺錢。」張秀英說。

「研究所不必全天上課，很多研究生都是半工半讀，這是一舉兩得的事。」明月舉出幾位研究生的例子說明。

「如果考不取也是枉然。」張秀英有些遲疑。

「你的功課很好，不會考不取，你要加強的是信心。」明月知道張秀英也是他班上的高材生，因為家庭經濟情況不好，總有點氣餒，沒有打算深造。

「現在要找一個適合讀研究所的工作，並不容易。」張秀英考慮了一會才說。

「這你放心！只要你考取研究所，我會要求我老爸給你安排一個適當的工作。」

「真的？」張秀英幾乎高興得跳了起來。

「我怎麼會和你說假話？」明月向他一笑。

「好！那我從今天起就準備考試。不再三心二意，不再耽心畢業就是失業了。」

明月看張秀英下了決心考研究所，又向李慧慧說：

「秀英姊決定深造了，您的意思怎樣？」

「我已經對江淑貞師姊說過，我要出家，不好再打退堂鼓。」李慧慧說。

「沒有剃度以前，你還可以考慮。」明月對李慧慧說：「在家、出家也不是二分法，這得看各人的情況、因緣而定。不過不論你是在家、出家，大學一旦招生，我一定請你鼎力相助。」

「你要拿到博士學位，還得幾年時間，你考慮過沒有？」李慧慧笑問。

「我隨時可以參加學校的實際工作，我不在乎名位，我只要實現理想就行。」明月坦然地說。

「你得天獨厚，你有這個條件。」李慧慧點頭一笑。

「將來的圓通佛學院，無異於一個獨立學院，是經典理論與修行實踐並重的。我們圓通佛學社的同學，可以將圓通佛學院當作自己的家。如果你出了家，也可以將它當做寺院。將來我就是以它為家、也以它為寺的。」明月對李慧慧說。

「明月，人家都說你父親有個金頭腦，我看你也有個金頭腦。」李慧慧指著明月說：「你父親的金頭腦是開金礦、堆金山，你的金頭腦卻可以通往佛國，通往淨土。」

「說真的，我得感謝我父親。畫餅不能充飢，沒有我父親的支持，我的構想就是空中樓閣、鏡花水月。」明月對李慧慧、張秀英、王文娟說。「世界上的聰明才智之士很多，各界都有，能實現自己理想的卻少之又少，我只是比較幸運而已。」

「你和你爸的這份好因緣，不知道是幾世修來的？」張秀英說。

「這要去第二界圖書館查查才知道。」明月說。

「你去查過沒有？」張秀英問。

明月搖搖頭。王文娟問：

「你為什麼不去查查看？」

「那是一個因果世界，不論好壞，查到了也不能更改。還是好好修行，超過了第三界就比較安全多了。」明月說。

「剛才你勸我念研究所，學教育，你自己畢業後學什麼？你並沒有講，你葫蘆到底賣什麼藥？」張秀英問明月。

「我打算先拿個文學碩士，再拿個哲學博士。」明月回答。

「什麼道理？」李慧慧問。

「文學哲學，似乎好學？實際上最難學好。」明月說：「我對這兩樣都有興趣，如果文學底子不先打好，哲學也學不好。這兩門學問有不少因果關係。」

「我也想深造，還不知道學什麼好？將來究竟能派什麼用場？」王文娟望著明月說。

「我看你還是搞你的老本行好。如果『陰溝裏流水』，就不愁沒有出路。日後慈恩大學，自然也有外文系，我們兩人正可以相輔相成。」

「你在中學時外文就比我好，現在也不會差，而我的漢文一直不如你，怎麼能相輔相成？」

「兩塊招牌總比一塊招牌好，何況我們自己的文學遺產你隨時可以繼承，文學是公器，誰也不能壟斷。論品味、論思想境界，當然是我們自己祖先的作品高；論流行、論時價，又是外國的月亮圓。我希望把我們的聚寶盆端出來，你再向外推銷，那不是很好？」

「你真是個金頭腦！怎麼我就沒有想到？」王文娟聽了明月的那番話不禁失笑：「我原先只想把外文當作謀生的工具，混碗飯吃，根本沒有想到作文學橋樑。」

「老實說，歷來學外文的只是將外國的作品介紹進來，而且吹成月亮外國的圓，也抬高自己的身價，造成了崇洋媚外的歪風，使我們年輕人抱著自己的金飯碗討飯，實在可悲。」

「因為他們沒有讀過多少自己祖先的文學作品，詩、詞、歌、賦又一竅不通，只好一概否定，光說月亮外國的圓。我的老師個個如此，我也一竅不通，自然跟著他們的屁股後面瞎起鬨了。」

「你念研究所時，我建議你不妨來我們學校聽聽孟真如教授和陸橋教授的課，那你就會知道月亮是那兒的圓了。」

「那我乾脆來考你們學校的研究所好了。」

「不過我們學校的招牌沒有你們學校的亮，這點你得考慮考慮。」

「那我們以後另創一塊貨真價實的招牌好了！」王文娟忽然豪氣起來。

「我老實告訴你，我勸父親辦大學，就是想另創一塊金字招牌，尤其是文學院和佛學院。」明月這才亮出底牌。

「我們都是初生之犢，時間站在我們這邊，應該辦得到。」李慧慧、張秀英也異口同聲說。

「今天我們幾個臭皮匠，也抵得上一個諸葛亮。」明月笑了起來。

「可惜止心不在。」李慧慧說。

「日後自然少不了他。」明月說：「可惜他的師父寒星年紀太大了！」

「這樣說來，你得請你雙親大人快馬加鞭才好！」張秀英說：「不然老成都凋謝了，我們後生小子是一時創不出金字招牌的。」

「我早考慮到了這一點，不然我怎麼會這麼早出招？」明月向張秀英一笑。「今兒晚上我會和我媽商量安排你一個適當的工作，你專心準備功課考研究所好了。」

張秀英喜出望外，他本來沒有想要考研究所，也沒有想到要明月幫忙找工作，因為他知道自己學歷史是個冷門，又沒有加修教育學分，連當個公立學校的國中教員都不夠格，正大公司、工廠自然更用不著他了。

李慧慧的外文很好，如果不出家，工作出路比較大。但他想出家，這是他個人的因緣，明月不想阻擋。好在王文娟也是學外文的，功課也很好，畢業後念研究所，日後也有大用。明月希望李慧慧能在修行方面有大突破，日後佛學院更需要這方面的人才、學佛光說不練是不夠的，空洞的理論、空頭佛學家是很難度眾生的。最好要像六祖惠能、憨山大師、印空、多羅格格、圓明那些真正得道的大修行人一般。明月將自己的期望告訴李慧慧，李慧慧說：

「得道並不容易，我沒有你那麼深的慧根。」

「遇上了圓明師父就不一樣，可以事半功倍。」明月鼓勵他：「得道說難不難，悟時人是佛。學禪就在一個悟字，宗淨土就在一個行字，你出家是禪淨雙修，是雙龍抱。」

「我出家的目的是修大乘菩薩道，不是緣覺佛。如果我修行有成，我義不容辭會替圓通佛學院效勞。我也會像你一樣，不在乎任何名位。」

「不在乎名位，名位自在其中，我和我媽一定借重你。圓通佛學院會是一個名正言順的大道場，不是寺院的大寺院。」

「明月，只有你具備這個條件，能達到這個理想。」李慧慧說：「學佛度眾生是大慧業，不是普通事業。」

明月覺得李慧慧的話和他自己的想法、目標一致，連忙握住李慧慧的手說：

「慧姊，合是我們有緣，才能同學同道，眾生愈是無明，我們就更需要努力，一燈能破千年暗，我們應該多做點燈的工作。」

他們高興地聚在一起，更高興地各自回家。

晚上，明月將他和李慧慧、張秀英、王文娟商議的情形告訴莊文玲，莊文玲聽了也很高興，明月提到張秀英半工半讀的事，莊文玲說：

「這不是什麼大問題。你爸已經決定先成立慈恩大學籌備委員會，他任主任委員，我做他的副手，慈恩工專王校長任執行長，暑假起就由王校長負責擬定改制計畫，只要張秀英考上了研究所，就可以由王校長安排實習工作。」

「媽，慈恩大學將來一定要辦成一個獨樹一幟，只此一家、別無分號的大學。文學方面一定要培植出創作、理論雙龍抱的人才，不止是照本宣科、人云亦云的教書匠。宗教哲學方面要培植既博通經典，又能修行印證的能出能入的人才。」明月對莊文玲說。

「文學、宗教哲學是最不好學的，你的理想是不是太高了一點？」莊文玲心平氣和地問。

「媽，理想不高不行。」明月說：「您想想看，文學系畢業出來的學生真是車載斗量，而真正有成就的大作家、理論家，有誰是文學系出身的？」

「那和先天有關，不全是教育問題。」

「媽，教育是可以改進的。」

「怎麼個改進法子？」

「一是師資問題，我們不能只看學歷，更要看作品。唯有真正的作家，才能教出作家來。真正的理論家才能教出理論家來。」

「這樣的老師你去那兒找？」莊文玲一笑。

「媽，這樣的老師不是沒有，只是沒有唬人的學歷而已。」

「這不就卡住了？」

「只要我們聘請就行，我們可以學生的成績來證明。」

「那需要時間。」莊文玲冷靜地說。

「媽，教育本來是百年大計，不是吃漢堡、速食麵。」明月說：「您年紀不大，我還是初生之犢，十年二十年一定可以辦出成績來。我準備將這一生都投進去。」

莊文玲細細打量明月，終於點頭一笑說：

「那媽也只好捨命陪君子了！」

明月馬上擁著莊文玲，在他耳邊輕輕地說：

「媽，您前半輩子陪爸打響了『正大』公司的金字招牌，後半輩子也一定可以同我辦好一所文化科技並重的慈恩大學，成新世紀的精神堡壘。」

「你爸一輩子創造的是物質方面的財富，圈圈後面再畫圈圈，你想做的卻是怎樣把這個娑婆世界拉上去，把眾生拉到三界以上去，你的願力比你爸大得多，困難也大得多。」莊文玲望著明月悠悠地說。

「媽，有您作後臺，再大的困難我也不怕。」明月信心十足地說。

「我知道你有你爸的那股牛勁，你不是溫室的花朵。」

明月聽莊文玲這麼說，不禁笑了起來。他的笑裏有一股自信，一股魅力，彷彿天大的問題也一笑迎刃而解。

李慧慧卻沒有他這麼幸運、順利。畢業前夕，他父母已經為他物色好了一個對象。李慧慧也認識對方，是他小學時高年級的同學，比他高四班，叫朱家駿。在國內名大學醫學院畢業後又出國研究腦科與人工複製再生技術有成，已進入國外最先進的醫療機構工作，暑假回國相親，婚後一道出國。他看過李慧慧的近照，十分滿意，小學時的印象還深，前幾年也曾見過一面。李慧慧的父母更認為他是乘龍快婿，不做第二人想。但李慧慧若無其事，不聲不響。這天晚上他母親王雲英對他說：

「你明天的畢業典禮，我和你爹、朱家駿的父母和他本人，一道去觀禮，朱家還準備了禮物要當面送你。」

「媽，我的畢業典禮不關朱家的事，不必他們去，您更不可以隨便接受別人的禮物！」李慧慧急了起來。

「朱家是一番好意，怎麼可以拒人千里？」他母親白了他一眼。

「媽，黃鼠狼向雞拜年，有什麼好意？」李慧慧生氣地說。

「你別不識好歹，不是人家巴結我們，是我們高攀，你心裏應該明白一些。」

「媽，我可沒有高攀，是誰在高攀？」李慧慧反問。

他母親被他問住了，過了一會才說：

「我也問過你幾次，朱家駿的照片你也看過了，你不聲不響，我們以為你同意了呢！」

「媽，我不聲不響就是無言的抗議，怎麼會是同意呢？」

「我們母女兩人還有什麼話不好講的？你怎麼跟我打啞謎？」

「媽，因為您是我的老娘，我才不聲不響，讓您會會意，要是三姑六婆，我早把他請出去了！」

「娘是老糊塗，怎麼能會你的意？」

「媽，平時您是很明白的，怎麼在這件事兒上倒糊塗起來了？」

「我以為你在這件事兒上害羞，不好意思點頭，所以以為你不作聲就是同意了。」

「媽，這是您一廂情願，可不是我同意。」

「我和你爹已經答應朱家了，怎麼好意思出爾反爾？」

「媽，您們答應了什麼？」李慧慧急切地問。

「答應朱家人明天參加你的畢業典禮。」他母親反而雲淡風輕地說。

「媽，請他們不必多禮，免了！」

「這只會給我們臉上增光，你又沒有什麼損失，為什麼要拒人千里？」

「媽，您趁早打回票，免得惹騷惹臭，反而弄得下不了臺。」

「我問你：朱家是那一點不好？朱家駿又是那一樣配不上你？」王雲英生氣地說。

「媽，不是人家配不上我，是我配不上人家，好不好？我不想飛上枝頭作鳳凰總可以吧？」

王雲英望著女兒發呆，半天說不出話來，隨後又以溫和的口氣對他說：

「男大當婚，女大當嫁。你和朱家駿一結婚就可以出國、讀書、做事隨你選擇？這麼好的機會你怎麼可以錯過？」

「媽，鐘鼎山林，人各有志。女兒不希罕過眼雲煙的榮華富貴，只想不再生死輪迴。」

「你別中了邪！那有那種事？」王雲英盯著女兒說。「人家朱家駿說：現在有複製羊、複製牛，他正在和外國科學家研究複製人，不久就可以成功，這才是看得見、摸得著的。你那種空中樓閣，誰會相信？」

「媽，信也在您，不信也在您，朱家駿既然能複製人，他複製一個理想的女人做太太不是更好？」

「也許是緩不濟急？所以他才想結婚。」

「媽，他是找錯了對象，我可不想結婚。」

「難道你真想出家不成？」王雲英目不轉睛地望著女兒慧慧。

李慧慧點點頭。他母親哭了起來，邊哭邊說：

「我真是白養你一場了！好不容易把你培植到大學畢業，你一畢業就要出家，這真是大逆不孝！」

「媽，這才是大孝。」李慧慧拍拍母親說：「俗話說：『一人得道，雞犬升天。』我出家修行，不但祖先五代都可以超生，連親戚朋友都有福報，不止是報父母的恩。」

「眼面前的事你都不肯點頭，還談什麼報恩？」王雲英抆抆眼淚說。

「媽，我出了家還是可以隨時孝順您。」

「那你又何必出家？」

「出家修行比較單純，一結婚就有許多牽藤絆葛的事情，心靜不下來，怎麼好修？修行就是修心，心猿意馬不行。」

「你的同學林明月，不出家還不是照樣修行？」

「媽，他家的環境清靜，還有佛堂，父母又同意他不結婚，將來還要為他辦大學，辦佛學院，他不出家比出家更好修行。我怎麼能同他比？」

王雲英想想自己的公寓房子不過三十坪，慧慧的房間只有六坪，還放了許多雜七雜八的東西，整個社區又是龍蛇雜處，治安很壞，她住在這裏都不安心，想換個房子，又沒有錢。女兒住在家裏根本不能打坐，小販叫賣的喇叭聲實在吵人，原來他們兩夫妻希望女兒結婚後出國，聽說朱家駿的居住環境很好，待遇也高，家裏又有錢，所以他兩夫妻很稱心。但女兒的意願他也不能不考慮，她決定等丈夫回家後再和丈夫商量。

她丈夫李明倫是一位通情達理、生性恬淡的公務員，也是一位負責任的好父親。二子一女都培植到大學畢業，兒子有不錯的工作，只是沒有結婚，他先為女兒找到了好對象，自然滿心歡喜。但這天晚上回家之後，太太在房裏悄悄告訴他和慧慧談話的情形，他起先也覺得有些失望，隨後又輕輕歎口氣說：

「也許是他們兩人的緣份不夠？也許是慧慧沒有庸福，只有佛緣？不過，我們做父母的已經盡了心，那就由他自己決定好了。」

「老頭子，那我們不是空喜歡一場？」王雲英無可奈何地說。

「凡事看開一點，退一步海闊天空。世界無常，色即是空。慧慧要是真的修行得道，那比嫁個金龜婿更好。」他坦然地說。

「您也相信慧慧說的那一套？」他歪著頭問。

「只要有信心，佛、菩薩也是人修成的。何必大驚小怪？」

「老頭子，看樣子您也想出家了？」

「您活著的時候，我不會出家；您過世後那就說不定了。」

「您當什麼和尚？來生我還想嫁您呢！」

「也許我跳出三界外，沒有來生呢？」

「您以為您會成如來佛？」

「如果我不跟您結婚，從小當小和尚，或許可能？這一世在紅塵裏打滾了這麼久，惹了一身騷臭，了脫生死就很好了。」

「這樣說來，我這一生對您是用錯了情了？」

「是對是錯？這很難說。」他向他笑笑：「不過我們這一生不是冤家對頭，這就很不容易了。如果慧慧結婚，未必有您這樣幸福？」

「您真美！」她白他一眼：「我跟您苦一輩子，還說什麼幸福？」

「我們雖然不富不貴，可也沒有坐雲霄飛車、大起大落。我們不吵不鬧、平平安安過一生，這不就是幸福？」

「您就是這樣不長進，有了一根討飯棍，就很滿足了。」

「知足常樂，不滿足只會自尋苦惱。」他望著她笑笑：「如果我攀龍附鳳，見了頭家就矮三尺，恐怕您也會罵我生得賤？如果我去競選什麼長、什麼員，別人的口水也會把您淹死，您受不受得了？」

她半天不作聲，最後才吐出一句話：

「對朱家我們怎樣交代？」

「我只好實話實說。」

她深深歎了一口氣說：

「真想不到，一朵鮮花似的女兒居然要出家了？」

「老伴兒，人各有因緣，各有因果。父母不是上帝，是勉強不得的。」

她的眼淚不自禁地落了下來。

他卻悠悠地說：

成人不自在，自在不成人。
花開又花落，開落總是塵。

第三十四章　十年鐵窗明因果
一方山洞去瞋癡

李慧慧出家了。

和他同時出家的有十六位比丘尼，其中有一半是大學剛畢業的，有學新聞的、有學電腦的、有學物理的，最多是學文學的，其中又以學外文的較多。另一半是社會上打滾了多年的女性，有離婚的、有失婚的，但統統是知識份子，最低學歷是高中畢業。

出家的男性共有五位，但只有一位是大學畢業，而且是剛刑滿出獄的。

正式落髮的這天，明月、止心、張秀英、王文娟都一道來看李慧慧，他已經換上一身灰色袈裟，光頭，明月他們乍見他時幾乎不認識。因為李慧慧過去是秀髮如雲，尤其是蓄著披肩的長髮時，真像流動的黑色瀑布，走起路來更飄飄欲仙，風姿綽約。他的個兒雖然沒有明月高，五官也沒有明月那麼吸引人，但他雪白的皮膚，漆黑的雙眸，卻顯出一種出塵脫俗的雅致和冰雪聰明。明月表現的是整體的美，如皓月當空，慧慧卻像一顆若隱若現的晨星。他的個性有父親的恬淡、也有母親的堅貞。

明月他們看見他時先是微微一怔，隨後大家又擁抱在一起，將他圍在中間，默然無語。還是他提議帶他們去竹林中看看他的帳蓬，大家才邊走邊談起來。明月問他母親來看他剃度沒有？慧慧說：

「我媽心裏始終放不開，他不敢看我落髮，我怕他當場哭起來，所以沒有讓他來。」

「你父親呢？」明月又問。

「我父親倒想得開。」慧慧欣慰地一笑。「他接下了我的燙手山芋，成全了我出家的心願。」

「那你父親也是佛門弟子了？」

「我父親不是佛門弟子。」慧慧搖搖光頭說：「但他很開明，不排斥佛教。基本上他是老莊之徒，但又不是道教徒。他推崇老子的和光同塵和無為思想。他主張順天應人，不贊成強不知以為知，自以為是。他說人類的最大毛病就是將自己當做上帝。」

「你父親真是一個了不起的人！」明月贊歎起來。

「他是一個最平凡的人，從來不膨脹自己。在我們兄妹面前，也不以為他是老爸。」慧慧笑著說：「他只提供意見，不強作主張。」

「這才了不起，這是一般男人做不到的。」明月說。

「他也從來不和我母親吵架，我母親有些好勝，他總是讓他一步，所以吵不起來。」

「這才是高招！」明月聽了一笑：「夫惟不爭，故天下莫能與之爭。是以聖人終不為大，故能成其大。」

「你太抬舉我爸了！」慧慧聽了不禁一笑：「我媽還常罵他沒有出息呢！」

「你媽天天與聖人在一起，所以把聖人當作膿包。」明月笑了起來。「如果我們天天與釋迦牟尼佛、老子在一起，我們也會覺得他們沒有什麼了不起，甚至還以為自己比他們高呢！」

「說不定我就不想出家了？」慧慧也好笑。

他們說著走著，隨即發現竹林裏有一、二十個各種顏色的單人帳蓬，高低不一，錯落有致，因地形地勢而立。慧慧指著一個紅白相間的圓頂帳蓬對大家說那是他的。

他們走近一看，地是新整平的，周圍灑了一圈白石灰，防止毒蛇、蜈蚣等爬蟲侵入。慧慧揭開帳蓬拉鍊，掀起門帘，地上鋪了稻草、防潮毛氈，上面再鋪棉墊、白臥單、薄被，漱洗用具放在小旅行箱中。明月問他：

「你住得慣嗎？」

「慢慢就會習慣。」慧慧回答。

「這樣看來，比我在清涼寺還差多了。」止心說。

「比釋迦牟尼佛在畢波羅樹下還略勝一籌。」慧慧笑說。「不過以後會蓋一個固定的棚屋，統鋪，設備要好一些。」

「和你一道剃度的比丘住在那裏？」張秀英問。

「他們住在新挖的山洞裏。」慧慧指指山腰說。

他們請慧慧帶去看看，慧慧只好陪他們去參觀最近的一個山洞。那位新剃度的大約三十多歲的比丘，正好在整理洞口的通路，他就是不久前才刑滿出獄的，他犯過殺人未遂罪，是聽了圓明、江淑貞師徒在獄中弘法講演，看了《無量光》雜誌和其他經書，才決定出家的。

山洞只有兩坪大小，五尺高，放了一個可以摺疊的帆布床，一張坐椅，沒有正式的門，有幾塊木板可以遮住洞口，比活動帳蓬稍好一點。止心不知道他的來歷，問他怎麼住得下去？他笑笑說：

「山洞雖小，比監牢裏自由多了！怎麼住不下去？」

「請問您為什麼出家？」王文娟問。

「我希望靈魂也能得到解脫，那才是真正的自由。」他笑著回答：「您們沒有坐過牢，不知道自由的可貴。」

「您府上沒有人嗎？」張秀英問。

「我又不是天上掉下來的，地下蹦出來的，怎麼會沒有人？」他笑著反問。

「那您怎麼能出家？」王文娟問。

「放下就是。」他笑笑。

「你說的輕鬆，放下可不容易。」王文娟說。

「遲早總得放下，皇帝老倌的三宮六院、三千粉黛、萬里江山，最後不都統統放下了？有誰能帶走一個人？一寸土？何況我這個小老百姓？有什麼放不下的？」

「你真是看開了！」止心說。

「不坐十年牢，我是看不開的。」

「您是怎麼坐牢的？」張秀英問。

「當初只是為了爭一口氣、瞋念一起，就白刀子進、紅刀子出。幸好對方沒有死，現在想來實在可笑。」他搖頭一笑。

「您爭的什麼氣？」王文娟問。

「當時年紀輕，還不是為了一個情字？」他看看他們幾位說：「我可不是偷雞摸狗、綁架勒索的。」

「無獨有偶，當年他也是為情出家。」明月指指止心笑說。

「那您是早有師父了？」他笑問止心。

止心點點頭。他望著止心說：

「能勘破情關，就破了一個癡字。不過還有兩大毒不好除。」

「費盡一生功夫，三毒也未必能除乾淨？」止心說。

「我住山洞比較好除，您住大寺就比較難除。」他對止心說。

「我住的是小寺，還是難除。」止心向他一笑。

「一旦三毒除盡，就可以涅槃了。」

明月聽他的談話，似乎不是一時衝動出家的，彷彿他皈依三寶很久，因此問他：

「請問您這次出家是臨時起意？還是胸有成竹？」

「我坐牢十年，起初三年很想自殺，後來常常聽出家師父講經說法，也看了淨土五經和其他經典，對人生的看法有了很大的改變。那次聽了圓明師父講經之後，才覺得因果律是很科學的，不是說教，所以我一出監獄就出家。」

「悟時人是佛，您是真的開悟了！」明月對他說。

「除了這個我自己挖的山洞之外，我真是清潔溜溜，一無牽掛，日後說走就走，不會回頭。」他指著空空的土洞說。

「老子說：『為學日益，為道日損，損之又損，以至於無為，無為而無不為矣。』人大概真要到您這種地步，才能看得空？」明月笑說。

「現在我看色即是空，您們可能看空即是色。」他指指明月、張秀英、王文娟說。

「我們如果都能瞭解諸法空相，那就不生不滅、不垢不淨、不增不減了。」明月說。

「五蘊皆空，六根俱淨，談何容易？」止心輕輕歎口氣說。

「您出家多年，還有這種感慨，可見修行之難了！」他望著止心說。

「要遠離顛倒夢想，不知要經過多少死去活來？您剛才說您一無牽掛，說走就走，不會回頭。話很輕鬆，只怕到了那種節骨眼兒，未必走得了？」止心望著他說。

「我有十年監牢熬煉，再在這個山洞裏面壁十年，應當可以遠離顛倒夢想。」他自信地說。

「但願如此，我們會以您為鑑。」他們向他雙手合十告辭。他也雙手合十還禮，口中淡淡地說：

「人生聚散無常，恕我失禮不送。」

明月輕聲問慧慧他的法號叫什麼？慧慧說：

「他叫無生，我叫無相，以後你們改口好了。」

「一時怎麼改得過來？」張秀英說。

「慢慢改，自然會改過來。」無相說。

「你比我有決心，說出家就出家，真是大丈夫。」張秀英望著無相的光頭和灰色的袈裟說。

他覺得無相完全變了一個人。

他們一起來到工作室。江淑貞拿了十幾篇《無量光》雜誌的稿子和幾十封讀者的信給明月。《無量光》雜誌已經出版了五期，有四種外文版，反應很好。明月是總編輯，江淑貞是發行人兼總經理，自下期起他就將總經理的工作交給無相。因為他的工作太重，四種外文本的翻譯、都要他支配、調度，幸好人才不缺。他已經提前退休，現在又多了無相這個助手，他就可以輕鬆一點。一切經費的籌措、開支都由楊明德負責。楊明德有錢，工商關係也好，樂捐的人更多，《無量光》雜誌全部當作善書免費贈閱。明月目前只負責漢文版的書稿編輯工作。大家對這本雜誌都很滿意，其中不少經典的證悟和修行體驗的文字是別的佛教雜誌所沒有的。江淑貞很愛護明月，更欣賞明月的才華。他問明月畢業以後有什麼計畫？明月都告訴他了，他高興地對明月說：

「以你的條件，出國去拿幾個博士都不成問題，你的計畫一旦實現，那才是一件大事。」

「我不打算出家，也是為了做事更方便。」明月向他解釋。

「師父並不鼓勵弟子出家，他完全尊重各人的意願，他很瞭解你、欣賞你。」

「我會把雜誌編好，幫助有緣的讀者好好修行。」明月說。「空洞的理論，故弄玄虛、逞機鋒、參話頭，對修行沒有多大的益處。那些體驗好、文字不好的文章，我會潤飾一下發表。」

「師父很贊成你的編輯方針，他也不欣賞那些人云亦云的理論。」

「師父弘法講演就和別人不一樣，他講的都是自己的證悟，一查經典，就可以印證。別人沒有那種體驗，所以講不出來。我選稿也在言之有物，不採用那種模稜兩可，似是而非的稿子。禪是活的，但不是假的。」明月滔滔地說。

「明月，你講話真是一針見血！」江淑貞拍拍明月：「六祖以下，產生了不少野狐禪。我們的雜誌不能辦得死氣沈沈，也不能以假亂真。」

「師姊，是真是假，您和師父知道，我也分別得出來。」明月說。

江淑貞很高興，留他們吃午齋。大鍋飯、大鍋菜，簡單、營養不差。大家圍著一個長條木板桌吃。比起大寺的大飯廳來，這裏像個小難民營。

「道場的開支不小，尤其是星期天，兩、三千人來聽經、吃飯，一文不取，怎樣維持？」明月問。

「全靠楊師兄和善知識布施，師父不准收取分文，而且每月初還要公佈帳目。」江淑貞說。

「弟子、來賓愈多，開支也愈來愈大，長久下去，這也不是辦法。」止心說。清涼寺只有他們師徒兩人，有時還青黃不接。

「師父絕不蓋寺院，不鋪張，腳踏實地，細水長流，沒有問題。」江淑貞說。

明月知道現在蓋寺院的好處很多，寺院大名氣大，錢不是問題，他父親就布施過不少，還不願掛名。他認為辦好《無量光》雜誌更重要，如果經費發生問題，他想請父親支持，不過他沒有說出來，江淑貞也沒有開過口，他們是可以無話不談的。他們每天都通電話，每周一定見面一次，江淑貞只希望他將雜誌編好，因為他還是學生。

用齋後他們談了一會，明月、張秀英、王文娟、止心告別時，江淑貞和無相送了一段路。以往無相一定和他們幾人同來同去。這次他們上車後，無相卻站在江淑貞身邊向他們揮揮手，他們都有點怪怪的感覺，尤其是無相放亮的光頭、灰色的袈裟，和以往完全不一樣。張秀英看了他一眼，不禁笑問：

「你一個人在竹林裏過夜不怕？」

「正好打坐、念佛，有什麼好怕的？」無相笑著回答：「說不定我會和明月一樣，突然打開智慧眼呢？」

「但願如此！」明月說：「你一心向佛，應該有此福報。」

車子開動，大家揮手向他們兩人告別，張秀英說了一句：

「慧慧保重！」

無相笑著叮囑他：

「別忘了，我現在叫無相。」

「無相，無相！」張秀英連念幾次，又自言自語：「無人相、無我相、無眾生相、無壽者相。談何容易？」

「真想不到，無相說出家就出家了！」止心說。「他真灑脫。」

「一旦因緣成熟，自然瓜熟蒂落了。」明月說。

「我大概還塵緣未盡？」張秀英說。

「我們和無相的心願不樣，不妨各自努力、殊途同歸。」

「我們跟圓明師父學佛最大的好處就是除了守五戒、打坐之外，沒有任何約束。他又不照本宣科講經，但他信口講來我們都是聞所未聞，他也和六祖惠能一樣，經典都印在心中。」王文娟說。

「明師和名師不同。」張秀英說：「我看電視上的名師講經，有時愈聽愈糊塗，他們談起化身來更玄之又玄，不著邊際。可是師父講化身我立即明白。他說化身就是振動力和頻率的問題，阿彌陀佛光中化佛無數億，就是將他的振動力、頻率改變得和眾生一樣，所以他十分瞭解眾生。」

「這就是為什麼佛能與眾生同一體了。」王文娟說。

「如來佛的振動力化解了時間和空間的障礙，所以他無所不在。」明月說。

「明月，你看見化身師父沒有？」王文娟突然問明月。

「打坐時常常看見。」明月說。「那時師父的振動力、頻率和我的一樣，所以我來道場時不必去看師父。」

「可是我還看不到化身師父。」王文娟說。

「也許你現在還沒有調整好？」明月說。「其實師父隨時在我們身邊。他不會厚此薄彼，功夫到了、時候到了就行。」

「這樣看來急也無用了？」王文娟說。

「我出家多年，智慧眼也還沒有開呢。」止心說。

「難道寒星師父沒有傳法給您？」王文娟問。

「八萬四千法門，不是個個有效。」止心向王文娟一笑：「寒星師父對我很好，他是個詩人、詞人、畫家，恐怕當年他也未遇到得道的明師，他並沒有傳我什麼法。」

「那就不能算是皈依三寶了。」王文娟說。

「像我這樣的佛門弟子一定很多，我看只好自己摸索了。」止心無奈地說。

「這樣看來，無相和那位無生比丘，都是有心人了！」張秀英說。

「明師可遇而不可求，他們兩位既遇又求，算是逮住了機會，沒有白來這娑婆世界一遭。」止心說。

「我們沒有出家，會不會白來這一遭？」王文娟問。

「不會、不會。」明月笑說：「師父一定會將你拉上去，除非你自己不想上去。」

「你是沒有問題，不過像我這麼鈍根的人，未必保險？」

明月望了王文娟一眼，向他一笑說：

「文娟，你要有信心，當年念高中時，你後來還不是拿過第一名。」

「那還不是你放水的關係？」王文娟想起那段中學生活時明月的退讓、鼓勵，心中暗自感慨。而李蔻蔻已經慘死，石冰冰則身陷囹圄，他和明月情誼如昔，明月還一直鼓勵他，他相信在修行路上明月也會拉他一把。

「那是你自己努力。」明月說。「學佛也是一樣。」

「明月，我覺得學佛比讀書更難。」王文娟說：「還是看不見、摸不著，也沒有辦法評分的。禪是抓緊了會死，放鬆了又會跑掉，我真不知道如何是好？」

「當下即是。」明月說。

「無相是做到了，我沒有做到。」王文娟說。

車子進入了市區，張秀英和王文娟同時下車轉搭公車回家。明月送止心到山腳下，再獨自開車回家。

素素因為要作功課，沒有和明月一道去看李慧慧。他看明月回來，關心地探問慧慧出家的情形，明月照實告訴他，老太太也關心慧慧，明月主動去報告他。

「現在你們這批同學都是大人了，囝大爺難做。幸好慧慧有個好父親，不然他出家會有障礙。」老太太說。

「奶奶，聽說也有父母去道場鬧過，硬逼著女兒回家的。」明月說。

「這就是障礙，因緣沒有成熟。」老太太說。「出家是大事，也要好因緣。」

「奶奶，還有一個殺人犯，一出獄就出家了。」明月說。

「放下屠刀，立地成佛。」老太太說：「那個殺人犯和慧慧一樣，只要認真修行，都能成正果。」

「奶奶，那個殺人犯好像很有慧根。」

「可能是一時無明火起，才犯下大錯的。」

「奶奶，您說的一點不錯，他當時只是因為一個瞋字而開殺戒的。」

「眾生無明，不知道有多少罪過都是無明造成的。」

「奶奶，像您這樣最好，螞蟻都沒有踩死一隻。」明月笑說。「所以您才這麼長壽。」

「螞蟻也是一條命，本來應該尊重牠，何況是人？」老太太說。

「奶奶，最近謀財害命、焚屍的案子，愈來愈多，怎麼會這麼殘忍？」

「人性中也有獸性，有些人就是野獸投胎轉世的，他們積習難改，自然殘忍。」

「那他們這一世不是枉為人了？」素素說。

「可不是？」老太太一歎：「眾生就是這樣六道輪迴流轉的。」

「老夫人，我昨天看過一小時的野生動物電視片，我覺得我們這個世界真有些像非洲大草原。」素素忽然想起那些血淋淋的場面。

「可不一樣。」老太太搖搖頭說。

「怎麼不一樣？」素素有些奇怪。

「我們這個世界衣冠楚楚，人模人樣。非洲那些野生動物可沒有穿衣服、原形畢露，是不是？」老太太反問。

「老夫人，您取笑了！」

「素素，你要是修成了天眼通，你就會一眼看透，看不到心肝，自然也看不見綾羅綢緞和尼龍做的衣服。」老太太說。

「老夫人，您是不是已經天眼通了？」素素高興地笑問。

「我沒有明月那麼高明，我是偶然聽他講的。」老太太笑說。

「奶奶，您好久沒有耍猴子了，怎麼又耍起來了？」明月笑問。

「你現在是個大忙人，忙得把奶奶都忘了。奶奶天天眼睛看著鼻子，好無聊！奶奶要是天眼通了，就會隨時看見你，看到很多世界，那就不必再耍猴子了。」老太太望著明月說。

「奶奶，天眼不光是看好的，也會看到很多壞的，那反而不好。還是您這樣只看見慈恩山莊最好。」

「我會專看佛國，專看極樂淨土，不看地獄，那不很好？」老太太笑說。

「奶奶，那您就會賴在上面不肯下來了！」

「我已經活了這一大把年紀，早些往生佛國、淨土，賴在上面，那不是更好？」

「奶奶，這可由不得您，時辰未到，誰也走不了？」

「麻煩你問問你師父，我什麼時候能走？」

「師父不會講。」明月用力搖頭。

「那你就請師父到山莊來住一兩天，請他和我講悄悄話好了。」老太太笑瞇瞇地說。

「奶奶，我是早想請師父到山莊來住一兩天的，可是江師姊說師父忙得很。」

「他忙些什麼？」

「他要照顧很多人，去很多地方，他有很多無形的工作要做，別人都不知道。只要逮到機會，我一定會請他到山莊來。」明月向老太太解釋。「奶奶，其實化身師父時常到山莊來，不過您沒有看見。」

「怎麼你看得見我看不見？」老太太連忙問。

「奶奶，因為我的振動力、頻率和他的一樣，所以我能看得見他。」

「這是什麼原因？」老太太追問。

「這就像電視頻道一樣，頻道調對了映象就會出來。」明月笑說。

「這樣說來我也要皈依他了？」

「奶奶，我和趙伯伯、素素阿姨都皈依了，他會一樣照顧您的。您放心好了。」明月解釋：

「您看不見他，他看得見您，觀世音菩薩也不是人人能看見的，您這一輩子還不是得到觀世音菩薩暗中保佑的？」

「不錯！我們能有今天，不全是你父親能幹。這點你倒要記住。」老太太坐直身子說。

「奶奶，老子也說：『天道無親，常與善人。』您一生吃素修行，行善積德，我們才有這些福報。現在人心不古，天還是最公道的。」明月站起來說。

「老夫人，連我也托福沾光了。」素素也站起來對老太太說：「不然我那會有今天？」

「人在做，天在看，素素，我很高興你和明月這些同學走的都是正路，不會失足。我雖然沒有天眼通，眼睛看著鼻子，也就心甘了。」老太太對素素說。

明月對老太太說要回房間看《無量光》雜誌的稿子，便和素素一道告辭出來。老太太卻向他背後拋出幾句話來：

「明月，你去忙你的，沒有時間和奶奶講悄悄話，奶奶也不會怪你。」

第三十五章　陳珠靜坐得真道　寒星圓寂有餘音

明月回到自己的房間，想想奶奶的話，不免有些歉疚。上大學以後，他居然成了忙人，用在功課上的時間少、陪奶奶的時間也少。加上素素也成了正式學生，他用在功課上的時間自然多了。老太太顯然比從前寂寞。但他很體諒素素，也贊成明月多做一份《無量光》雜誌的編輯工作。老太太認為這個工作比蓋寺院有功德，他就歡喜看這份雜誌，也更瞭解圓明。以前讀經典時還有不明白的地方，看了這份雜誌後，他都豁然明白了。他還誇獎明月編得好呢！

明月看到那一堆稿子和信，心裏也很安慰，他覺得自己付出的時間精力沒有白費，他真正給讀者供應了「靈糧」，自己也有不少收穫，那些寫出自己修行體驗的稿子，他也可以和自己的體驗印證，他的分寸把握得很準，該用的稿子一定用，不該用的決不發表。

素素過來看見他桌上一大堆稿子和信，問明月要不要他幫忙？明月笑著搖搖頭說：

「阿姨，我讀大學最大的收穫，除了孟老師的言教、身教外，大概就是編雜誌了？其實這份雜誌也花不了我太多的時間，我倒從信稿當中更瞭解眾生，看到他們的內心世界，看到地獄和淨土都在他們心中。」

「本來一切唯心造，淨土、地獄都在一念之間。」素素說。

「話是不錯，可是很少人相信。這裏有一封信是夫子自道，您可以先看看。」明月說著就把那封信交給素素。

素素一看，作者竟開門見山地寫著：

編輯大德：

我是一個遊手好閒、作惡多端的人。有人說他七進七出鬼門關，我是真的七進七出監牢。不過以後我再也不會去那種鬼地方了！因我已經正式剃度，皈依三寶。

我犯過詐騙、勒索、強暴、縱火、殺人等罪，又忤逆不孝，我老爸被我氣得腦沖血死了。如果我都認罪，那坐穿牢底也出不來。但我刑滿出來了！

法律有漏洞，監獄更有很多流弊。只有天網恢恢，疏而不漏、公而無私，往往午夜夢回，一夕數驚，我便以讀《地藏菩薩本願經》、《阿彌陀經》、《無量壽經》、《金剛經》，看《無量光》雜誌來平靜心情。因此決定洗心革面，不再在黑道中打滾，不再在刀口上舔血。當我一穿上袈裟，心中就充滿法喜，眼前一片光明。所謂：「放下屠刀、立地成佛。」我真有這種感覺。「苦海無邊，回頭是岸。」願天下有緣人能看到我這封自白信。順

祝
編安法喜

真如寺新比丘了凡合十

素素看完信，交還明月，問他：

「這封信你登不登？」

「阿姨，您看呢？」明月反問。

「我看是登的好。」素素說。「一方面使雜誌內容多樣化，另一方面社會上徘徊歧路，無明的罪人很多，如果看到這封自白信，也許會得到一點啟示？」素素說。

明月點頭同意。素素又說：

「我看這人的文筆很好，他怎麼會走上歹路？」

「走歹路的多半是聰明人，歷來大奸大惡者必有大才，但他們走的是不歸路，很少能夠回頭。這位先生不失善根，未昧本性，才能回頭是岸。」

「浪子回頭金不換，說不定他將來能修成正果。」

「佛在心中，只要一旦恢復本來面目，人人都可以成正果。」

「老夫人說你做這種編輯工作會有功德，可以度人。」

「做這種工作我也很有興趣，只是陪他的時間少了！」明月遺憾地說。

「你這種編輯工作就是修行，所以老夫人很諒解你。」

「可是奶奶年紀太大了，我不能多陪陪他，心裏很過意不去。」

「我們彼此、彼此。他雖然也能體諒我，但我為了功課，侍候他的時間也比以前少了。」

「阿姨，您能拿個學士學位，對您十分重要，對我也好。」

「我八十歲學吹鼓手，對我對您都沒有什麼用處。只是減少我一點自卑感而已！」素素坦直地說。

「阿姨，您和我媽的年紀不相上下，還可以派上用場。我是剛起山的太陽，來日方長，需要您協助的地方很多，您怎麼派不上用場？」明月向他解釋。「我們的慈恩工專，正在籌備改制成綜合大學，我爸要交給媽和我負責，怎麼少得了您？」

「我是聽到一點風聲，但我不敢做非分之想。」素素說。

「當初只是一個構想，沒有具體行動，所以我沒有和您詳談，現在王校長正按部就班向大學之路走，快則我一拿到碩士學位就可以成立，遲則等我博士學位一到手，一定可以招生了。一切人事安排必然更早，您不正好派上用場？」

「那誰來照顧老夫人？」素素問。

「那好辦，您不必耽心。」明月寬慰他說。

「如果畫餅成真，我真不知道怎麼說好？」素素滿臉堆笑說。

「阿姨，您什麼也不必說，這一切都是緣。」

「可是我還不知道這是什麼緣份？」素素望著明月的臉上說：「一住進慈恩山莊，我就長懷感恩之心。」

「阿姨，不談過去世的緣份，這一世我就欠您很多恩情。」素素看明月說得那麼自然誠懇，禁不住抱住他流下淚來，隨後又抬起頭來望著明月笑說：

「我有好久沒有抱你了，我時常回想我抱你的那段日子，心裏就甜甜的。」

「阿姨，您愛抱就抱。您把我從小抱大，和親娘有什麼分別？」明月笑問。

「我不能放肆非分，我不能不顧慮到我們的身分。」素素冷靜地說。

「阿姨，您把我從小餵大，實際上您是我的奶娘，這是一種親情，奶奶就一直把我當三歲小孩子看待，要我和他講悄悄話，您抱抱我也是理所當然，這才像人呢！」

「明月，你早就比我高，我已經抱不動你了！」素素淚眼盈盈地笑著。

「阿姨，那我還是不長大的好！」明月說。

「別孩子氣，人怎能不長大？」素素向明月一笑。

「阿姨，生、老、病、死；成、住、壞、空，這就是輪迴。我們要跳出輪迴，究竟涅槃才好！」明月也望著素素說。

「我是最想跳出三界外的，可是很難跳出去。」素素有些無奈。

「阿姨，不要洩氣，好好修，總會跳出去的。」明月安慰他。

「老夫人修了幾十年，天天念經打坐，又行善積德，好像他還沒有修成天眼通呢？」素素遲疑地說。

「天眼通只是小神通，不是究竟。我看奶奶遲早會得道的。」明月自信地說。

「那就好！」素素又高興起來：「一人得道，雞犬升天。我們四人修行，總會有一兩個得道，我是禿子跟著月亮走，總要沾點兒光。」

明月將信、稿收拾起來，放進抽屜，要素素和他一道再去看看老太太。素素對他說：

「你的信稿還沒有看完，怎麼半途而廢？」

「阿姨，這一向我陪奶奶的時間實在太少，他先前那幾句話，雖然十分體諒我，也使我深深感受到他的寂寞。他這麼大的年紀了，過去我們一直在他身邊，他更把我當開心果兒。可是這大半年來，我一天難得和他談上幾句話，他怎麼受得了？我愈想愈覺得對不起他。」

「你這樣說來我更慚愧。為了不讓班上的小弟小妹們說我是混文憑的，我就不得不用點功，侍候他的時間也自然少了。」素素抱歉地說。

「阿姨，我覺得人是愈老愈寂寞，連一個談話的人也找不到。尤其是奶奶，大門不出，二門不邁，又沒有三姑六婆進來，他除了打坐以外，只好眼睛看著鼻子了！」

素素聽明月這麼說，連忙挽著明月走向佛堂，一到門口，就看見老太太雙盤腿端坐在絲絨蒲團上，彷彿入定了似的，他們不敢作聲，也不敢進去，又悄悄退回來。老趙只有清早共修時才上佛堂，吃飯時才送飯菜上來，最近老太太不大下樓吃飯了，所以佛堂裏大多時間只有他一個人。而他除了望望窗外的藍天白雲之外，就是打坐了。

「像奶奶這樣修行，不得道也難。」明月回到自己房裏，一坐下就對素素說。

「我每天打坐的時間都不夠，所以進步很少。」素素說。

「雖然禪不在坐，但久坐必有禪。師父更說觀世音的振動力可以消除業障，可見打坐是很重要的。」

於是他們也利用機會，關起房門打坐，明月說坐三十分鐘再去看老太太，素素也同意，他們也常常利用空閒時間在佛堂打坐一會，現在因為怕驚動老太太，就在明月的房間打坐了。

打坐時如果心浮氣躁，時間就過得很慢，效果也不好。如果氣定神閒，便容易入定，時間也過得特別快。明月一閉上雙眼，就很快安定下來。素素卻不容易控制呼吸，氣息不勻，不免心浮氣躁。三十分鐘他覺得很久。明月卻在恍兮惚兮中，很快地過了三十分鐘，幾乎準時睜開眼睛。素素一直沒進入恍兮惚兮狀態，他睜眼看看手錶，也到了三十分鐘。

他們又一道走到佛堂，老太太已經出定，不過還是坐在絲絨蒲團上休息。他們兩人一走到門口，老太太就發覺了，正準備站起來，明月、素素連忙過去把他扶起，很多老年人一坐下去就爬不起來，他還能自己起來。

他們兩人把他扶到沙發上坐下，他們坐在兩旁。明月對老太太說：

「奶奶，我們先前來過一次了，看您彷彿入定了，所以不敢進來。」

「我是入定了一會兒。」

「看見什麼境界沒有？」明月問。

老太太笑著點點頭。

「能不能告訴我們？」明月反問。

「我不知道那是什麼境界？只感覺到一片大光明、身心非常清涼、舒服。」老太太說。

「奶奶，那是大好境界。您講給我們聽聽好了。」

「彷彿是在《楞嚴經》上看過？我想講給你們聽聽諒也無妨，不過你們不能再講出去。」

「既然是經上有的，那就是證悟。當年釋迦牟尼佛也要二十五位菩薩講心得給他聽呢。」明月說。

「你記性好，記得比我清楚，我一講出來，你就會知道來龍去脈了。」老太太說。

「奶奶，您快講，我和阿姨洗耳恭聽。」明月端端正正坐起來。

於是老太太慢慢講出來：

「我入定不久，就看見北斗七星，起先斗是斗，柄是柄，隨即擴大成六角形，又聚成一團，光亮無比，勝過月光的清輝何止千百倍？全宇宙一片清輝，空無一物，更無山河大地，只見十方微塵國土合成一界，沒有邊際，一塵不染，我身心舒暢無比。這是不是清涼地？」

「奶奶，這確是《楞嚴經》上的圓明境界，恭喜您得道了！」

「你可別亂講！」老太太連忙搖手止住明月。

「奶奶，我記得清清楚楚，不是胡亂開腔。」明月接著說：「當年觀世音菩薩向世尊報告說：如來佛說他善得圓通法門，於大會中授記他為觀世音號，由他觀聽十方圓明。故觀音遍十方界。您見到的就是十方圓明境界。」

老太太仍然不敢相信。明月又補充說：

「世尊聽了觀世音菩薩那番話，於師子座從五體同放寶光，遠灌十方微塵如來及法王子諸菩薩頂。那些如來也於五體同放寶光，從微塵方來灌佛頂，並灌會中諸大菩薩及阿羅漢。林木、池沼皆演法音，交光相羅，如寶絲網。是諸大眾得未曾有，一切普獲金剛三昧。即時天雨百寶蓮華，青、黃、赤、白，間錯紛糅，十方虛空成七寶色。此娑婆世界大地山河、俱時不現，唯見十方微塵周國合成一界。奶奶這不和您剛才看見的境界相同嗎？」

「又怎麼能算是得道呢？」老太太問。

「奶奶，您知道明朝的憨山大師也和唐朝的六祖惠能一樣是肉身菩薩嗎？」明月反問老太太。

老太太點點頭。明月又接著說：

「憨山自幼隨母親在寺中讀書，十九歲才正式剃度出家，卻被充軍二十年，到四十歲時，一天夜晚打坐，突然看見您說的那種圓明清涼境界，他不知道是怎麼一回事兒？連忙查《楞嚴經》，查到此處，他心裏就明白了。後來他圓寂時是全身舍利，成為肉身菩薩，這是幾百年難得一見的，直到印空太師公才又見肉身菩薩。您修行幾十年，能見到那種境界，真是水到渠成，所以我說您得道了！」

老太太連忙站起來，走到觀世音菩薩和印空法相座前頂禮，感謝觀世音菩薩和印空師父的加持，站起來後又鄭重地對明月、素素說：

「你們兩位千萬守口如瓶，不要對任何人講！我還怕我是妄語呢！」

「奶奶，您不是妄語，我就講不出來。我是當面恭喜您。我絕對不會再講半個字兒的。」

素素也向老太太保證說：

「老夫人，您辛苦修行了幾十年，好不容易看到十方圓明，我怎麼敢講？」

「素素，修行的路真的很長，你即使遇上明師，也一定要有信心、恆心，你知道這幾十年來，我可沒有偷一點懶，動搖一下。」老太太對素素說。

「老夫人，我一定踏著您的腳印兒走，我要一世解脫。」素素堅決地說。「我既沒有您老人家的福報，又沒有明月的慧根，要將鐵杵磨成針，非一步一個腳印兒不可。」

「難得你有這種決心、恆心！」老太太點頭贊許。

「老夫人，我自知學禪宗的根器不足，只好走淨土的路子。」

「其實你也可禪淨雙修，你不會比我差。」老太太鼓勵素素。

「老夫人，我怎麼能和您老人家比呢？您是有大智慧的人，我學您這麼多年，還沒有學到皮毛呢！」

「阿姨，您也不要太自謙，您學什麼都行。」明月及時鼓勵他。「不過不論根器利鈍，能禪淨雙修最好。即使再聰明的人，如果徒逞口舌機鋒，也會變成野狐禪。」

「我一向笨嘴笨舌，那敢談禪？」素素不禁一笑。

「你默默修行最好，禪不是談出來的。」老太太對素素說。

「老夫人，我會默默修行，承您老人家二十多年的厚愛，我沒有半點報答，真該向您請罪。」素素忽然向老太太雙膝一跪說。

「起來！起來！」老太太連忙雙手一抬：「你好好的，有什麼罪？」

「老夫人，我不甘墮落，不但跟您學佛，又八十歲學吹鼓手、念大學，生怕丟人現眼，沒有好好地侍候您老人家，您不但不怪罪，反而一再鼓勵，我內心實在不安！」素素說著不禁流下淚來。

老太太連聲叫他起來，明月即伸手將他拉起來，老太太對素素說：

「你跟我二十多年，一直學好，念大學也不是壞事，我實在很高興，怎麼會怪你？再說，人生際遇，莫非因緣，說不定我前生欠你一份恩情，今生來補償呢？」

「老夫人，我可不敢這麼想，我只覺得您老人家太厚愛我了。」素素說。

「你怎麼突然說出這些話來？」老太太好笑：「我們之間還用得著這些語言嗎？你好好讀書、修行就得了。我也不是一生下來就有人侍候的，我知福惜福，你侍候我太多了反而對我不好。」

「老夫人，您是真的得道了！」素素笑說。

「你不要把道看得那麼神祕。」老太太向素素一笑說：「道者常也。中庸就是道。陰陽平均就是道。有無相生就是道。色即是空、空即是色就是道。色不異空、空不異色就是道。太陽、月亮從東方起來，西方落下也是道……」

明月不等老太太說完就大笑說：

「奶奶，您是真的得道了！真的得道了！」

「你別瘋瘋癲癲，我還不是照樣吃飯、睡覺？」老太太白了眼月一眼說。

「奶奶，老子也吃飯、睡覺；釋迦牟尼佛也吃飯、睡覺；耶穌也吃飯、睡覺。但吃飯、睡覺的結果可不一樣啦？」明月說。

「怎麼不一樣？」老太太反問。

「吃睡出聖人與凡夫。」明月回答。「而且聖人少，凡夫多。」

「一樣的五穀怎麼會吃出百樣的人？」素素問。

「聖人吃睡是為了延續慧命，發展靈性、佛性；遠離顛倒夢想，究竟涅槃；凡夫吃睡是為了享受福報，吃得白白胖胖，更加顛倒夢想，不斷生死輪迴。真好無聊。」明月說。

「我看你也得道了。」老太太聽了一笑。

這時電話突然響了起來，明月連忙過去接聽，是止心打來的。他開頭一句話是：

「明月，我師父圓寂了！」

這突如其來的消息使明月一怔，他連忙問：

「是什麼病？」

「沒有病。」止心回答。

「怎麼好端端的突然圓寂了？」

「其實師父頭兩天前就預告了，我不相信，想不到預言成真？」

「他有什麼交代沒有？」

「他要坐缸土葬。」

「什麼時候開缸。」

「他要長埋地下，不開缸。」

「要不要我們同學幫忙？」

「後天上午十時封缸前，請你邀幾位佛學社的同學來打坐一下，其他的事由我和師父生前故交方居士辦理就行。」

「你怎麼忙得過來？」

「師父不要舉行任何儀式，也不要驚動佛教界的高僧、大德，他要靜悄悄地走。請同學來打坐是我的主意，我覺得師父寂寞一生，走得也太寂寞了，我於心不忍……」止心說著哭了起來。

「您不要說了，我一定多約幾位佛學社的同學，後天上午八點三十分前趕來打坐。」

止心說了一聲謝謝，就將電話掛斷了。

老太太和素素都對這突如其來的電話驚歎不止，老太太沒有見過寒星，對他不大瞭解。明月向他解釋：

「奶奶，寒星師父像一朵出污泥而不染的荷花，又像一株空谷幽蘭，他基本上是一位詩人、詞人、畫家，一身書卷氣，沒有半點俗氣，彷彿不食人間煙火似的。阿姨也見過他。我很想多去看看他，可惜一直抽不出時間，想不到他突然圓寂了！」

「他有多少年紀？」老太太問。

「看起來不出老，實際上總快九十了。」明月說。

「你知不知道他的身世？」老太太又問明月。

「止心沒有講，我們也不便問。不過一看他那種氣質、修養、學問，一定是出身書香世家的。」明月大膽地說。

「那他出家的原因一定也不簡單？」老太太說。

「止心也是他晚年的唯一弟子，止心不知道，那就是一個啞謎了。」明月說。

「他能預知自己的往生日期，修行功夫諒也不錯？」

「奶奶，久咳必有痰，久坐必有禪。他出家五六十年，日夜與西方三聖法相同在，自然有一點佛氣了。」

「你說我得道了，那他一定也得道了？」老太太說。

「我後天上午去清涼寺，問問止心，就不難明白。」

明月說後就分別打電話給一同皈依過圓明師父的那些佛學社的同學，邀他們去清涼寺打坐，一共約好了十一位同學。無相還答應早一天下午趕到山莊來留宿一夜，第二天上午和明月一同去清涼寺。

無相來到山莊時，老太太十分高興。他原來就很喜歡慧慧，看到光頭、身著袈裟的無相，他有一種說不出來的感覺。老太太知道慧慧的法號是「無相」，可是還是叫他慧慧，老太太覺得這樣叫更親熱。無相和明月一樣叫老太太奶奶。

老太太詢問慧慧出家後的生活情形，無相說：

「奶奶，出家後一天只吃兩餐，生活更有規律！」

「吃兩餐不餓？」老太太問。

「倒也不覺得餓，師父還往往只吃一餐呢！」

「那怎麼行？」老太太說。

「奶奶，打坐時根本不覺得餓，我出家後打坐的時間更多，每天早晚打坐幾個鐘頭，有的師兄、師姊還夜不倒單呢！」

「那你們真是苦修了！」老太太說。

「師父說打坐能清除業障，打坐時間愈多愈好，進步也更快。」素素說。

「這話倒不錯，我也有這種經驗。」老太太點點頭。「修行不是天橋的把式，不能光說不練。」

「師父還常常給我們機會教育，在我們看來是一件日常小事，他往往講出一篇大道理，真是聞所未聞。」

「那是他的學問大、見識廣，所以能見微知著。」

「奶奶，他深通儒、釋、道、耶、回經典教義，又通五國語文，去過很多國家弘法，五界的情形他瞭如指掌，來去自如。我兩次跟他去外國弘法，發現老外更尊敬他。」

「那你是真有福了。」

「奶奶，我跟他出家是出對了。」無相高興地說：「以後真的不必再輪迴了。」

「修行要有恆心，更要有信心，你的信心足，這就成功了一大半。」老太太鼓勵他說。

這天晚上，老太太、明月、無相、素素，他們四人談得很多，還一起打坐了一個半鐘頭才睡。

第二天早晨吃過早齋，明月就開車直赴清涼寺。張秀英先到山腳，他們聚在候車亭裏等待其他的同學。

王文娟因明月的關係，也被視為圓通佛學社的一員，明月也通知他來一起打坐，他也在明月之前到達，全體到齊之後，便結伴上清涼寺，有一大半的人都是第一次來。他們和止心的法緣也很深。

寒星的遺體已經坐缸，也做好了與印空肉身舍利一般的防護工作。不過他交代止心長埋地下，不要開缸，他是全身舍利還是部分舍利?誰也不敢確定。

明月率領同學們先向坐缸的寒星行跪叩大禮，他覺得寒星只是不會說話，模樣和生前差不多：遺體柔軟，氣色如生，一臉慈祥。八九十歲了還不失清秀脫俗之氣。

止心早已預備好了打坐的稻草蒲團，他要處理雜事，不能同他們一起打坐，請明月陪大家打坐，他會準時請他們起來，因為止心也皈依過圓明，特別重視意念集中，加強振動力的效果，這樣對寒星更有助力。

墓穴已由工人挖好，地點就在清涼寺左邊的青石崖下，坐北朝南，這也是寒星自己指定的。不放鞭炮，不做法事。清涼寺和平時一般清涼。寒星的圓寂是真的圓寂：離生死之苦，全靜妙之樂。

明月他們打坐的時間一到，止心就請他們起來，隨即封缸。由幾位工人抬到寺旁墓穴放下，用土掩埋，做成一個圓頂墳墓。止心只是靜靜地流淚，沒有哭聲。明月看連墓碑都沒有，心裏十分難過，便向止心說：

「寒星師父雖然圓寂了，也應該有一塊墓碑。」

「本來師父連墓碑也不要，但我還是訂作了一塊白色大理石的墓碑，一星期後才能運來豎立。」

「師父還有沒有什麼遺物？」明月問。

「我清理了一下，有幾十幅未裱的畫，兩卷詩稿，一卷詞稿。此外別無長物。」止心說。

「畫我已交給他的好友方居士，請他去裱，詩詞手稿要同你商量一下，看如何處理才好？」

止心說的方居士是一位六、七十歲的老太太，慈眉善目，身體很好，看來只像五十多歲的人。相當富泰，但無俗氣。寒星的畫一向由方居士拿去裱褙，賣給有錢又附庸風雅的人。價錢雖不高，但可以維持寒星的清修生活。寒星的後事也是由他一手料理，今天他也在場，但很少講話。他知道明月的身分後，也只是淡然一笑。工人的工資，一切開支，都由他負責，錢雖不多，但止心還拿不出來。

一切料理妥當之後，方居士就同兩位女居士先行下山。臨行時對止心說：

「有什麼事，隨時打電話給我。師父不在法義在，我會常來。」

止心一再向他道謝，要送他下山，他搖搖手，逕自離去。明月對他不禁肅然起敬，轉身對止心說：

「這位方居士真不可多得！」

「他是師父的知己，如果沒有他，師父也清涼不起來。」止心感慨地說：「師父的後事我也不知道怎麼處理？」

「你怎麼不早打電話給我？」明月問。

「你太年輕，又忙；我也沒有經過這種生死大事，狗咬刺蝟，我們知道從那兒下口？」止心反問。

「以後你一個人，不是更寂寞了？」明月關心地問。

「我已經跟師父學會了過寂寞的日子。」止心說。

「寒星師父會畫，又會作詩、填詞，他可以打發寂寞，你怎樣打發呢？」

「打坐、讀經，都需要很多時間，書是最好的伴兒，我不會寂寞。」

明月便將他父親籌辦大學的計畫告訴止心，止心聽了也很高興。明月拍拍止心說：

「日後我們以院作家好了。」

止心隨即同明月走進寒星的禪房，從書架中拿出兩卷詩、一卷詞的手稿，又從詞稿中取出一張四寸大、已經發黃的一對青年男女的合照來。明月一看，覺得身穿高領滾邊旗袍的女子很像寒星。李慧慧、張秀英、王文娟也圍過來看，他們都是那次一道來看過寒星的，他們也都認為很像。明月問止心：

「你以前看過這張照片沒有？」

「師父的書架我從來不敢碰，是方居士問師父有多少畫沒有裱褙？我才翻出這三卷詩詞手稿，又突然發現其中夾了這張發黃的照片。我沒有給方居士看，你是第一位看到的。」止心說。

明月又仔細端詳照片一會，更肯定地說：

「女的是花樣年華的寒星師父，錯不了。」

「那男的又是誰呢？」止心問。

「那就不敢亂猜了！」明月慎重地說：「但兩人的關係一定非比尋常，不然寒星師父不會保存這麼多年。」

「從年齡判斷，拍這張照片的時間，不會少於六十年。」無相看了一眼說。

「師父也是有心人！」止心說：「他會不會是因為婚姻愛情的問題出家的呢？」

他們又圍在一起看看男的相貌。他腦後沒有豬尾巴，是很時髦的西裝頭，五官端正，眉清目秀而英氣勃勃，一襲青衫，十分瀟灑。無相說：

「當時風氣沒有現在這麼開放，能和寒星師父合照的男人當然不是泛泛之輩。」

明月點點頭，又對止心說：

「照片你好好保存，詩詞手稿我拿去請孟老師看看，能不能找個地方出版？」

「能出版是最好的了！」止心說：「不過現在沒有幾個人懂古典詩詞。沒有市場，誰願意出版呢？聽說孟老師的詩詞都很難出版。」

「只要寫得好，再大的困難孟老師也會大力推薦的，孟老師一向急人之急，這件事非找他不可！」

「明月，那這三卷手稿就交給你了！你可不能大意呀？」止心叮囑明月。

「能不能出版我不敢打包票？萬一不行，我一定原璧歸趙。止心學姊，您看我幾時跳過票？」明月接過手稿對止心說。

「令尊是金字招牌，我也相信你這塊金字招牌。我只是提醒你一下，時間不早了，我們吃便當吧？」止心對明月還十幾位同學說。

「你還位本尊一直和我們在一塊兒，那有分身弄便當呢？」張秀英笑說。

「是方居士要素食店特別調配的好便當，一清早就帶上山的，他生怕餓著你們了。」

「方居士真是菩薩心腸！寒星師父有這樣一位知己，可以無憾！」無相說。

他們吃完便當後一起下山，止心送到山下停車站，明月對止心說：

「免得一個人寂寞，您到我山莊去住幾天好不好？」

「你放心，有西方三聖作伴，就會趕走寂寞。」止心回答。

他和明月等大家都搭上公車之後才分手。他獨自上山，身後拖著一個孤獨的影子。明月目送他快走到清涼寺時，才開車同素素一道返回山莊，其他同學分乘公車回去。

老太太關心地向他們探問寒星坐缸、封缸、下葬的情形，明月細細說給他聽。老太太聽後不禁輕輕一歎說：

「寒星師父是走得太寂寞了！」

「老夫人，寒星師父和當年印空大師坐缸、封缸的情形是不能相比的。」素素說。

「奶奶，他留下了幾十幅畫，和三卷詩詞手稿，這在出家人當中也是少有的。」

「詩言志、詞抒情，才女畫家，雖然修了五、六十年，恐怕未必忘情？」老太太意味深長地說。

「奶奶，誰能像您這樣德無不備，障無不盡呢？」明月笑說。

第三十六章 白雲一去無消息 青鳥忽來作比鄰

明月回到自己的房間，拿出寒星的三卷詩詞手稿，準備細讀，手稿是白報紙裝釘的，全是毛筆書寫，封面題《寒星詩叢》卷一、《寒星詩叢》卷二和《寒星詞稿》。他先做統計，兩卷詩稿共計一千五百三十一首，比杜甫的一千四百五十八首，李白的一千一百二十五首都多。詞三百六十五闋，比李清照的四十七闋、朱淑真的三十闋、歐陽修的二百十六闋都多。全部沒有發表。他比寒山幸運的是，寒山崖居穴處，詩都寫在竹木石壁，村野屋壁上，六百首詩，只傳下三百一十一首。不幸的是，寒山所處的時代是詩的時代，寒星所處的時代是吃漢堡、速食麵的時代，已經很少有人懂得詩詞了。他又是出家人，足不出清涼寺，幸好畫可以經由方居士賣點錢，維持清修生活。方居士不懂詩詞，愛莫能助。

明月早看過他題在寺門口的那副對聯，相信他的詩也會寫得很好，他先看詩稿，他看書一向特別快，記性又好，兩卷詩稿，他一口氣看完了。他最喜歡的是那首題為〈清涼寺〉的七律：

一任清涼四十春，悠悠歲月化貪嗔；
白雲一去無消息，青鳥忽來作比鄰。
三月煙花迷望眼，四時風雨阻騷人；
清涼山上清涼寺，誰識清涼自在身？

他反覆回味這首詩，猜想「白雲」可能是指照片中的那位男子？青鳥可能是指止心？「三月煙花迷望眼」是寫景，「四時風雨阻騷人」卻是感慨沒有騷人墨客知音。最後一句「誰識清涼自在身」？是更深的感歎。像他這樣的出家人，自然沒有人瞭解了。詩中有禪，而無香火味。

一卷詞稿他花的時間更少，他最喜歡的是那闋〈望江南〉：

江南春，柳綠又花紅。柳絮如綿花似錦，花飛花落柳搖風。人在畫圖中。
江南燕，剪水更凌空。細語呢喃畫樑上，出雙入對彩樓東。鶼鰈情正濃。

他很歡喜這闋寫景抒情的詞。調名〈望江南〉，他推測寒星可能生於江南水鄉澤國，不然寫不出這種詞來。奶奶說他「未必忘情」，從這闋詞看，寒星正是有情人。他決定送給孟真如看，請他推薦出版。

他開車專程趕到孟真如家中，孟真如見到他也很高興，他已經很久沒有來他家了。孟真如問他有什麼事？他開門見山地說：

「老師，止心的師父寒星圓寂了，留下兩卷詩稿、一卷詞稿，我看了一遍，寫得真好！老師可不可以介紹出版？」

孟真如沒有見過寒星，更不瞭解寒星，不禁笑說：

「現在怎麼會有這樣的比丘尼呢？」

「老師，大概他是最後一位，所以我特地送來請老師看看。」明月將詩稿詞稿雙手奉上。

孟真如看看封面的毛筆字說：

「這筆字倒是秀而蒼勁，很有功力。」

「老師，詩詞更非凡品。」明月將摺好的詩詞指給他看：「您看了就知道我不是信口雌黃的。」

孟真如看完那首七律，抬起頭來對明月說：

「你的欣賞能力不錯，這首七律了無俗氣，不是出家人寫不出來。」

「老師，我看別的出家人也寫不出來。」

「文學本來是自我表現，詩詞尤其如此，即使同住清涼寺，別人寫出來的也不一樣，思想境界更見高低。」孟真如說：「我看他心有牽掛，又有些落寞、自負。」

「老師，您說的一點不錯。」明月聽了一笑。「本來他一個人住在清涼寺，晚年才收了止心這位唯一的弟子。」

「早年他可能有一位心上人。」

明月聽了孟真如這麼說，笑了起來：

「老師，您是真有神通了！」

「我沒有神通。」孟真如搖搖頭一笑：「言為心聲，『白雲一去無消息』，看似寫景，實則另有所指，這種暗示手法高明，不落俗套，才有詩味。」

「老師，寒星師父留下了一個啞謎。」明月說。

「什麼啞謎？」孟真如問。

「本來他的詞稿裏夾了一張發黃的照片，起碼有五、六十年，那位和他合照的青年，我們就猜不透是什麼身分？」

「不用猜了！生逢亂世，悲歡離合的故事太多，豈止寒星而已？」

「說不定他就是因此出家的？」

「很有可能。」

「老師，請您再看看他那闋詞。」

孟真如接著看〈望江南〉，看後他向明月一笑：

「寒星是性情中人。」

「我奶奶說他出家五六十年，恐怕未必忘情。老師好像也有相似的看法？」

「眾生有情，詩人詞人更多情，否則不能作詩人詞人。」

「這對修行不是有礙嗎？」

「冷酷無情的人更難修行。」孟真如說：「修行就是要修到忘情，修到無人相、無我相，那就是佛、菩薩了。」

「照寒星師父的詩詞看來，那他還沒有忘情。」

「文學作品不是宗教經典。文學作品是寫有情世界、娑婆世界。宗教經典是教人超越這個物質世界，生到非物質世界，究竟涅槃是不生不滅、不垢不淨、不增不減。到了那種境界，那有文學？」孟真如解釋。

「老師，那我學文學不是白學了？」明月笑問。

「沒有白學。」孟真如搖搖頭：「在這個娑婆世界，還少不了文學。」

「為什麼？」

「文學可以提升人的品質、淨化人心，不然這個世界會更醜惡。」

「老師，可是有些所謂文學作品，是在誨盜誨淫，腐化人心，使人更加墮落。」明月提出質疑。

「那不是文學，也不是文學本身的問題，而是作者個人的氣質、品格問題。自作還須自受，因果律是誰也逃不過的。寒星的詩詞是真正的文學作品，而且有很高的情操，不能同誨盜誨淫的作品混為一談。」孟真如鄭重解釋。

「老師，照寒星師父的〈望江南〉看，他能不能究竟涅槃？」

「他沒有寫明寫作時間，不能據此論斷。釋迦牟尼佛十九歲以前，還是擁有嬌妻美妾，過他的王子生活，後來還不是成佛了？」孟眞如說：「修行是進行式的，放下屠刀，都可以立地成佛，何況寒星修了五、六十年？從他的詩詞也可以看出他的慧根，他不是一般俗人。如果你修行再上層樓，就可以知道他是不是跳出三界外了。」

「老師，現在我還沒有修到那種地步，只好讀讀他的詩詞。他究竟停在那一界？以後再看好了。」

第三十七章 文玲手握乾坤舵 明月才高衣缽傳

慈恩工專順利改制成慈恩大學，莊文玲特別請孟真如來慈恩山莊，告訴他籌備經過情形，商談日後的發展。她以董事會的副董事長身分，統籌全局，王校長負責執行，所以進展十分順利。孟真如聽了也很高興的說：

「明月已經是博士班的研究生，妳也學以致用，您們母女兩人可以為林董事長另創一片天地，這是再好沒有了！」

「老師，時間過得真快，我當學生的日子彷彿還在眼前，也好像剛做了一場夢，轉眼之間，我已經坐五望六了！」莊文玲既高興又感慨地說。

「媽，我也不知不覺地一下子長大了。我進大學當新鮮人，彷彿還是昨天的事，時間實在可怕。」明月附和莊文玲的話說。

「人生如夢，悠悠忽忽，幾十年就過去了。我清清楚楚記得剛踏上這塊土地時，身子還搖搖幌幌，在船上折騰得七葷八素，上岸時還吐苦水，那時不過三十郎當年紀，現在卻坐七望八了！」孟真如望著她們母女兩人一歎一笑。

「他爸那時還是寄人籬下、為人作嫁，沒有冒出頭來。」莊文玲指指明月說。

「媽，那時不知道我是在十方微塵世界中的那一界呢？」明月湊趣地說。

「不要說你連影兒都沒有，我也才在地上玩泥巴呢！」莊文玲說。

「真是女大十八變，現在您們母女都變成鳳凰了！」孟真如也打趣地說。

「老師，說真個的，您可以算得是白頭宮女，這個世紀天翻地覆的大變，您都經歷了，您就是一部活的歷史。」莊文玲說。

「我真沒有想到我能活到現在？」孟真如茫然一笑。

「老師，您真是命大福大！像您這種年齡的人，都是一出門就遇到打頭風，不翻船是很少的。」莊文玲望著他說。

「大概我是來這個世界受罪的？罪還沒有受夠，所以死不了。」孟真如自嘲地說。「我當年的同學好友，有的早做了野人山的孤魂野鬼，曝骨深山；有的不明不白死在亂槍下，含冤莫白；有的被漆著紅太陽膏藥的飛機炸得血肉橫飛……我能活到現在，真是一個異數，一個奇蹟。」

「像明月這樣的年輕人，聽來好像是天方夜譚，他們不會相信。」莊文玲說。

「所以我一直悶在心裏不講，今天因為高興，說溜了嘴，才讓明月聽到。」孟真如不禁失笑。

「老師，您在課室裏怎麼從來不提？也不讓我們長長見識？」明月說。

「這有什麼好提的？又不是什麼光宗耀祖的事兒，提起來反而丟人。你們都是錦衣玉食長大的，牛奶、麵包都不想吃，要吃可樂、披薩、漢堡。我像你這種年紀，連八寶飯都吃不飽呢！」孟真如笑說。

「老師，八寶飯是什麼飯？」莊文玲也沒有聽過，不禁好奇地問。

「不知道最好，我也不想解釋。」孟真如向莊文玲、明月母女兩人一笑。

「老師，我實在不好意思多打擾您，不然請您常常來，那怕是三言兩語，我和明月也會受益不淺。」莊文玲說。

「媽，您還沒有談正事呢！」明月提醒莊文玲。「要是老師答應了，以後受益的機會就多啦！」

「我們難得這樣談談，這不很好？還有什麼正事兒？」孟真如問。

「老師，我和明月、他父親三人，商量過好幾次，想請您屈就文學院長，辦一個最有文化特色的文學院，貨真價實的文學院，這才是我們辦大學的目的。希望老師同意屈就。」莊文玲說。

「一來我年紀大了，恐怕精力不夠！二來Y大讓我混了這麼多年，待我不薄，怎麼好意思跳槽？」孟真如考慮了一會才說。

「老師，我知道您的身體很好，四、五十歲的人還趕不上您呢！」明月說。

「Y大方面，我和明月的父親會想辦法，來個兩全其美，皆大歡喜。」莊文玲說。

「這世界少有兩全其美、皆大歡喜的事兒。」孟真如笑笑。

「這點老師不必操心，我自有辦法。」莊文玲胸有成竹地說。

「這又不是談生意、搞公關，您有什麼辦法？」孟真如知道莊文玲是這方面的高手，林如海的幕後功臣。但這是他個人的事，是道義問題，不是利害關係。

「只要老師點頭就行，我保證Y大會讓您風風光光離開。」莊文玲信心十足地說。

「縱然Y大肯讓我離開，還有明月的博士論文《禪宗與道家思想的比較研究》是我指導，我也不能半途抽腿。」孟真如說。

「老師，您放心，我還是會隨時請您指導的。」明月說。

「那可不一樣！」孟真如搖搖頭：「不在其位，不謀其政，別的老師的觀點未必和我一樣？口試時如果沒有我，這對你會有影響。」

「老師，真金不怕火，我可不在乎。」明月充滿信心地說。

「明月，你要知道千里馬與伯樂的關係。你雖是一匹千里馬，如果遇到不識貨的人，也看不出來。煮鶴焚琴那就更糟了！」孟真如語重心長地說。

「老師，您是不是說笑話兒？」明月笑問。

「我生平就是不會說笑話兒！」孟真如搖搖頭說：「現在我不妨告訴你，你的碩士論文《唐宋詩的比較研究》，就有人和我唱反調，差一點過不了關。」

「是誰？」明月問。

「你不必問是誰？但是我敢說他的水準沒有你高。」

「那怎麼夠格審查我的論文？」明月好笑。

「他可是個洋博士，是金字招牌的青年教授，怎麼不夠格？」孟真如向明月一笑。

「老師，以後我們學校絕對不聘這種紅頭蒼蠅。」明月說。

「你當校長還早呢！」孟真如笑他。

「老師，只要我的意見好，媽會支持我。」明月看了莊文玲一眼說。

「老師，我和他父親竭誠希望您到慈恩大學來，就是為明月鋪路。我們決定新學年開始，先讓他當王校長的特別助理，實習實習。日後王校長退休，他就可以接手。」莊文玲說。

「王校長貴庚多少？」孟真如說。

「快七十了。」

「那明月不是很快就可以接手了？」

「本來王校長是打算七十歲退休的，明月明年才拿到博士學位，我們想多留他三、五年，再讓明月接手，就不會太嫩。」莊文玲向孟真如解釋。「我們還想請陸教授出任佛學院長，有您們兩位老師輔導，我相信明月不會出什麼差錯。」

「您們的考慮是很周到，不過陸教授不歡喜搞行政工作。」孟真如說。

「老師，我會請止心當他的特別助理，陸老師不必操心。」明月說。

「這倒是個好主意！」孟真如點點頭：「止心也是他的學生，又是出家人，這種搭配很好。」

「老師，您也不必操心。」莊文玲說：「文學院長的特別助理您自己挑選，您也不必親自處理行政工作。」

「這樣不是增加了很多人事費用？」孟真如知道Y大是大班上課，教職員也很緊縮。新辦的大學這樣用人是太大方了。

「老師，教育是百年大計，不能打小算盤。我們是想把學校辦好，明月的父親向來不做賠本的生意，只有在辦學校這件事上，他不打算賺錢。」莊文玲向孟真如解釋。

「也只有這樣才真能把學校辦好。」孟真如說。「我相信妳們母女兩人也有這個能力。」

「更希望老師指導支持。」莊文玲說。

「妳這樣說來，我是無路可退了？」孟真如向她們母女兩人笑說。

「陸教授方面也請老師先做個說客，時機成熟了我再和明月一道去看他。」

「即使他答應了，光是我們兩個人也不夠。其他方面妳們還得多用點心思。」孟真如覺得一個綜合大學需要多方面的人才，特別提醒她們。

「理工方面的師資工專本來就有，只要加強就行。『正大』公司也多的是這類人才、博士、碩士一大堆，國外的都可以請來。商學院也不成問題，只有文學、宗教、哲學方面不能光看學位，這裏面的等級差距太大。羅漢不知道菩薩的境界，初地菩薩和十地菩薩又有很大的落差，所以這方面非請老師大力支持不可。」莊文玲向孟真如解釋。

「不過我得先說清楚：文學、宗教、哲學這方面不能立竿見影，十年二十年功夫下去，也許還看不見一點影子，一點苗頭。文學博士不一定能成為作家，而一位作家沒有三十年的創作功力，還是漂湯油。宗教、哲學方面亦復如此。我希望林董事長也要有這種心理準備。」孟真如認真起來。

「老師，您不說我也知道，我就是一個例子。」莊文玲向孟真如一笑：「您教了我那麼多年，現在我已經坐五望六了，我還沒有寫出一篇像樣的文章，更別談作家了！」

「這事兒太難！」孟真如不禁一歎：「我教了幾十年書，自己也寫了大半輩子，我還沒有教出一位像樣的作家。更別談文學家了！我看來看去，只有明月是一塊料，而且我不希望他止於文學家。」

「老師，學無止境，只要您到慈恩來，我就可以繼續跟您學，不會半途而廢的。」明月向孟真如說。

「老師，這點很重要！」莊文玲接嘴：「我就是半途而廢，辜負了您當年一片苦心。」

「學文學也要像學佛一樣，不能憍慢自滿，要想成為一位大文學家，還必須佛、道雙修，才能提高人生境界、思想境界，作品才有深度。明月具備了這種條件，只要她繼續在這方面努力，自然詩中有道、有禪，小說亦復如此。」

「老師，現在我的學業還沒有完成，不能一手抓兩隻鱉。等我學業完成之後，我再開始寫。」明月向孟真如說。

「寫作遲早沒有關係，只要你的思想境界提高了，以後你寫出來的作品自然和別人的不一樣了。」孟真如說。

「老師，要是明月能傳您的衣鉢，我們辦這個大學也就值得了。」莊文玲說。

「我沒有衣鉢可傳，他一切條件都比我好，我希望他自成一家。」

「老師，我沒有您那樣死去活來的生活歷練，很難成為大家。格局不大，氣勢不足，作品也偉大不起來。」明月說。

「你可以寫你自己的，別具一格，也就不同凡響。」孟真如說。

「老師，我要是能寫出寒星師父那樣的詩詞來，我也就很高興了！」明月笑說。

「你的氣勢、格局會比他大，脂粉氣會比他少。」孟真如說。

莊文玲沒有看到寒星的詩詞，問孟真如是怎麼一回事？明月原原本本告訴她。莊文玲惋惜地說：

「可惜他圓寂了，不然我們正好借重她。」

「今後不可能再有他那樣的比丘尼了！」孟真如也很惋惜。

「他的弟子止心怎樣？」莊文玲問明月。

「他在學校沒有我受孟老師的教益多，以後如果他來我們學校，陸教授也能來佛學院，他在孟老師、陸老師的薰陶下，也許可以繼承寒星師父的衣鉢。」明月說。

「這樣看來，我們的慈恩大學是辦遲了一點！」莊文玲說。

「遲辦總比不辦好。」孟真如說。

「老師，今天您是好好地為我和明月上了一課，我好久沒有聞到書香味了！」莊文玲一歎一笑說。

第三十八章 老夫人功德圓滿 佛菩薩簫鼓相迎

老太太一直希望見見明月的師父圓明，圓明因為每半年要去海外弘法兩個多月，他在海外的信眾很多，又用所到國家的語文講經說法，效果很好，聲望更高。明月和江淑貞談了好幾次，都沒有安排出時間到山莊來。前天江淑貞突然打電話告訴明月說：

「師父突然決定抽出半天時間來看望老太太，我和無相陪他來。」

明月聽了非常高興，連忙轉告老太太。老太太聽了更高興。囑附老趙準備茶點、素餐，好好地接待，也要林如海、莊文玲夫婦在山莊歡迎。

當天一大早，明月和素素便開車去接圓明、江淑貞和無相三人。江淑貞沒有來過山莊，不知道山莊的情形，無相好久沒來，他非常高興地對明月說：

「我早想去山莊看看奶奶，一直抽不出時間，今天能陪師父一道去，真太好了！」

「奶奶也很想念你。」明月說。

「奶奶身體怎樣？」無相問。

「很好，很好。」明月回答。

「奶奶今年一百零幾歲了？」無相問。

「一百零一歲。」明月回答。

「一百歲時有沒有做生日？」

「沒有。」明月搖搖頭。

「一百歲怎麼能不做生日？」江淑貞問。

「奶奶不願鋪張浪費，他要我老爸將那筆錢捐給急需要錢用的窮人。他說這樣他才活得更健康、更安心。」

「奶奶真是菩薩心腸，和師父一樣。」無相說。

「國內外捐給師父的錢不少，他自己一文都沒有動用過，除了印《無量光》雜誌和經書之外，都捐出去救濟難民、災民了。」江淑貞說，「他還說修行人不會餓死，不要錢財。」

「我奶奶也一文不花，我老爸每月給他的錢，他都要阿姨用無名氏的名義捐出去了。」明月說。

「大修行人都是如此，自己不用錢，錢反而源源而來。」江淑貞笑說，同時請明月將車子開近圓明的禪房。

禪房只有十幾坪大，原來是茅草頂，最近才換成鐵皮頂、磚牆還是他和弟子們親手砌的，沒有改造。明月、素素、江淑貞四人一道進去，圓明已經一身黃袈裟，整整齊齊坐在藤椅上，他們一進去他就站了起來，他們四人簇擁著他走到停車的地方，他打量了車子一眼，對明月笑說：

「這是你的賓士車？」

「車子是我爸的，特別開來迎接師父，我開的是千里馬。」明月也笑著回答。

「你們都很有福報。」圓明說著就低頭彎腰坐上後座中間的位子上。

素素小心開車，明月坐在他的旁邊，不時回頭和圓明談話。江淑貞提醒他不要影響素素開車。他笑著回答：

「阿姨開車一向小心謹慎。現在有師父在車上，更加安全。」

「讓素素專心開車，我們打坐。」圓明對明月說。

他們一閉上眼睛，時間似乎過得比平時更快，沒多久就到了山莊。

老太太、林如海、莊文玲、老趙，都站在大門口恭迎。老太太笑著雙手合十頂禮，圓明也同樣還禮，還笑著加了兩句：

「老夫人好！恕我來遲。」

老太太、林如海、莊文玲連聲：「多謝光臨！」圓明隨即攙著老太太走進山莊，老太太覺得他太客氣了，反而有點不自在，但又不便推辭，因為他聽素素說只要師父看一眼都可以解脫，他已經和圓明相互看了一眼，現在圓明又雙手扶持，那更是額外加持了。

進了樓上佛堂，圓明注視觀世音菩薩和印空法相一會，隨即恭敬地下拜，如一般信眾一樣。

老太太也陪著下拜，他對圓明的謙卑，心中自然生起一股敬意。

林如海、莊文玲對圓明更是恭敬，想不到圓明雖然年輕，人情世故卻十分練達，更有親和力，沒有一點高不可攀的味道。

林如海向他介紹山莊的情形，又帶他看看樓上裏裏外外的環境。明月向奶奶介紹江淑貞，老太太很高興。無相和老太太有說有笑，像是很久未見的親人。

莊文玲和圓明的年齡比較接近，又是女主人，她帶圓明到院子裏走走，圓明看看院子裏的花木，也很高興。看看兩畦空心菜、地瓜葉，不禁笑問：

「誰有此雅興？」

莊文玲向他解釋，他向莊文玲一笑：

「老夫人真不忘本。」

「在我眼裏，老太太是一位完人。」莊文玲說。

「老夫人是一位大修行人。」圓明說。

「他雖然是在家修行，可是以戒為師、比出家人還嚴謹。」莊文玲說。「我們的山莊也和寺院差不多，只有我和如海是兩個俗人。」

圓明聽了一笑，望望莊文玲說：

「其實您也不俗。」

「不過我現在已漸漸擺脫許多俗事，要和明月多做一些更有意義的事情。」莊文玲一面說，一面將辦大學的事告訴圓明。

圓明聽了連連點頭。莊文玲笑問：

「師父，您看這是不是明月的大事因緣？」

「這只是他的起步。不是終點。」圓明說。

「那我就送佛送到西天，陪他到底了。」莊文玲說。

「這也是您們的因緣。」圓明向莊文玲一笑。

「師父，我還有一位老師，對我和明月的影響很大，沒有他，我和明月也難成大事。」莊文玲一面說，一面將孟真如的情形告訴圓明。

圓明聽了一笑，一歎說：

「他也是靈山會上的人，他是來還文字債、護法的，吃了不少苦頭。」

「師父，聽您這樣說來，人與人之間是真有因緣了？」

圓明笑著點點頭，隨後又加了兩句：

「不過有的是善緣，有的是惡緣而已。」

林如海扶著母親笑著走了過來，明月、江淑貞、無相都跟在後面，圓明等他走近，笑著對他說：

「林董事長，您一帆風順，好大的福報。」

「師父，我是托母親的福。」林如海指指老太太說：「我自己福薄德淺，憑我個人的力量，怎會有今天？」

「我是托我師父印空的福，我一個婦道人家，孤兒寡母，想飛也飛不起來。」老太太接著說。

「老夫人，您能皈依印空菩薩，也自有福報。」圓明向老太太說：「欲知前世因，今生受者是。有因才有果，定業就是定命。眾生自作自受，這是宇宙法律，十分公平。」

「師父，可是現在的人就是不相信因果，又有什麼辦法？」老太太歎口氣說。

「老夫人，眾生顛倒夢想，能度的度，不能度的也只好由他。地獄是不會空的。」圓明無可奈何地向老太太一笑。「我也不會長久留在此地。」

大家聽了他最後一句話都呆住了，老太太也沒有想到他會說出這句話來。連忙向他道歉，他向老太太笑說：

「老夫人，像您這樣有善根慧根福報的人很少，當年釋迦牟尼佛也沒有度盡眾生。地藏王菩薩發誓說：『地獄不空，誓不成佛。』可是地獄一直未空。耶穌基督傳道不過三、四年，就被釘死在十字架上，我也只是盡盡心而已，我做的是賠本的生意，不像林董事長做的是賺錢的生意。」

大家又被他說得一笑，林如海想笑又笑不出來，走近他說：

「師父，現在人心不古，此地更需要像您這樣的明師。」

「林董事長，你以為我是明師，有人還說我是外道呢。」他向林如海一笑。

「怎麼會有這樣的事？」林如海懷疑地說。

「董事長，這不是空穴來風。」江淑貞對林如海說：「本來我們要反駁，師父不准我們作口舌筆墨之爭，師父說毀謗也有助修行。本來師父早就要走，是我們苦苦相留，才拖到現在。今天師父抽空來看老夫人，我就有些耽心再也留他不住了！」江淑貞說到這兒忍不住掉下淚來。

「你怎麼在董事長面前失態？」圓明望著江淑貞說：「你修行這麼久，還參不透因緣？」

老太太忽然想起師父印空當年的預言，就提到這一點，果然信而有徵了。自然有點難過，明月卻笑著對大家說：

「師父肉體在任何地方都沒有關係，化身師父隨時與我們同在。觀世音菩薩成道那麼多年了，他的三十二應身、十四無畏、四不思議，還是千處祈求千處應。修行本來就不是修肉體，而是要修到振動力自然化解時空障礙，像阿彌陀佛、觀世音菩薩那樣無所不在。時空對大修行人的靈體，師父的化身，不成障礙，有什麼好耽心的？」

大家聽了明月的話又精神一振。圓明笑著對江淑貞他們說：

「明月很有志氣，他已經大開悟了，你們要學學他。」

老太太、林如海、莊文玲聽了也十分高興。素素正好來請大家吃飯，大家便歡歡喜喜走進飯廳。圓明看見那麼豐盛的素齋，笑著對明月他們說：

「你們要好好地珍惜這份福報。」

「師父，我知道一粥一飯，得來不易，我從來不敢浪費。」林如海連忙說。

「知福惜福最好。」圓明點點頭：「世界上吃不飽的人還很多。」

老太太一向一人坐一方，今天他特別請圓明坐在身邊。圓明知道他的心意，立即坐在他身邊照顧他，讓老太太十分開心，覺得特別受到加持。

飯後不久圓明就告辭，素素和明月送他們回去。圓明要素素小心開車，他和明月、江淑貞坐在後座。老太太、林如海、莊文玲、老趙特別集在大門口送行，他又特別向老太太雙手合十告辭，又多看了老太太幾眼，老太太心裏更高興。

車子開出大門口不遠，圓明突然對明月說：

「你奶奶快要往生了。」

明月聽了一怔，連忙說：

「師父，奶奶的健康情形、精神狀態都很好，怎麼會快要往生呢？」

「他已經功德圓滿，定業付清、人天福報也享盡了，自然要走。」

「師父，那究竟是那一天？」

「十六日下午三點。」

明月算算還有十天時間，連忙問：

「師父，我能不能告訴他？」

「你不必告訴他，時候到了，他也會知道。」

「我可不可以先和我父母講？」

「悄悄地告訴他們，不要聲張。」

「師父，我奶奶能不能上第五界極樂淨土？」

「那上面已經準備好了他的果位，印空菩薩會和他聚會。」

明月念了一聲「阿彌陀佛」，高興地說：

「奶奶這一生總算沒有白修了！」

「修行那有白修的？」圓明望著明月一笑：「不過是果位高低而已。」

「師父，奶奶這次上了極樂淨土，以後會不會再到娑婆世界來？」

「到娑婆世界來幹什麼？那要看他自己的意願。」

「師父，以後我能修到什麼果位？」明月關心地問。

「不能先告訴你，告訴你就不會修了。」圓明搖搖頭。

「師父，我已經忘記了我是怎麼來的？您可不可以告訴我？」

「即使是佛、菩薩乘願來到娑婆世界，大約到了四、五歲時也會忘記過去，重新學習。不過很快就能明心見性，認識自己的本來面目。釋迦牟尼佛如此，你也不會例外，現在最要緊的是好好修行，盡自己的本分。」圓明囑咐明月。

「師父，我是在盡自己的本分，我一直努力工作。」

「工作也是修行，禪不完全在坐，一言一行，禪在其中。」圓明說時指指江淑貞，「他成天都在為大家工作，為度眾生工作，這就是修行。」

車子到了，明月、素素要送圓明進去，圓明不要他們兩人送，反而對他們說：

「你們回去好好照顧老夫人，多盡一點孝心。我會常在他左右，讓他安心。」

明月和素素都連聲謝謝。素素一坐上駕駛座就說：

「老夫人未必能看見化身師父？」

「現在應該可以看見。」明月說：「奶奶打坐時已看到十方圓明境界，算是得道了。」

「只怕那是偶爾一見，不是真正開了智慧眼？我到現在還看不見化身師父。」

「我們和趙伯伯都有化身師父照顧，奶奶看不看得到沒有什麼關係。我看師父今天特別抽空去山莊，是特別加持奶奶，讓他安心。」

「老夫人今天見到了師父就顯得特別高興，連董事長也很高興。」素素說。

「師父到任何地方都會使人高興，他的磁場特別強。他坐在奶奶身邊，奶奶就會受他磁場的影響。」

「說來說去，修行就是增強個人磁場的能量，加快、提高自己的振動力。」素素忽然福至心靈地冒出這句話來。

「阿姨，您也開悟了！」明月高興地說：「個人磁場能量與宇宙大磁場能量一旦合而為一，那就能奪天地之造化了！」

「那不就得道了，不就是佛、菩薩了？」素素笑說。

「可不是？我們修行的目的就是如此！」明月說。「可惜一般修行人往往困於經典文字，不能善用現代物理科學知識解釋，甚至愈說愈糊塗。」

「所以只有像你這樣智慧高的人，才能提早開悟，我是禿子跟著月亮走。」素素說。

一回到山莊，明月就悄悄地將圓明說老夫人快要往生的話告訴莊文玲，莊文玲也不免一怔，隨即冷靜下來說：

「老太太已經一百零一歲了，你師父又是無所不知的。我們要在這段期間內好好地侍候他老人家，我少去公司，你爸也不能遠行。」

「不過要像平常一樣，不能讓奶奶起一點疑心。」明月說。

「你爸是個孝子，我會叮囑他保持冷靜。」莊文玲說：「你可別走露風聲。」

「媽，您也放心，這種大事，我會守口如瓶。」明月說。

可是十五日清早，明月陪老太太打坐完畢之後，老太太卻將明月留下來，笑著對他說：

「明月，奶奶要走了。」

「奶奶，您一向大門不出，二門不邁，是不是想去院子裏散散步？我陪您去。」明月心裏明白，故意裝迷糊。

「這次我可要出遠門，你不能陪。」老太太說。

「奶奶，您出遠門我更要陪，我怕您又走羅漢步，跌個倒栽蔥，我好及時拉住。」

「你還記得那陳年老帳？」老太太望著明月一笑：「這次奶奶不走羅漢步，你可拉不住。」

「奶奶，我的太極功又有進步，別說是你，就是巨無霸我也拉得住。」

「你瞎吹牛！」老太太故意白明月一眼。「除非你是上帝。」

「奶奶，上帝是造物者，宇宙間最大的力量，我自然不是。」

「那奶奶不就走定了！」老太太又向明月一笑。

「奶奶，那您也該告訴我，究竟是去什麼地方？」

「是大家都想去，又不是人人能去的地方。」老太太故意逗明月。

「莫非是月球？」明月又故意裝迷糊。

「月球太近，也不是什麼好地方。」老太太搖搖頭。

「奶奶，只有月球我們比較熟悉，其他星球沒有人去過，更不知道好歹，您到底要去什麼地方？」

「好，我給你說正經的，你不是讀過《阿彌陀經》、《無量壽經》嗎？」

「奶奶，我記得很熟。」明月回答。

「奶奶就是要去那種地方。」老太太肯定地說。

「奶奶，您是怎麼未卜先知的呢？」

「是先前打坐時太師公告訴我的。」老太太笑著回答。

「奶奶，您真的見到太師公了？」明月十分驚喜。

「太師公看來比在菩提寺圓寂時要年輕得多，也比我當初皈依他時年輕，他還說我上去後也會變得像三十來歲的人了。」老太太高興地說。

「奶奶，那要恭喜您了！」明月笑說。「其實我師父那天回去時就在車上告訴我了，他還說明奶奶是十六日下午三時往生極樂淨土的，對不對？」

「怎麼？你師父先知道了！」老太太驚喜得站了起來說。

「他還說您會和太師公聚會呢！」明月補充一句。

「這樣看來，他們兩位是聲氣相通的了？」老太太又笑著坐下。

「奶奶，他們來往方便的很，不要坐飛機，更不必買船票，物質世界的粒子也阻礙不了他們，他們只要心念一動，說來就來，說去就去。所以我就不耽心師父留不留在此地。因為真正的師父不是那個肉體。太師公圓寂了二、三十年，奶奶還不是看到他了？」

「可是以前我修行沒有進步，想看也看不到。」老太太說。「你還夢見過他，我連做夢都沒有夢到。」

「這次奶奶可是看清楚了？」

「看得清清楚楚，他也講得清清楚楚。他還說時辰一到，他會親自來迎接呢！」

「奶奶，這是一大喜事，您功德圓滿，要不要告訴爸媽？」

「講也無妨。」老太太點點頭。「其實那不是死，是我脫掉這個舊皮囊去一個更好的地方，享無量壽。」老太太高興地說。

「奶奶，您看破了就好！其實我早就告訴媽了，只是瞞著您不敢講。」

「為什麼要瞞我？」老太太反問。

「奶奶，我們怕您看不破生死。」明月說。

「你年紀輕輕的就看破了，我還有什麼看不破的？」

「奶奶，這不在於年紀大小，這在於迷與悟。」

「你到底是有來歷的，所以你悟的早。」老太太贊明月一句。

「奶奶，您的喜事該怎麼辦？請您開示，我好先給爸講。」

「我不是龍女，也不是多羅格格，恐怕不會全身舍利。但我相信舍利子是一定有的，為了給你們留點紀念，火化以後，取出舍利子，分作兩罈，一罈放在佛堂觀世音菩薩座下侍奉，一罈送到菩提寺，放在太師公座下感恩。」老太太說。

「奶奶，我相信您也會全身舍利的，不必荼毗。」明月說。

「那你們就看著辦好了。」老太太一笑。

「奶奶，您一百歲時都沒有作生日，這次大喜該怎麼辦？」明月問。

「你太師公成道後舉辦了七天紀念法會，消災祈福。現在的社會比那時亂得多，天災人禍不斷，能舉辦一次消災祈福法會就好。」

「奶奶，這好辦，要不要請爸媽過來交代一下？」明月說。

「如果他們沒有上班，過來一下也好。如果上班去了，晚上回來再說也不遲。」老太太從容地說。

明月連忙趕到林如海夫婦房間去看，林如海正準備上班，莊文玲這兩天都沒有上班。明月將剛才老太太和他談話的情形原原本本地報告林如海，林如海聽完之後說：

「原先我還裝作若無其事，既然奶奶自己知道了，我們一起過去，聽奶奶吩咐。」

林如海、莊文玲和明月一道趕到佛堂來。林如海走到老太太面前叫了一聲娘，就雙膝一跪，伏在老太太膝上抬不起頭來。

老太太拍拍他，連聲說：

「起來，起來！你也是坐七望八的人了，怎麼還像小孩子一樣？」

林如海抬起頭來淚眼婆娑地望著老太太說：

「娘，我在您面前總是孩子，這雖然是娘功德圓滿的大喜事，兒子卻喜不起來。」

「娘能修到這個地步，比明月拿十個博士學位還難。如果不是你師公告訴我，我還不敢相信呢！」老太太說。

「圓明師父早幾天就對明月講過，兒子一直不讓娘知道，想不到娘真的自己知道了。」林如海站起來說：「消災祈福法會的事，兒子一定照辦。」

「現在還不能走漏消息，不然人家會說你妖言惑眾。等我走了以後，你再看著辦好了。你今天還是照常上班去，像平日一樣，不能露出半點兒馬腳。」老太太吩咐兒子。

「奶奶，我想多邀幾位同學同修，明天下午陪您一起打坐，送您上極樂淨土、華嚴世界。」

「你可不能露出半點風聲！那些坐不穩的人，一個也不能邀，不然反而壞事。」老太太鄭重地說。

「奶奶，我知道，您看止心、無相、張秀英、王文娟、江淑貞這幾位可不可以？」明月徵求老太太的意見。「他們都是虔誠的佛子，也懂規矩，還是無量光總道場的護法。」

「你師父信得過的人，我當然也信得過。」老太太笑著點點頭。

林如海照常上班，莊文玲、明月留在山莊照顧老太太。素素將佛堂整理得乾乾淨淨，長明燈白天也照得通明，香煙嫋嫋不停，檀香味充滿整個佛堂，整座二層樓都聞到香味。佛堂比寺院的大雄寶殿更肅穆、寂靜。明月、素素、老趙，更陪著老太太連續打坐，莊文玲代替老趙料理飲食。

這天吃過晚飯後，正是東方電視臺的「神州采風」節目。這是一個最乾淨又增長見聞的節目，做得很好，明月每次必看，連林如海也不肯錯過。老太太頭腦清楚得很，身體也沒有任何不適，他特別提醒明月，不要錯過了這個節目，明月孝順地對他說：

「奶奶，今天不同，我要侍候您。」

「我好好的，用不著你侍候，有素素陪我足夠了。」老太太笑著對明月說。

「奶奶，我好久沒有和您講悄悄話，今兒晚上我很想和您講悄悄話呢。」明月撒嬌地說。

「奶奶已經沒有悄悄話好講了。說不定晚飯後的那個什麼『神州采風』節目很精采，錯過了可惜。這是我在娑婆世界的最後一夜，我正想聽你的二手傳播呢！」老太太笑著說。

明月被老太太的「二手傳播」逗笑了。每次他看過「神州采風」的各民族風俗習慣、各地風景名勝、特異功能……等精采內容，他都要向老太太報告。明月記性特別好，不但辯才無礙，講故事也是高手，他每周一次的報告都讓老太太十分開心，他卻說自己是「二手傳播」。老太太十分欣賞他的「二手傳播」。素素聽老太太鼓勵明月去看「神州采風」，他也順著老太太的意思對明月說：

「老夫人有我服侍，不會出什麼岔兒，你放心去看好了！反正只有三十分鐘的節目，一眨眼工夫就過去了。」

明月聽素素這樣說，也高興地回答素素：

「阿姨，那就偏勞您了！看完以後，我就來向奶奶和您報告。」

隨後明月又在老太太前額上親了一下，才高興地挽著林如海、莊文玲一道去客廳看「神州采風」。

女主播還是那位臺風穩健、能言善道的林巧娟。他先介紹「女兒國」格姆女神山瀘沽湖畔少數民族摩梭人的母系社會生活。這個民族只有八萬人，住在湖光山色美得迷人的瀘沽湖畔，大概是山明水秀的關係，很多少女都細皮白肉、眉目如畫，美得出奇。歌喉也好，現在就有一位叫做娜姆的美女成為名震神州的歌星。大家都說他是吃格姆女神的乳水長大的，摩梭人都將瀘沽湖當做格姆女神山的乳汁。

摩梭人男不娶，女不嫁，實行「走婚」，女人是一家之主。摩梭人的房屋叫「木琭子」，圓木為牆，木板為瓦，房屋散發濃郁的松脂香味，人在其中，彷彿置身松林中。摩梭人十分樂天、善良，不知道外面的世界紅塵滾滾，人慾橫流，殺人、放火、綁票勒索的電視新聞鏡頭令人看了觸目驚心，坐在家裏都不知道什麼時候會飛來橫禍？而摩梭人卻自由自在，無憂無慮。他們不知道什麼是民主？什麼是「流行文化」？他們不搶不偷、尊重生命，常念「嗡嘛呢叭咪吽」。

「這真是世外桃源、葛天氏之民！」莊文玲看了女神山、瀘沽湖和摩梭人的生活不禁讚歎地說。

「我退休以後，真想找一塊這樣的樂土，過幾年神仙生活！」林如海接著說。

女主播林巧娟隨即說出一段他們夫妻沒有想到的話：

「現在我要向電視機前的觀眾報告一件奇事：薊州有一位胡老太太過世了六年多，遺體不但沒有腐爛，而且指甲還在生長、銀白色的頭髮變成了灰白色，死後移動時刮破了一塊太陽穴上的皮也自然癒合了，身體肌肉關節還是柔軟活動的。現在請諸位觀眾看看胡老太太生前的照片和遺體以及本臺記者訪問胡老太太的兒子、孫子的現場錄影。」

螢屏上隨即現出一位滿頭白髮、面貌清瘦、慈祥的胡老太太的照片。接著出現的是他全身仰臥、身上蓋著大紅被單的遺體；身材相當修長，頭髮是灰白色，和照片上的滿頭白髮不大一樣。他兒子孫子將罩在他遺體上的透明玻璃罩抬開，揭開覆在他身上的大紅被單，露出他瘦長、琥珀色的手腳，兒子先握著他瘦長的手，抬起來給記者看看，隨後又將黑長褲腳向上掀起，露出膝蓋以下的琥珀色的瘦腿，兒子用手指按按腿肚的肌肉，還有彈性，又捏捏他琥珀色的天足，這雙天足比普通女人的天足長大，和他瘦長的身材倒很相配。記者看他的手足身材那麼瘦長、不禁問他的看來約有六十多歲的兒子：

「請問老太太原來是不是瘦的？」

「不是！」兒子搖搖頭回答：「當年脫過水以後才變成這麼瘦的。」

「是怎麼脫水的？」記者問。

「是先母過世後自行脫水的。」

「怎麼脫法？」

「從皮下滲透出來的。」

「臭不臭？」

「不臭。」兒子搖搖頭。

「您們是不是用過防腐劑？」

「我們根本不會用。先母這樣躺了六年多，也沒有一點兒異味。」他隨即用手在遺體臉上抹抹，再送到記者鼻子前請記者聞聞，記者聞了也說沒有異味。

「奇怪，你們既未用防腐劑，玻璃罩裏也不是真空，怎麼能保存六年多不壞？」記者忍不住問。

「我也不明白。」兒子搖搖頭說：「我只告訴你一個事實：先母信觀世音菩薩、吃長齋，我外公是漢醫，先母從小就學會了抓藥治病，他一生行醫救人，不取分文。十幾年前那段雞犬不寧、一窮二白的日子，先母當赤腳醫生，救了更多的人命。臨終前他還特別告誡我們子孫：多做好事，多幫助別人，更不可以殺生害命，利己損人。人可欺，天不可欺。做任何事，都有因果報應。我一生未做虧心事，未虧待任何人。現在我要走了，我走得自由自在，走得安心……」

記者肅然起敬地打量了老太太的遺體一會兒，突然發問：

「你們這兒規定：人死三天之內，一定要火葬。你怎麼能將老太太的遺體保存到現在？」

「當時左鄰右舍，街坊鄉親，都替我們隱瞞先母過世的事情。」

「當初你怎麼知道老太太的遺體不會發臭？」記者又問。

「先母去世前就交代我：遺體不要火化，他會是全身舍利。」

「那他是有神通了？」

「平常他和常人一樣，從來沒有講過他有神通。可是臨終前一天他突然告訴我說他要走了，我以為他是要出去替人看病，還傻乎乎地問他到什麼地方去？要不要我陪？他笑著回答我：『你不能陪，那是另外一個世界。你在這兒還有很長的日子要過。』我這才明白過來，先母是功德圓滿了。」

「記者先生，我奶奶臨終時，我握著他的手，我也突然福至心靈，別人心裏想什麼我也知道了。」老太太的孫子突然插嘴對記者說。

「奇！真奇！」記者不禁好笑。隨後又轉問老太太的兒子：「胡先生，紙包不住火，老太太過世的事，只能瞞住一時，怎麼能瞞到現在？」

「記者先生，不久上面就知道了，領導也很奇怪，請科學院派了專家來檢驗，專家雖然也不明白其中原因，但證明先母遺體不會腐爛，不會防礙衛生，連螞蟻小蟲子也不爬近先母遺體，所以我才能保存到現在。」

「你怎麼不替老太太的遺體粧金？讓人供奉膜拜？」記者又問。

「先母沒有出家，我又找不到廟門，也不知道怎麼粧金？我就這樣放了六年多。誰要來看就讓他看，我又不賣門票，你們搞電視的來看也是一樣對待。」

「老太太過世時是多大年紀？」

「九十二。」

「你怎麼能老是這樣放著？」記者說。

「既然已經公開了，我就不能擅自作主。我已經請示領導如何處理？」兒子回答：「不過還沒有指示下來。」

三十分鐘的時間，兩個單元，很快地過去，便換了一個節目。林如海看完胡老太太全身舍利故事之後，便對莊文玲說：

「說不定娘也會和印空師公一樣成為肉身菩薩。」

「但願如此。」莊文玲說。

「媽，奶奶說過他不是龍女，也不是多羅格格，原先他以為他不會全身舍利。剛才看了這位胡老太太的全身舍利，我看奶奶也會成為肉身菩薩的。」明月說。

「胡老太太也有兒孫，也是在家居士，和你奶奶的情形差不多，照理你奶奶也會全身舍利。」莊文玲點點頭。

「娘雖然吩咐過遺體要火化，但看過胡老太太的全身舍利之後，我就不敢冒失了。」林如海說。

「好在佛堂不小，冷氣也夠，多放幾天不妨。圓明師父也說過老太太是大修行人，又特別加持了一番，我們就更應該慎重。」莊文玲說：「明月不妨先去向老太太報告胡老太太這件事，也好讓他安安心。」

明月隨即上樓向奶奶報告。老太太本來歡喜聽明月講「神州采風」故事，胡老太太全身舍利的故事更使他驚喜。不過他卻十分謙虛地說：

「那位胡老太太不但修行好，他生前的言行就是大乘菩薩道，難怪他會成為肉身菩薩。」

「老夫人，您也是行的大乘菩薩道，和那位胡老太太一樣。這點我最清楚。」素素說。

「素素，那你和明月今天晚上就陪我通宵打坐，助我一臂之力吧！」老太太笑著對素素說。

「老夫人，別說一個通宵，我一定送佛送到西天。」素素高興地回答。

素素和明月隨即攙扶著老太太到觀世音菩薩座前打坐。

第二天，林如海不上班，也不接電話，坐鎮山莊。明月的那幾位同學同修也穿得整整齊齊、乾乾淨淨，中午就到山莊來吃飯，江淑貞帶來了一份早報，悄悄地遞給明月，又指指社會版的頭條新聞對明月輕輕地說：

「真想不到，一位上清宮的道姑羽化六年之後，開缸取出遺體，居然也是全身舍利！」

明月不答話，連忙看那條大新聞，上面有那位道姑生前雙手合十閉目打坐默禱的照片。他滿頭秀髮，面目十分清秀。看來就是仙風道骨的樣子，另外還有一張坐缸六年後取出的遺體照片，本來坐缸時是盤腿的，現在坐著的遺體卻是兩腳著地，伸得直直的，兩腿比薊州的那位胡老太太的肉身舍利還瘦，腳也小多了，他的身體嬌小，沒有胡老太太高大。

「奇，真奇！這位靜安道姑也頭髮、指甲都在，皮膚也呈琥珀色……」明月一面看報，一面自言自語。

「難道還有別的修行女人也是這樣全身舍利的？」止心連忙問。

明月便將昨天晚上看「神州采風」節目那位薊州胡老太太全身舍利的故事說給大家聽。

「昨天晚上我們都共修打坐，沒有看電視。」江淑貞說。

「師父說的不錯，只要正信，認真修行，不論男女，學佛學道，都會得道的。」止心說。

「我奶奶說他不是龍女，結過婚，生了我父親，還怕不能成為肉身菩薩，我看了薊州那位胡老太太和這位靜安道姑的全身舍利，我對奶奶也更有信心。這位道姑更生了四男二女，我奶奶還只生我老爸一個人，漏的還沒有胡老太太和靜安道姑多呢！」明月說。

「修行可以補漏。」止心說：「修到漏盡通，自然得道了。」

明月陪江淑貞、止心他們匆匆吃過午齋，便和素素服侍老太太沐浴。

明月發覺老太太一身肌肉還相當結實，完全不像百歲以上的老人那麼鬆弛，從生理狀況判斷，更不像一位就要往生的老人。

素素、明月將老太太的頭髮梳得整整齊齊，換了一身乾乾淨淨的內衣，穿上新的海青，再扶著他親自上香，大家陪他唱香讚、跪著念《般若波羅蜜多心經》一百遍，兩點鐘才開始打坐。老太太原來是席地坐在錦繡蒲團上打坐的，今天特別將蒲團移到有高靠背、扶手的赭色大太師椅上，以防他往生時傾倒。太師椅放在正中間，明月、素素坐在兩邊護法，其他的人前後團團圍繞而坐。佛堂門窗全閉，只留氣孔。

老太太雙盤腿端端正正坐在太師椅上，雙目微閉，一臉慈祥，帶著一絲微笑，比平時顯得更充滿法喜。他有七、八十年的打坐經驗，比他師父印空還多住世幾年，六十歲以後他每天平均打坐五小時，這需要很大的耐性和定力。

佛堂內一片肅靜，沒有一點聲音，香煙繚繞，陣陣檀香瀰漫空中，沁人心脾。觀世音菩薩法相在長明燈映照中更見大慈大悲。印空法相正面對著老太太這位唯一的在家弟子。時間一分一秒地過去，雖然天上一晝夜，人間四百年，但此刻時間卻走得特別快，林如海卻希望時間停住，希望母親再活一百年，希望他永遠不要走。他本來很少陪老太太打坐，他不能雙盤腿，平時在辦公室也沒有坐過一小時不動，此刻他卻不覺得腿痠、肌肉僵痛，他情願陪母親一直坐下去。

明月自幼陪老太太打坐，近年打坐時間更多，他在靜坐中獲得更多智慧，身體也更健康。他能很快入定，在定中他能見到很多境界，知道很多事情，不過他很少講出來，連素素也不知道。

他突然看見西方三聖阿彌陀佛、觀世音菩薩、大勢至菩薩、印空、圓明，無數佛、菩薩、聲聞、比丘、天人，來到老太太面前，觀世音菩薩執金剛臺，阿彌陀佛放大光明，照著老太太，伸手迎接他，印空和無數菩薩讚歎老太太，圓明勸行，老太太歡喜踴躍，乘金剛臺，隨從佛後，前呼後擁，頃刻間就到了極樂淨土。明月十分高興，忽然大聲說：「奶奶走了！奶奶到了極樂世界了！」

大家如夢初醒，林如海睜開眼睛看看母親，他還是像原先一樣端端正正坐在太師椅上，身體一點沒有傾斜。一臉慈祥，伴著一絲微笑，氣色如生。林如海滿臉疑雲，望著明月說：

「明月，你不是做夢吧？」

「爸，我看得清清楚楚，怎麼會是做夢呢？」

他隨即將經過情形說給林如海聽，林如海反問：

「我怎麼沒有看見呢？」

「爸，那是肉眼看不見的！」明月說。

「你一個人說的不算，有沒有別人看見？」林如海問。

「董事長，我也看見。」止心舉手回答。

林如海看止心一身灰色袈裟，光頭上有六個戒疤，一臉清秀，又驚又喜，突然哭了出來，膝行到老太太座前，一連磕了三個頭，仰面對老太太說：

「娘！恭喜您老人家真的功德圓滿，往生極樂世界了！兒子能有今天，完全是託您的福。兒子一定遵照您的吩咐舉行七天消災祈福法會，像當年師公肉身成道紀念法會一樣，還要辦好慈恩大學。如果娘也是全身舍利，兒子更要粧金永久供奉。」

林如海說完後又連連磕頭。老太太仍然一臉慈祥，伴著一絲微笑，氣色如生。

民國八十七年（一九九八）三月二十八日開筆
民國八十七年（一九九八）十二月十六日完稿
民國八十八年（一九九九）五月一日補充定稿於紅塵寄廬

墨人博士著作書目（校正版）

書目	類別	出版者	出版時間
一、自由的火焰 ｝與《山之禮讚》合併易名《墨人新詩集》	詩集	自印（左營）	民國三十九年（一九五〇）
二、哀祖國	詩集	大江出版社（臺北）	民國四十一年（一九五二）
三、最後的選擇	短篇小說	百成書店（高雄）	民國四十二年（一九五三）
四、閃爍的星辰	長篇小說	大業書店（高雄）	民國四十二年（一九五三）
五、黑森林	長篇小說	香港亞洲社	民國四十四年（一九五五）
六、魔障	長篇小說	暢流半月刊（臺北）	民國四十七年（一九五八）
七、孤島長虹（全集中易名為富國島）	長篇小說	文壇社（臺北）	民國四十八年（一九五九）
八、古樹春藤	中篇小說	九龍東方社	民國五十一年（一九六二）
九、花嫁	短篇小說	九龍東方社	民國五十三年（一九六四）
一〇、水仙花	短篇小說	長城出版社（高雄）	民國五十三年（一九六四）
一一、白夢蘭	短篇小說	長城出版社（高雄）	民國五十三年（一九六四）
一二、颱風之夜	短篇小說	長城出版社（高雄）	民國五十三年（一九六四）

一一三、白雪青山　長篇小說　長城出版社（高雄）　民國五十四年（一九六五）
一一四、春梅小史　長篇小說　長城出版社（高雄）　民國五十四年（一九六五）
一一五、洛陽花似錦　長篇小說　長城出版社（高雄）　民國五十四年（一九六五）
一一六、東風無力百花殘　長篇小說　長城出版社（高雄）　民國五十四年（一九六五）
一一七、合家歡　長篇小說　臺灣省新聞處（臺中）　民國五十四年（一九六五）
一一八、紅樓夢的寫作技巧　文學理論　臺灣商務印書館（臺北）　民國五十五年（一九六六）
一一九、塞外　短篇小說　臺灣商務印書館（臺北）　民國五十五年（一九六六）
一二〇、碎心記　長篇小說　小說創作社（臺北）　民國五十六年（一九六七）
一二一、蠶姑　長篇小說　小說創作社（臺北）　民國五十七年（一九六八）
一二二、鱗爪集　散　文　水牛出版社（臺北）　民國五十七年（一九六八）
一二三、青雲路　短篇小說　臺灣商務印書館（臺北）　民國五十八年（一九六九）
一二四、變性記　短篇小說　臺灣商務印書館（臺北）　民國五十八年（一九六九）
一二五、龍鳳傳　長篇小說　幼獅書店（臺北）　民國五十九年（一九七〇）
一二六、火樹銀花　長篇小說　立志出版社（臺北）　民國五十九年（一九七〇）
一二七、浮生集　散　文　聞道出版社（臺南）　民國六十一年（一九七二）
一二八、墨人詩選　詩　集　臺灣中華書局（臺北）　民國六十一年（一九七二）
一二九、鳳凰谷　長篇小說　臺灣中華書局（臺北）　民國六十一年（一九七二）

三〇、墨人短篇小說選	短篇小說	臺灣中華書局（臺北）	民國六十二年（一九七三）
三一、斷腸人	短篇小說	臺灣學生書局（臺北）	民國六十二年（一九七三）
三二、詩人革命家胡漢民傳	傳記小說	近代中國社（臺北）	民國六十七年（一九七八）
三三、心猿	長篇小說	學人文化公司（臺北）	民國六十八年（一九七九）
三四、山之禮讚	詩　集	秋水詩刊（臺北）	民國六十九年（一九八〇）
三五、心在山林	散　文	中華日報社（臺北）	民國六十九年（一九八〇）
三六、墨人散文集	散　文	學人文化公司（臺中）	民國六十九年（一九八〇）
三七、山中人語	散　文	臺灣商務印書館（臺北）	民國七十二年（一九八三）
三八、花市	散　文	江山出版社（臺北）	民國七十四年（一九八五）
三九、三更燈火五更雞	散　文	江山出版社（臺北）	民國七十四年（一九八五）
四〇、墨人絕律詩集	詩　集	臺灣商務印書館（臺北）	民國七十六年（一九八七）
四一、全唐詩尋幽探微	文學理論	臺灣商務印書館（臺北）	民國七十六年（一九八七）
四二、第二春	短篇小說	采風出版社（臺北）	民國七十七年（一九八八）
四三、全唐宋詞尋幽探微	文學理論	臺灣商務印書館（臺北）	民國七十八年（一九八九）
四四、小園昨夜又東風	散　文	黎明文化公司（臺北）	民國八　十年（一九九一）
四五、紅塵（上、中、下三卷）	長篇小說	臺灣新生報社（臺北）	民國八　十年（一九九一）
四六、大陸文學之旅	散　文	文史哲出版社（臺北）	民國八十一年（一九九二）

四七、紅塵續集	長篇小說	臺灣新生報社（臺北）	民國八十二年（一九九三）
四八、墨人半世紀詩選	詩　選	文史哲出版社（臺北）	民國八十四年（一九九五）
四九、張本紅樓夢（上下兩巨冊）	修訂批註	湖南出版社（長沙）	民國八十五年（一九九六）
五〇、紅塵心語	散　文	圓明出版社（臺北）	民國八十五年（一九九六）
五一、年年作客伴寒窗	散　文	中天出版社（臺北）	民國八十六年（一九九七）
五二、全宋詩尋幽探微	文學理論	文史哲出版社（臺北）	民國八十九年（二〇〇〇）
五三、墨人詩詞詩話	詩詞・理論	詩藝文出版社（臺北）	民國八十九年（二〇〇〇）
五四、婆娑世界（定本）	長篇小說	昭明出版社（臺北）	民國八十八年（一九九九）
五五、白雪青山（定本）	長篇小說	昭明出版社（臺北）	民國八十九年（二〇〇〇）
五六、滾滾長江（定本）	長篇小說	昭明出版社（臺北）	民國八十九年（二〇〇〇）
五七、春梅小史（定本）	長篇小說	昭明出版社（臺北）	民國八十九年（二〇〇〇）
五八、紫燕（定本）	長篇小說	昭明出版社（臺北）	民國九　十年（二〇〇一）
五九、紅樓夢的寫作技巧（定本）	文學理論	昭明出版社（臺北）	民國九　十年（二〇〇一）
六〇、紅塵六卷（定本）	長篇小說	昭明出版社（臺北）	民國九　十年（二〇〇一）
六一、紅塵法文本	巴黎友豐（you fong）書局出版		二〇〇四年初版

附註：

▲北京中國文聯出版社二〇〇三年出版　大陸教授羅龍炎・王雅清合著《紅塵》論專書

▲臺北市昭明出版社出版墨人一系列代表作、長篇小說《娑婆世界》、一百九十多萬字的空前大長篇《紅塵》（中法文本共出五版）暨《白雪青山》（兩岸共出六版）、《滾滾長紅》、《春梅小史》、《紫燕》，短篇小說集、文學理論《紅樓夢的寫作技巧》（兩岸共出十四版）等書。臺灣中華書局出版的《墨人自選集》共五大冊，收入長篇小說《白雪青山》、《靈姑》、《鳳凰谷》、《江水悠悠》（為《東風無力百花殘》易名）、《短篇小說·詩選》合集。《哀祖國》及《合家歡》皆由高雄大業書店再版。臺北詩藝文出版社出版的《墨人詩詞詩話》創作理論兼備，為「五四」以來詩人、作家所未有者。

▲臺灣商務印書館於民國七十三年七月出版先留英後留美哲學博士程石泉、宋瑞等數十人的評論專集《論墨人及其作品》上、下兩冊。

▲《白雪青山》於民國七十八年（一九八九）由臺北大地出版社第三版。

▲臺北中國詩歌藝術學會於一九九五年五月出版《十三家論文》論《墨人半世紀詩選》。

▲《紅塵》於民國七十九年（一九九〇）五月由大陸黃河文化出版社出版前五十四章（香港登記、深圳市印行）。大陸因未有書號未公開發行僅供墨人「大陸文學之旅」時與會作家座談時參考。

▲北京中國文聯出版公司於一九九二年十二月出版長篇小說《春梅小史》（易名《也無風雨也無晴》）；一九九三年四月出版《紅樓夢的寫作技巧》。

▲北京中國社會科學出版社於一九九四年出版散文集《浮生小趣》。

▲北京群眾出版社於一九九五年一月出版散文集《小園昨夜又東風》；一九九五年十月京華出版社出版

長篇小說《白雪青山》大陸版、第一版三千冊、一九九七年八月再版一萬冊。

▲長沙湖南出版社於一九九六年一月初出版墨人費時十多年精心修訂批註的《張本紅樓夢》、分上下兩大冊精裝一萬二千套。立即銷完、因未經墨人親校、難免疏失、墨人未同意再版。

Mo Jen's Works

1950 *The Flames of Freedom* (poems)《自由的火焰》

1952 *Lament for My Mother Country* (poems)《哀祖國》

1953 *Glittering Stars* (novel)《閃爍的星辰》

The Last Choice (short stories)《最後的選擇》

1955 *Black Forest* (novel)《黑森林》

The Hindrance (novel)《魔障》

The Rainbow and An Isolated Island (novel)《孤島長虹》(全集中易名爲富國島)

1963 *The spring Ivy and Old Tree* (novelette)《古樹春藤》

1964 *Narcissus* (novelette)《水仙花》

A Typhonic Night (novelette)《颱風之夜》

Ms.Pei Mong-lan (novelette)《白夢蘭》

The Joy of the Whole Family (novel)《合家歡》

Flower Marriage (novelette)《花嫁》

1965 *White Snow and Green Mountain* (novel)《白雪青山》

The Short Story of Miss Chung Mei (novel)《春梅小史》

The Powerless Spring Breeze and Faded Flowers (novel)《東風無力百花殘》(《江水悠悠》)

Flower Blossom in Loyang (novel)《洛陽花似錦》

1966 *The Writing Technique of the Dream of Red Chamber* (literature theory)《紅樓夢的寫作技巧》

Out of The Wild Frontier (novelette)《塞外》

1967 *A Heart-broken Story* (novel)《碎心記》

1968 *Miss Clever* (novel)《靈姑》

Trifle (prose)《鱗爪集》

1969 *The Road to Promotion* (novelette)《青雲路》

1970 *A Sex-change Story* (novelette)《變性記》

The Biography of the Dragon and the Phoenix (novel)《龍鳳傳》

1971 *A Brilliantly lighted Garden* (novel)《火樹銀花》

1972 *My Floating Life* (prose)《浮生記》

Selection of Mo Jen's Poems《墨人詩選》

A Heart-broken Woman（novelette）《斷腸人》

Phoenix Valley（novel）《鳳凰谷》

Mo Jen's Works（five volumes）《墨人自選集》

Selection of Mo Jen's short stores《墨人短篇小說選》

1978 *Hu Han-ming, the Poet and Revolutionist*（novel）《詩人革命家胡漢民》

1979 *The Mokey in the Heart*（i.e. The Purple Swallow renamed）《心猿》

1980 *The Hermit*（prose）《心在山林》

A Collection of Mo Jen's Prose（prose）《墨人散文集》

A Praise to Mountains（poems）《山之禮讚》

1983 *Mountaineer's Remarks*（prose）《山中人語》

1985 *My Candle Burns at Both Ends*（prose）《三更燈火五更雞》

Flower Market（prose）《花市》

1986 *A Mundane World*（novel, four volumes, over 1.9 million words）《紅塵》

1987 *Remarks on All Poems of the Tang Dynasty*（theory）《全唐詩尋幽探微》

1988 *Remarks On All Tsyr*（prose poem）*of the Tang and Sung Dynasties*（theory）《全唐宋詞尋幽探微》

1991 *The Breeze That Came From The East Last Night in My Little garden Again*（prose）《小園昨夜又東風》

1992 *Travel for Literature in Mainland China*（prose）《大陸文學之旅》

1995 *Selection of Mo Jen's Poems, 1992-1994*《墨人半世紀詩選》

1996 *I'll look upon the World*《紅塵心語》

Chang Edition of the Dream of Red Chamber《張本紅樓夢》（修訂批註）

1997 *Cherish thy guests and the Muses*《年年作伴寒窗》

1999 *Saha Shih Gai*《娑婆世界》

1999 *Remarks on All Poems of the sung Dynasties*《全宋詩尋幽探尋》

1999 *Mo Jen's Classical Poems and Prose Poems*《墨人詩詞詩話》

2004 *Poussiere Rouge*《紅塵》法文譯本

墨人博士創作年表（二〇〇五年增訂）

年度	年齡	發表出版作品及重要文學紀錄摘要
民國二十八年己卯（一九三九）	十九歲	在東南戰區《前線日報》發表〈臨川新貌〉。淪陷區著名的上海《大美晚報》隨即轉載。
民國二十九年庚辰（一九四〇）	二十歲	在《前線日報》發表〈希望〉、〈路〉等新詩作品。
民國三十年辛巳（一九四一）	二十一歲	在《前線日報》發表〈評夏伯陽〉書評等文。
民國三十一年壬午（一九四二）	二十二歲	在各大報發表〈苦難的行列〉、〈贛州禮讚〉（長詩）、〈老船夫〉、〈盲歌者〉、〈自己的輓歌〉、〈抹去那怯弱的眼淚吧〉、〈生命之歌〉、〈快都鳥〉、〈鷂鷹與雲雀〉等詩及散文多篇。
民國三十二年癸未（一九四三）	二十三歲	在各大報發表長詩〈鋤奸隊長〉、〈搜索連長〉、〈遙寄〉、〈寫在第七個七七〉、〈父親〉、〈受難的女神〉、〈城市的夜〉及〈火把〉、〈擊柝者〉、〈橋〉、〈古鐘〉、〈汽笛〉、〈山居〉、〈沙灘〉、〈夜行者〉、〈孤芳〉、〈蚊蟲〉、〈蒼蠅〉、〈鬩牆〉、〈陽光〉、〈深秋〉、〈贈某詩人兼寫自己〉、〈哀亡命詩人〉、〈自供〉、〈自屋詩抄〉、〈哀歌〉、〈生活〉、〈給偶像崇拜者〉、〈戰書〉、〈燈下獨白〉、〈夜歸〉、〈失眠之夜〉、〈悼〉、〈殘英〉、〈黃昏曲〉、〈補綴〉、〈復活的季節〉、〈擬戀歌〉、〈晨雀〉、〈春耕〉、〈天空的搏鬥〉等長短抒情詩。另發表散文及短篇小說多篇。

民國三十三年甲申（一九三九）	二十四歲	發表〈山城草〉五首及〈沒有褲子穿的女人〉、〈艦褸的孩子〉、〈駝鈴〉、〈無聲的哭泣〉、〈長夜草〉、〈春夜〉、〈擬某女演員〉、〈蛙聲〉、〈麥笛〉等詩及散文多篇。
民國三十四年乙酉（一九四五）	二十五歲	發表〈最後的勝利〉及〈煉獄裏的聲音〉、〈神女〉、〈鬥〉等長詩與散文多篇。
民國三十五年丙戌（一九四六）	二十六歲	發表〈夢〉、〈春天不在這裡〉等詩及散文多篇。
民國三十六年丁亥（一九四七）	二十七歲	發表〈冬天的歌〉、〈流浪者之歌〉、〈手杖、煙斗〉及長詩〈上海抒情〉等與散文多篇。
民國三十七年戊子（一九四八）	二十八歲	主編軍中雜誌、撰寫時論，均不署名。
民國三十八年己丑（一九四九）	二十九歲	七月渡海抵臺，發表〈望獄〉、〈滿妹〉、及長詩〈自由的火燄〉、〈人類的宣言〉等及散文多篇。
民國三十九年庚寅（一九五〇）	三十歲	發表〈站起來，捏死他！〉、〈滾出去、馬立克！〉、〈英國人〉、〈海洋頌〉等詩。出版《自由的火燄》詩集。
民國四十年辛卯（一九五一）	三十一歲	發表〈春晨獨步〉、〈炫與殉〉、〈悼三閭大夫屈原〉、〈詩聯隊〉、〈心聲之歌〉、〈子夜獨唱〉、〈真理、愛情〉、〈友情的花朵〉、〈啊，西風啊！〉、〈歲暮吟〉、〈師生〉、〈往事〉、〈天書〉、〈歷程〉、〈雨天〉、〈火車飛馳在海岸線上〉、〈帶路者〉、〈送第一艦隊出征〉等詩、及〈哀祖國〉長詩。
民國四十一年壬辰（一九五二）	三十二歲	發表〈未完成的想像〉、〈簷上吟〉、〈窗下吟〉、〈白髮吟〉、〈秋夜輕吟〉、〈秋訊〉、〈渴念，追求〉、〈寂寞、孤獨〉、〈冬眠〉、〈我想把你忘記〉、〈想念〉、〈成人的悲歌〉、〈訴〉、〈詩人〉、〈詩〉、〈貝絲〉、「春天的懷念」五首、〈利颱〉、〈夜雨〉、〈臺灣海峽的霧〉等及散文、短篇小說多篇。　出版《哀祖國》詩集。

民國四十二年癸巳（一九五三）	三十三歲	發表〈寄台北詩人〉等詩及散文短篇小說多篇。高雄百成書店出版短篇小說集《最後的選擇》，收入〈華玲〉、〈生死戀〉、〈梅蘭馨〉、〈敵人的故事〉、〈最後的選擇〉、〈蔣復成〉、〈姚醫生〉等七篇。大業書店出版長篇小說《閃爍的星晨》一、二兩冊。
民國四十三年甲午（一九五四）	三十四歲	發表〈雪萊〉、〈海鷗〉、〈鳳凰木〉、〈流螢〉、〈鵝鑾鼻〉、〈海邊的城〉、〈長夏小唱〉及散文、短篇小說多篇。
民國四十四年乙未（一九五五）	三十五歲	發表〈雲〉、〈F-86〉、〈題GK〉等詩及散文、短篇小說多篇。香港亞洲出版社出版長篇小說《黑森林》，並獲中華文獎會國父誕辰長篇小說第二獎（第一獎從缺）。
民國四十五年丙申（一九五六）	三十六歲	發表〈四月〉等詩及散文、短篇小說多篇。
民國四十六年丁酉（一九五七）	三十七歲	發表〈月亮〉、〈九月之旅〉、〈雨和花〉等詩及長篇小說《魔障》。
民國四十七年戊戌（一九五八）	三十八歲	暢流半月刊雜誌社出版長篇連載小說《魔障》。
民國四十八年己亥（一九五九）	三十九歲	發表短篇小說、散文多篇。文壇雜誌社出版長篇小說《孤島長虹》（全集中易名為《富國島》）。
民國四十九年庚子（一九六〇）	四十歲	發表〈橫貫小唱〉等詩及散文、短篇小說多篇。
民國五十年辛丑（一九六一）	四十一歲	發表〈熱帶魚〉、〈豎琴〉、〈水仙〉等詩及短篇小說甚多。奧國維也納納富出版公司編選的《世界最佳小說選》選入短篇說〈馬騮〉，同時入選者有諾貝爾文學獎得主威廉福克納、拉革克菲斯特等世界各國名作家作品。

民國五十一年壬寅（一九六二）	四十二歲	發表〈青鳥〉、〈兩腳獸〉、〈晚會〉、〈祈禱〉等詩及短篇小說甚多。奧國維也納納書出版公司又將短篇小說《小黃》（以江州司馬筆名撰寫者）選入《世界最佳小說選》、同時入選者有諾貝爾獎得主蕭洛霍夫、郭沫若及世界各國名作家作品。
民國五十二年癸卯（一九六三）	四十三歲	香港九龍東方文學出版社出版中篇小說《古樹春藤》。發表短篇小說、散文甚多。
民國五十三年甲辰（一九六四）	四十四歲	香港九龍東方文學社出版短篇小說集《花嫁》，收入〈教師爺〉、〈劉二爹〉、〈二媽〉、〈異鄉人〉、〈花嫁〉、〈扶桑花〉、〈南海屠鮫〉、〈高山曲〉、〈古寺心聲〉、〈誘惑〉、〈隱情〉、〈美珠〉、〈新苗〉、〈心聲淚影〉等十四篇。 高雄長城出版社出版中短篇小說集《水仙花》，收入〈水仙花〉、〈銀杏夫婦〉、〈團房記〉、〈江湖兒女〉、〈天鵝〉、〈賭徒〉、〈搶親〉、〈黃龍〉、〈風雪歸人〉、〈花子老爺〉、〈豐豐寺的居士〉、〈人與樹〉、〈過客〉、〈阿婆〉、〈馬腳〉、〈小黃〉等十六篇。 高雄長城出版社出版中短篇小說集《白夢蘭》。收入〈情敵〉、〈空手〉、〈師生〉、〈斷夢〉、〈黃昏曲〉、〈白夢蘭〉、〈平安夜〉、〈凱塞琳．萊蒙托夫與我〉、〈陽春白雪〉、〈亂世佳人〉、〈傷心之旅〉、〈白衣清淚〉、〈護士與病人〉、〈如夢記〉、〈除夕〉等十五篇。　高雄長城出版社出版《中華日報》連載的二十五萬字長篇小說《白雪青山》。　發表短篇小說、散文甚多。
民國五十四年乙巳（一九六五）	四十五歲	高雄長城出版社出版連載長篇小說《洛陽花似錦》、《春梅小史》、《東風無力百花殘》三部。　發表短篇小說、散文甚多。 省政府新聞處出版長篇小說《合家歡》。
民國五十五年丙午（一九六六）	四十六歲	是年五月赴馬尼拉華僑文教講習會講授「紅樓夢的寫作技巧」及新詩課程一個月。 商務印書館出版文學理論專著《紅樓夢的寫作技巧》、全書共十五萬字。 商務印書館出版中短篇小說集《塞外》。收入〈塞外〉、〈騙子〉、〈百合花〉、〈天山風雲〉、〈白金龍〉、〈白狼〉、〈秋爾紫鵑〉、〈曹萬秋的衣鉢〉、〈半路夫妻〉、〈百鳥聲喧〉、〈風竹與野馬〉、〈美人計〉、〈夜襲〉、〈花燭劫〉等十四篇。

民國五十六年丁未（一九六七）	四十七歲	發表短篇小說、散文甚多。 小說創作社出版連載長篇小說《碎心記》。
民國五十七年戊申（一九六八）	四十八歲	小說創作社出版《中華日報》連載長篇小說《鑼姑》。水牛出版社出版散文集《鱗爪集》，收入〈家鄉的魚〉、〈家鄉的鳥〉、〈雪天的懷念〉、〈秋山紅葉〉、〈學問與創作之間〉等散文七十六篇、舊詩三首。
民國五十八年己酉（一九六九）	四十九歲	商務印書館出版中短篇小說集《青雲路》。收入〈世家子弟〉、〈青雲路〉、〈空槍記〉、〈久香〉等四篇。
民國五十九年庚戌（一九七〇）	五十歲	商務印書館出版中短篇小說集《變性記》。收入〈變性記〉、〈孀客〉、〈歲寒圖〉、〈泥龍〉、〈祖孫父子〉、〈秋風落葉〉、〈老夫老妻〉、〈恩愛夫妻〉〈布販與偷雞賊〉、〈芳鄰〉、〈沙漠王子〉、〈沙漠之狼〉、〈世界通先生〉、〈寶珠的祕密〉、〈奇緣〉等十五篇。 幼獅文化事業公司出版長篇小說《龍鳳傳》。臺北立志出版社出版長篇《火樹銀花》出版全集時易名《同是天涯淪落人》。
民國六十年辛亥（一九七一）	五十一歲	立志出版社出版長篇小說《火樹銀花》。 發表散文多篇及在高雄《新聞報》連載長篇小說《紫燕》。
民國六十一年壬子（一九七二）	五十二歲	聞道出版社出版散文集《浮生集》。收入〈文藝的危機〉、〈貝克特高風〉、〈五十年華〉等散文十三篇、舊詩六首。學生書局出版短篇小說散文合集《斷腸人》。收入短篇小說〈斷腸人〉、〈薇薇〉、〈相見歡〉、〈滄桑記〉、〈恩怨〉、〈夜宴〉等七篇及散文〈文學系與文學創作〉、〈大學國文教學我見〉、〈作家之死〉等十五篇。　中華書局出版《墨人自選集》五大冊。包括長篇小說《白雪青山》、《鑼姑》、《鳳凰谷》、《江水悠悠》（《東風無力百花殘》易名）及《短篇小說、詩選》（精選短篇小說二十八篇、抒情詩二〇六首）、共二百五十萬字。
民國六十二年癸丑（一九七三）	五十三歲	發表散文多篇。 列入英國劍橋國際傳記中心（International Biographical Centre Cambridge England）出版的《國際詩人名錄》（*International Who's Who in Poetry, 1973*）。

民國六十三年甲寅（一九七四）	五十四歲	出席第三屆世界詩人大會。 發表散文多篇。
民國六十四年乙卯（一九七五）	五十五歲	列入正中書局出版的《中華民國文藝史》（1975）。發表〈臺北的黃昏〉新詩一首及散文多篇。
民國六十五年丙辰（一九七六）	五十六歲	列入英國劍橋國際傳記中心出版的 *Men of Achievement. 1976* 發表〈歷史的會晤〉新詩及散文、短篇小說多篇。
民國六十六年丁巳（一九七七）	五十七歲	應 I.B.C 邀請於三月間赴義大利翡冷翠出席國際文藝交流大會（The 3rd I.B.C. International Congress on Arts and Communications）。會後環遊世界。發表〈羅馬之豔〉、〈羅馬之松〉、〈翡冷翠的女郎〉、〈翡冷翠之柳〉、〈塞納河〉等詩及羅馬掠影」、〈單城記〉、〈威尼斯之旅〉、〈藝術之都翡冷翠〉、〈西雅奈與比薩斜塔〉、〈美國行〉、〈江戶、皇宮、御苑〉、〈環球心影〉等遊記。 在《中國時報》發表有關中國文化論文〈中國文化的三條根〉、在《新生報》發表〈文藝界的『洋』癲癲〉等多篇。
民國六十七年戊午（一九七八）	五十八歲	近代中國社出版長篇傳記小說《詩人革命胡漢民傳》。 列入英國劍橋國際傳記中心出版的《國際名人辭典》（*Dictionary of International Biogaphy. 1978*）。《國際知識分子名錄》*(International Who's Who of Intellectual.1978*、《國際人名剪影》 *International Register of Profiles*）、《國際社會名人錄》（*International Who's Who in Community Service*）、發表〈六月之荷〉詩一首。 在各報發表〈中國文化的宇宙觀〉、〈中國文化的真面目〉、〈文化、社會形態與當代文學創作（為亞洲文學會議而作）〉、〈人與宇宙自然法則〉等。 出席亞洲文學會議。　列入中華書局出版的《中華民國當代名人錄》（*Who's Who of R.O.C. 1978*）　列入行政院新聞局編印的一九七八年英文《中華民國年鑑名人錄》（*China Yearbook Who's Who*）。

民國六十八年己未（一九七九）	五十九歲	學人文化事業有限公司出版長篇小說《心猿》（《紫燕》易名）。發表短篇小說〈春〉、〈杏林之春〉、長詩〈哀吉米‧卡特〉及〈山之禮讚〉五首。短篇〈客從故鄉來〉、〈人瑞〉。理論〈中國古典小說戲劇〉、〈抗戰文學的整理與再創作〉（《中央日報》）等多篇。
民國六十九年庚申（一九八〇）	六十歲	秋水詩刊社出版詩集《山之禮讚》，收集六十四年以後新詩四十四首及七言絕律詩十首。　中華日報社出版散文集《心在山林》，收集〈花甲叢中過〉、〈老當益壯〉，及抒情寫景散文數十篇。 臺中學人文化事業出版有限公司出版《墨人散文集》收集〈文化、社會形態與當代文學創作〉、〈人與宇宙自然法則〉、〈中國文化的三條根〉、〈宇宙為心人為本〉、〈文藝界的『洋』癲癇〉等理論性散文數十篇。 在《中央日報‧副刊》發表〈紅樓夢研究的正確方向〉，《中華日報‧副刊》發表〈人生六十樹常青〉、《青年戰士報‧新文藝副刊》發表〈山中人語〉專欄文章〈山水之間〉、〈生命長短價值觀〉、〈寶刀未老〉、〈七進七出鬼門關〉、〈報人甘苦〉、〈杏壇生涯〉等。 接受《大華晚報》採訪組副主任程榕寧兩次訪問，一為談胡漢民生平，一為談《易經》、《道德經》、命學，並發表〈醫學命學與人生〉專文。
民國七十年辛酉（一九八一）	六十一歲	繼續撰寫〈山中人語〉專欄。 應臺中市《自由日報》特約撰寫《浮生小記》專欄。 應行政院新聞局邀請參觀本省農漁畜牧事業單位，並在《中央日報》發表〈人在福中〉散文。 接受臺灣廣播公司《成功之路》節目訪問，於四月廿七日晚八時半播出。 在高雄《新聞報》發表〈撥亂反正說紅樓〉（六月十七、十八日）論文。
民國七十一年壬戌（一九八二）	六十二歲	九月赴漢城出席第二屆中韓作家會議，並在東京參加中日作家會議，曾暢遊南韓、北海道、大阪至東京名勝地區，歸後撰寫〈韓國掠影〉、〈秋遊北海道〉，發表於《中央日報》。 列入中華民國名人傳記中心出版的《中華民國現代名人錄》。

		列入英國劍橋國際傳記中心出版的《傑出男女傳記》（*Men and Women of Distinction*）並附照片。 列入美國MarQuis公司出版的《世界名人錄》（*Who's Who in the World*）第六版。 接受義大利藝術大學授予的文學功績證書。
民國七十二年癸亥（一九八三）	六十三歲	商務印書館出版散文集《山中人語》，收集散文七十篇。
民國七十三年甲子（一九八四）	六十四歲	商務印書館出版《論墨人及其作品》上、下兩冊，包括評論文章六十餘篇。 列入義大利Accademia Itlia出版英、法、德、義四種文字的《國際文學史》（*The History of International Literature*）及《百科全書：當代人物（*The Encyclopadeia: Contemporary Personalities*）。 端午節（六月四日）開筆撰寫已構思準備十餘年的一百餘萬字的大長篇小說《紅塵》，年底完成初稿四十餘萬字。 十月在韓國漢城舉行的第四屆中韓作家會議，事忙未能出席，但提出一萬餘字的論文〈古典與現代〉一篇。
民國七十四年乙丑（一九八五）	六十五歲	由江山出版社出版《三更燈火五更雞》、《花市》散文集等兩本，前者收入散文、理論二十四篇，後者收入散文遊記二十七篇。 八月一日退休，專心寫作《紅塵》，於十二月底完成九十二章，告一段落，共一百二十萬字，超出《紅樓夢》十餘萬字，內有絕律詩（聯）三十一首。
民國七十五年丙寅（一九八六）	六十六歲	年初開始研讀《全唐詩》，撰寫《全唐詩尋幽探微》，十一月完成，共十二萬餘字，一面在《新聞報・西子灣》發表，並連同歷年所作絕律詩三十七首，定名為《墨人絕律詩集》，一併交與臺灣商務印書館簽約出版。 列入美國A.B.I.出版的5000 Personalities of the World；英國I.B.C.出版的*The International Authors and Writers Who's Who.*

民國七十六年丁卯（一九八七）	六十七歲	訪問考察東南亞地區、國家馬來西亞、新加坡、泰國、菲律賓、香港十七天、並出席多次座談會。 商務印書館出版《全唐詩尋幽探微》（附《墨人絕律詩集》）。 《紅塵》長篇小說於三月五日開始在（臺灣新生報）連載。 七月四、五日出席在臺北市召開的抗戰文學研討會。 八月一日出席在高雄市召開的第七屆中韓作家會議。
民國七十七年戊辰（一九八八）	六十八歲	元月二日完成《全唐宋詞尋幽探微》（附《墨人詩餘》）全書十六萬字。設於美國深受世界尊重的「國際大學基金會」（The Marguis Giuseppe Scicluna 1855-1907 Internarional University Foundation）（Founded 1973）授予榮譽文學博士學位。
民國七十八年己巳（一九八九）	六十九歲	臺灣商務印書館出版《全唐宋詞尋幽探微》。 臺北大地出版社三版長篇小說《白雪青山》。 世界大學（World University）授予榮譽文學博士學位。
民國七十九年庚午（一九九〇）	七十歲	五月應大陸黃河文化實業公司邀請，作四十天文學之旅，與北京、上海、杭州、九江、武漢、西安、蘭州等地作家座談中華文化、文學創作、坦誠交換意見，獲得一致共識、真摯友情與尊敬、廣州電視臺並全程錄影、製作專輯播出，六月底返臺後即撰寫《大陸文學之旅》專著。 艾因斯坦國際學院基金會（Albert Einstein 1879-1955 International Academy Foundation）授予榮譽人文學博士學位。 榮列英國劍橋國際傳記中心出版的 IBC Book of Dedications，占全書篇幅五頁，刊登照片五張、介紹五十年創作生涯，十分翔實，篇幅之大，為全書冠，並禮聘為 IBC 副總裁。
民國八十年辛未（一九九一）	七十一歲	二月底新生報出版《紅塵》，二十五開本，上、中、下三鉅冊。黎明文化事業公司出版《小園昨夜又東風》散文集。 應香港廣大學院禮聘為中國文學研究所客座指導教授。 《紅塵》榮獲新聞局著作金鼎獎及嘉新優良著作獎。

民國八十一年壬申（一九九二）	七十二歲	文史哲出版社出版《大陸文學之旅》。 應聘香港廣大學院中研所客座指導教授。 一月五日開筆寫《紅塵續集》、自九十三章起至一百二十章止、共四十萬字、六月十日完稿、《紅塵》全書共一百九十萬字。續集自十二月一日開始在《臺灣新生報・副刊》連載近年、雙破長篇鉅著及連載紀錄。中國廣播公司《中廣小說選播》節目、亦於十二月一日十四時三十分、在AM657千赫第一廣播網開始播出長篇鉅著《紅塵》上、中、下三冊、由甄愛華小姐導播、集該公司播音精英、通力合作、龍老夫人一角由播音元老白銀飾演、其餘人物均為一時之選、效果奇佳、前所未有。　北京「中國文聯出版公司」出版《也無風雨也無晴》。 墨人故鄉九江《師專學報》、於本年起開闢《墨人研究》專欄、與《陶淵明研究》、《黃山谷研究》、並稱三大專欄、甚受教育、學術界重視。
民國八十二年癸酉（一九九三）	七十三歲	十月下旬、偕《秋水》詩刊同仁涂靜怡、雪柔、麥穗、汪洋萍、風信子、林蔚穎等為慶祝《秋水》創刊二十周年、訪問哈爾濱、北京、西安三大都市、與當地詩人座談交流、水乳交融、兩岸詩人因而建立深厚友誼。十一月初、隻身訪問昆明、探親、昆明作協主席曉雪、八十多歲老作家李喬、小說家張昆華、《春城晚報》副總編輯熊廷武、副刊主編原因、理論家教授余斌、作家湯世傑、李錦華等集會歡迎、其中多為白族、彝族等少數民族作家、乃以雲南少數民族文化資源努力創作相勉、深獲共鳴。資深作家彭荊風、曉雪並來下榻處暢談。 繼續應聘香港廣大學院中研所客座指導教授三年。 十二月新生報社出版《紅塵續集》、全書共四大冊、其實前後一貫、為一整體、該報為方便、乃以《續集》名之。一生心蘊心血得以完成、在輕、薄、短、小及商品文學獨占市場情況下、亦一大異數。北京「中國文聯出版公司」出版《紅樓夢的寫作技巧》。

民國八十三年甲戌 （一九九四）	七十四歲	一月開始研讀自北京購回的《全宋詩》、擬續寫《全宋詩尋幽探微》。 四月十一日接受臺北復興廣播電臺《名人專訪》節目主持人裴雯小姐訪問：談一生寫作歷程及大長篇《紅塵》寫作經過。 臺北《世界論壇報》副社長兼副刊主編詩人評論家周伯乃先生，特自五月三十一日起一連三天出版特刊，慶祝七十晉五誕辰暨創作五十五周年，除刊出〈小傳〉、〈七五人生一首詩〉、〈中國新詩與傳統詩詞的整合〉、〈叩開生命之門〉三篇新作外，並刊出蒙古族女詩人作家薩仁圖婭的〈墨人：屈原風骨中華魂〉、及馬來西亞霹靂州立女子中學校長、詩詞家、散文作家彭士麟女士論《紅塵》與大陸作家作品比較的書信、墨人著作校長、詩詞家、散文作家彭士麟女士論《紅塵》與大陸作家作品比較的書信、墨人著作目錄、美國兩個榮譽文學博士、一個人文學博士照片三張、《紅塵》獲獎照片一張，及周伯乃〈無限的祝禱〉文等。 八月七日，中國時報系的《工商日報•讀書版•大書坊》刊出蓓齡的《紅塵》墨人專訪文章，並配合攝影記者何日昌拍攝的墨人及《紅塵》四冊照片。 大陸廣州暨南大學中文系教授兼臺港暨海外華文文學研究中心主任、評論家潘亞暾，費時月餘撰寫《紅塵續集》論文達一萬餘字的〈偉大史詩的歸結〉，於九月二十一至二十五日在臺北市《世界論壇報•副刊》全文刊出，見解不凡，對《續集》的成功更使他大吃一驚，因此，更肯定《紅塵》的史詩價值、地位。 八月二十八日第十五屆世界詩人大會在臺北召開，僅提出〈中國新詩與傳統詩詞的整合〉論文一篇，並未出席，論文則由《中國詩刊》主編曾美霞女士代讀。
民國八十四年乙亥 （一九九五）	七十五歲	一月，臺北文史哲出版社出版《墨人半世紀詩選》（一九四三—一九九四）。 一月十日應臺北廣播電臺《藝文夜話》主持人宋英小姐訪問，許導播秀玲決定十日開播《紅塵》全書四冊，每日廣播兩次。 中國詩歌藝術學會主辦、中國文藝協會協辦，於五月二十二日在臺北市中國文藝協會舉行《墨人半世紀詩選》學術研討會，與會詩人、評論家六十餘人，討論情況熱烈，並印發海峽兩岸評論家王常新、古繼堂、古遠清、李春生、楊允達、周伯乃等十三家論文專集。各家均推崇，肯定新舊詩兩方面的成就與半個多世紀的貢獻。

		英國劍橋國際傳記中心頒贈二十世紀文學傑出成就獎。 榮列一九九五年英國劍橋國際傳記中心出版的 The Definitive Book of the Deputy Directors General of the IBC. 佔全書篇幅五頁，刊登照片五張，爲全書之冠。
民國八十五年丙子（一九九六）	七十六歲	臺北圓明出版社出版涵蓋儒、釋、道三家思想的散文集《紅塵心語》。卷首有珍貴的文學照片十餘張。 臺北中國詩歌藝術學會出版《十三家論文》論《墨人半世紀詩選》。
民國八十六年丁丑（一九九七）	七十七歲	臺北中天出版社出版與《紅塵心語》爲姊妹集的散文集《年年作客伴寒窗》，各篇亦均以五、七言詩作題，內中作者詩詞亦多，並附錄珍貴文學資料訪問記、特寫、著作目錄等十餘篇。出任「乾坤」詩刊顧問，並主編該刊古典詩詞。 完成《墨人詩詞詩話》、《全宋詩尋幽探微》兩書全文。
民國八十七年戊寅（一九九八）	七十八歲	構思六年的以佛學精義結合修行心得化爲文學創作的長篇小說《娑婆世界》，於三月二十八日開筆，十二月脫稿。共三十八章，五十多萬字。 英國劍橋國際傳記中心（IBC）出版《二十世紀傑出人物》以照片配合文字將墨人傳記刊卷首重要位置，並頒發獎狀。大陸中國國際經濟文化交流促進會，燕京國際文化藝術研究會等七大單位編纂出版的《世界華人文學藝術界名人錄》，中國國際交流出版社出版的《世界名人錄》，均爲十六開巨型中文本。
民國八十八年己卯（一九九九）	七十九歲	本年爲來臺五十周年，創作六十周年，中國習俗八十歲，昭明出版社出版長篇小說《娑婆世界》。 美國傳記學會（ABI）出版二十世紀《五百位有影響力的領袖》，以照片配合文字將墨人傳記刊於卷首重要位置並頒發獎狀。照片及詩詞五首編入中國《當代吟壇》巨著。　　美國「世界智庫」與艾因斯坦國際學會基金會」聯合頒贈墨人傑出成就榮譽獎，以紀念千禧年，並榮列中國出版的《中華精英大全》。 美國傳記學會頒贈墨人「二十世紀成就獎」。

民國八十九年庚辰（二〇〇〇）	八十歲	臺北昭明出版社陸續出版定本長篇小說《白雪青山》、《滾滾長江》、《春梅小史》；文學理論《紅樓夢的寫作技巧》，連同民國八十八年出版的長篇小說《婆婆世界》，並列爲墨人一系列代表作品，以慶祝墨人八十整壽。臺北詩藝文出版社出版《墨人詩詞詩話》。臺北文史哲出版社出版《全宋詩尋幽探微》。
民國九十年辛巳（二〇〇一）	八十一歲	臺北昭明出版社出版長篇小說定本《紅塵》全書六冊及長篇小說《紫燕》定本。
民國九十一年壬午（二〇〇二）	八十二歲	五月三日偕長子邏翰赴上海訪友小住。英國劍橋國際傳記中心授予「終身成就獎」。
民國九十二年癸未（二〇〇三）	八十三歲	八月底偕夫人及在臺子女四人經上海轉往故鄉九江市掃墓探親並遊廬山。
民國九十三年甲申（二〇〇四）	八十四歲	準備出版全集（經臺北榮民總醫院檢查無任何疾病。）巴黎 you-Feng 書局出版豪華典雅法文本《紅塵》。
民國九十四年乙酉（二〇〇五）	八十五歲	此後五年不遠行，以防交通意外，準備資料。計劃百歲前開筆撰寫新長篇小說。北京「中央出版社」出版《強國丰碑》，以著名文學家張萬熙爲題刊出墨人傳略，爲臺灣及海外華人作家唯一入選者。並先後接到北京電話、書函邀請寄送資料編入《一代名家》、《中華文化藝術名家名作世界傳播錄》。
民國九十五年丙戌（二〇〇六）至民國一百年（二〇一一）——	八十六歲至九十二歲——	重讀重校全集，已與臺北市文史哲出版社簽訂出版《墨人博士作品全集》合約，民國一百年年內可以出版。此爲「五四」以來中國大陸與臺灣所未有者。